中國學術思想 研究輯刊

三十編

林慶彰 主編

第16冊

清中葉揚州學派之學術方法論——
以汪中、淩廷堪、焦循、阮元爲考察對象(上)

陳治維 著

花木蘭文化事業有限公司

國家圖書館出版品預行編目資料

清中葉揚州學派之學術方法論——以汪中、淩廷堪、焦循、阮
元為考察對象（上）／陳治維 著－－初版－－新北市：花木蘭
文化事業有限公司，2019〔民108〕
序2+目2+232面；19×26公分
（中國學術思想研究輯刊 三十編：第16冊）
ISBN 978-986-485-871-2（精裝）
1. 清代哲學 2. 儒學
030.8   108011719

ISBN-978-986-485-871-2

中國學術思想研究輯刊
三十編　第十六冊   ISBN：978-986-485-871-2

清中葉揚州學派之學術方法論——
以汪中、淩廷堪、焦循、阮元爲考察對象（上）

作　　者　陳治維
主　　編　林慶彰
總 編 輯　杜潔祥
副總編輯　楊嘉樂
編　　輯　許郁翎、王筑、張雅淋　美術編輯　陳逸婷
出　　版　花木蘭文化事業有限公司
發 行 人　高小娟
聯絡地址　235 新北市中和區中安街七二號十三樓
　　　　　電話：02-2923-1455／傳眞：02-2923-1452
網　　址　http://www.huamulan.tw 信箱 hml810518@gmail.com
印　　刷　普羅文化出版廣告事業
封面設計　劉開工作室
初　　版　2019 年 9 月
全書字數　383125 字
定　　價　三十編 18 冊（精裝）新台幣 39,000 元

清中葉揚州學派之學術方法論——
以汪中、淩廷堪、焦循、阮元爲考察對象（上）

陳治維　著

作者簡介

　　陳治維，對於古典中國有著濃厚的興味，特別聚焦在明清兩代。自認爲與一般信奉儒學的研究者，尤其是崇敬理學或心學的那一掛不同，側重於闡發儒學義理的現實層面。

　　平日的休閒上，閱讀算是其一，對於西哲、科普的閱讀量並不亞於中哲。順帶一提，在此基礎上得出：東西方知識份子的思維方法差異頗鉅。另一部分則熱愛運動：溯溪、攀岩、登山、潛水和健身樣樣愛。

　　總括言之，期望自己朝向允文允武的境地。目前爲兼任助理教授。

提　要

　　本書以清乾嘉至道光前期的揚州學派儒者——汪中、淩廷堪、焦循與阮元爲研究對象。內容上主彰顯清代儒學與宋明理學的異質性，雖然理學在清代仍爲官學，但學術的成就上卻不足以爲代表，反倒是戴震與揚州儒者們的義理論述，才堪稱是清代儒學的中堅。

　　清代儒學的特色，其一是以「實事求是」此一嚴謹的態度對經學範疇進行較爲周全的考證，較爲特別的是，還涉及到往昔諸儒們向來陌生的數學、天文等領域。

　　又，在人性論上，揚州儒者則是以自然人性與現實爲出發點，除肯定人性之中本具有「情」和「欲」外，焦循更提出人禽之別在於「智」性，而非「德」性，與現代社會普遍的思想一致。

　　第三，因關注現實，是以重視「禮」爲核心的相關制度，從揚州儒者的論述中可知其有趨向現代的社會意識與群體觀念，而不似理學較著墨於個人涵養。以上之概述，可視爲揚州學派在學術上的「前現代」特色。

　　本書繼而分析揚州儒者的思維方法，主要延伸自上述所探討的環節。首先，從具現實性的思維下，建構出迴異於理學的正統儒學。另，探討因以「氣」爲本體義的思想，進而展現重智的思維。又，當時歐洲較先進的天文數學知識東傳之後，包含揚州儒者在內知識階層，形成「西學中源」觀，咸以爲中國儒學乃掌握最根本的價值義。此一觀念之形成，則與「氣化」的連續性思維有密切關係。

自 序

　　清代有沒有義理思想？大學時代的中哲史課程中，當時的老師是給予了否定的答案。然而，在中國學術的史實中絕非如此，清代儒者不僅在傳統的義理思想上沒有缺席，還創造出與宋明理學截然不同的儒學義理。換言之，清儒豐富了儒學的學術內涵，且其思想內涵能順利的接續到現代，而乾嘉時期的揚州學派，即足以作為清代義理與學術的代表之一。

　　揚州學派的汪中、焦循與阮元三位揚州本籍的學者，以及寓居揚州甚久的凌廷堪，上述四位儒者在清代學術中均以經學而享譽，他們四位的學術成果基本上可以從一個大的方向來說，那便是重視形而下的經驗層面，不論是在治經的成果上，連同義理思想上亦然。

　　而甚麼是形而下的經驗層面？簡單來說，就是關注在具體性、社會性的人與其相關的事物之中，這也包含了「如何能成就道德？」這個議題在內。他們不再如同宋明理學家一樣，將儒學的義理思想朝抽象的形而上方向去解釋。從理學家所言的「德性之知，不假見聞」，來對照焦循的「能知故善」說的重智思想，即說明了宋儒與清儒在學術性格上的對立。若是先主觀認定了儒學的義理只有形而上之面向的話，當然是「看不見」清儒所建構的義理學了。

　　雖然在進入中山大學中文所博士班就讀前，「清代義理學」即已經烙印在我的思路之中。然而在完成此學位論文的這幾年間，回想起這一段歷程，其轉折仍是不下十數回啊！

　　起初，在碩士班畢業後幾年，我又回到學校當個旁聽的「學生」。在張麗珠教授的清代思想史課程中，我才對清代學術史產生出一個基本的輪廓。有

識的清儒們對於宋明理學的蹈空，或修正，或批判，進而建立出以「氣」爲第一義的自然人性論。關於上述這一部分，讓我產生了認同，亦可說是某種程度的共鳴，是以當時擁有清代研究室的中山大學中文所，自然是我進入博士班就讀的目標。

而在成爲一位博士生後的學習過程中，我逐漸又認識到更多相關的面向，無論是當代的哲學詮釋學抑或是探究思維方式的多元性等等，皆是啓發我要將這本著作的內容處理得更加豐富與充實。當然，這本著作的內容勢必有許多不足之處仍需修正與改進。

不過，真正是要感謝這幾年當中一直在旁教導我的師長們，首先是業師張麗珠教授，感謝張教授長年來不厭其煩的包容與訓誨，讓我學習思考問題時要更加周全，我自覺很幸運的能夠成爲張教授的門生；也要感謝楊濟襄教授的協助與指導，讓我獲益良多。除了張教授與楊教授外，德高年劭的周虎林教授與胡楚生教授，還有中氣十足的鄭卜五教授，三位教授在口試時給予我的教導與建議，都令我感悟到自身學識的不足與渺小，是以亟需繼續充實與深化，以不辜師長們的體諒與期待。

另外，有一位師長是必須要提的，就是已故的鮑國順教授，鮑教授在我博士班修業的前幾年，在清代學術的領域中亦訓誨我甚多，雖然最終沒能讓鮑教授指導完我的學位論文，但此一段師生之情讓我沒齒不忘。

再者，也要感謝我的家人，若沒有你們在背後默默的支持，我理應不可能完成博士學位，畢竟有同儕因家庭因素而放棄學位的實例在目，所以仔細想想，有家人的支持其實是很關鍵的一部分。

這本著作的完成後，個人期望它只是一個近期階段的告一段落，未來，我希望可在清代學術與義理學上繼續追尋，畢竟想了解的、要學習的還是太多，就期許自己奮力前進吧！

目次

上　冊

自　序

第一章　緒　論 ………………………………………… 1

　　第一節　研究動機與目的 …………………………… 1

　　第二節　研究範圍與方法 …………………………… 6

　　第三節　研究成果回顧 ……………………………… 10

上篇　清中葉揚州學派的「前現代」特色 ……… 19

第二章　清中葉揚州學派的學術淵源與趨向 ……… 21

　　第一節　對儒學學術中經驗層面的關注 ………… 21

　　第二節　對理學「理」範疇論述的解構 ………… 33

　　第三節　揚州儒者「實事求是」的治學理論建構 ·· 44

第三章　揚州三儒——凌廷堪、焦循、阮元之義

　　　　　理內涵分析 ……………………………… 79

　　第一節　三儒論自然人性：「情」、「欲」之合理性 ··· 80

　　第二節　揚州三儒的崇禮思想 …………………… 106

第四章　揚州諸儒於義理學外之表現 ……………… 155

　　第一節　阮元對地理與水利理論之成果 ………… 156

　　第二節　汪中、凌廷堪的子學考辨 ……………… 171

　　第三節　焦循對於數學知識的探索與運用 ……… 198

下　冊

下篇　揚州學派的思維方式分析 ………………… 233

第五章　揚州學派形而下為主體的思維方式 ……… 237

　　第一節　爭義理學正統的深層動機 ……………… 237

　　第二節　現實意義下的義、利之辨 ……………… 286

第六章　氣論思想在清儒視野上的呈現 …………… 315

　　第一節　「變動不居」的連續性思維 …………… 315

　　第二節　關於「氣」論發展及其與智性之聯繫 ··· 321

　　第三節　氣化思維對「西學中源」說的啓發 …… 346

第七章　結　論 ……………………………………… 379

徵引書目 ……………………………………………… 403

附　錄 ………………………………………………… 415

第一章　緒　論

近百年來，在中國學術思想史領域中的眾多教科書中，所揭示的清代學術，乃是一段考據學發達的時代，即只有考據學，沒有義理思想的時代。但上述說法是清代學術思想史的全部嗎？那近幾年來研究明清思想史的論述，又有所謂的「前現代」，其內容又是如何？〔註1〕有沒有另外一條路徑，是一條正面、肯定、充滿動能的詮釋考據學以外的清代學術史路徑？再者，中國傳統學術思維的方式是較少研究者接觸的領域，而從清中葉時期揚州學派幾位代表性儒者的學術思想之中，又可分析出何種意涵的思維方式？本文於焉展開。

第一節　研究動機與目的

針對清代儒學思想的系統性著作或研究，雖然最早可上溯至民國初年的梁啟超（1873～1929）及錢穆（1895～1990）各自撰寫的同名書《中國近三百年學術史》為開端，但真正有突破性的研究應屬上世紀的七〇年代以降，幾位研究者發表一系列清代學術思想的論文後，這一領域逐漸引起迴響與投入。

首先，在清儒學術思想的趨勢上，本文於此提出與研究內容較為貼近的幾項，如余英時首先提出「內在理路」說，認為儒學傳統的「尊德性」與「道問學」路線之爭，至明清之際逐漸轉向「道問學」一途，余氏稱此為儒學的

〔註1〕關於本文所提的「前現代（pre-modern）」或「前現代」（pre-modern）之謂定義，請參閱本文的注釋6。

「智識主義」抬頭，其云：「我說清代思想史的中心意義在於儒家智識主義的興起和發展。」〔註2〕余氏的論述從儒學自身的路線發展來審視清代儒學，確實開啓了清學研究的一道新途徑。

而近十餘年來，張麗珠在清代思想研究上所提出的「清代新義理學」之論，則進一步彰顯出清儒在道德與人性的形而下層面建構，包含了：從「天理」到「事理」與「情理」的核心價值轉換；強調「禮學」；綰合德、智的「重智」道德觀；從「求利害義」到「義利合一」；從「主觀存養」到「客觀事爲」的工夫論。〔註3〕「清代新義理學」的提出，可視爲破除清代無義理、無思想的舊說，亦指出清代儒學藉由皖派、揚州學派的成就，建構出與宋明理學截然不同的道德經驗論述，尤其是戴震（1724～1777）以及揚州學派的幾位中堅儒者，而戴氏與揚州諸儒的義理思想與明清之際的顧炎武（1613～1682）、黃宗羲（1610～1695）、王夫之（1619～1692）等人的義理思想，有著相當的一致性，張麗珠即指出，此可視爲「宋明理學」→「明清氣學」→「清代義理學」的演進線索，〔註4〕從儒學的「內在理路」來看，這一線索乃有其前後因果的連繫。

當然，清代儒學思想的研究，除了是上述所列的清儒之外，尚有諸多的研究成果，如筆者曾發表過的〈近四十年臺灣學界研究清儒義理學思想舉要論述〉，〔註5〕即將學者對於清代儒學思想研究的成果，按清初、乾嘉以及清末的時間分序，做一粗略概括的敘述，而從筆者初淺的敘述中，即已可證得七〇年代以降的清代學術研究實有不可小覷的成果，且仍有更多相關的資料與領域等待挖掘與梳理。

（一）研究動機

在研究明清儒學義理的論述中，可見到涉及「早期近代」或「前現代」之謂，〔註6〕可知此一時期被部分的研究者視爲傳統中國跨入現代化的過渡時

〔註2〕 《中國思想傳統的現代詮釋‧從宋明儒學的發展論清代思想史》（余英時：《中國思想傳統的現代詮釋》，南京，江蘇人民出版社，2006年），頁149。

〔註3〕 《清代的義理學轉型‧從「宋明理學」到「明清氣學」的儒學嬗變》（張麗珠：《清代的義理學轉型》，臺北，里仁書局，2006年），頁389～395。

〔註4〕 《清代的義理學轉型‧從「宋明理學」到「明清氣學」的儒學嬗變》，頁365。

〔註5〕 陳治維：〈近四十年臺灣學界研究清儒義理學思想舉要論述〉（《興大人文學報》第五十二期，2014年3月），頁177～224。

〔註6〕 關於明清「早期近代」或「前現代」的定義業有多位學者討論。如戴景賢主張：「中國之進入『早期近代』，或當以『明帝國之確立』做爲一個斷代之起

期，但是研究者對於此一過渡時期，無論是從學術思想的區隔，抑或是歷史年代的劃分，會因為研究視角的差異而有不一樣的解讀。甚至也有不少學者忽視這一段過渡期，主張清代只有考據而無義理，而以鴉片戰爭戰敗（1840）做為中國傳統文化進入近代化的一個轉捩點。

事實上，一種具有悠遠歷史的學術思想，不可能出現跳躍式的變化，即便是單一事件亦不足以令其發生劇烈的轉變，無論是內緣或外緣的因素皆是如此，據常理而言，應是有一歧出於主流之外的伏流思潮潛藏於其間，爾後逐漸的修正與壯大，才得以進行轉化，而傳統的儒學義理遲至明代中葉，其自身的學術思想即已開始產生質變。本文〈上篇〉所採取的定義，便是從學術思想史的內涵轉化來定義「前現代」。

明代中葉除了王守仁（1472～1529）的心學興起外，亦有儒者如王廷相（1474～1544）、吳廷翰（1491～1559）捨棄了程朱理學，而接續於張載（1020～1077）的「氣」論思想之下，此應可視為明代儒學開始走向經驗道德學的一股伏流。

至明清之際，此一伏流逐漸強化並有取代先驗道德學之勢，如王夫之、顧炎武等即是強化此一經驗取向，而乾嘉時期的戴震，乃至於揚州諸儒汪中（1745～1794）、凌廷堪（1757～1809）、焦循（1763～1820）、阮元（1764～1849）等人的義理思想，則是完全捨棄理學的先驗道德論述，專就經驗的、形而下的義理來談，包括了人性中的「情」和「欲」，智性與道德的關係等等。審視這些儒者所論述的經驗道德學內容，即可發現：起碼在論「情」與「欲」，重「智性」等面向，儼然已具有現代思維的雛型，但是令筆者疑慮的是：至少確定了一部分的清儒，其所呈現的學術思想，在十八世紀既已邁入所謂的「前現代」時期，然而中國的「現代化」卻是在西方列強以武力強迫的方式

始點。」（頁222）即以明成祖繼位後（1403年）中國便已邁入「早期近代」。（戴景賢：〈市鎮文化背景與中國早期近代智識群體——論清乾隆嘉慶時期吳皖之學之興起及其影響〉，收錄於《文與哲・第十三期》2008年12月，頁219～270）又如金觀濤、劉青峰則從儒學義理的觀點來論述明清的「前現代」思想肇始於明中葉的氣一元論。（金觀濤、劉青峰：〈氣論與儒學的近代轉型——中國與日本前現代思想比較研究〉，收錄於《政大中文學報》，2009年6月，頁1～30）張麗珠云：「十八世紀的中國還處在「前現代」的社會時期。」見《清代新義理學——傳統與現代的交會・關於乾嘉學術的一個新看法》（張麗珠：《清代新義理學——傳統與現代的交會》，臺北，里仁書局，2005年），頁3。

下才開始？德學者尤根‧歐斯特哈默所撰寫的《亞洲去魔化：十八世紀的歐洲與亞洲帝國》即以相當負面的視角云：

> 亞洲這個人類的搖籃，堆滿了由軟弱卑下的民族所構成的垃圾，再也無運用當代技術進步所帶來的發展機會。〔註7〕

上述的引文是清末之際西方人對亞洲人的普遍認知，當然回溯至清末時期，整個清帝國所展示於世上的，確實是積弱與潰敗的一面，即便有所謂的「同治中興」——各方面的洋務運動——但終歸是以失敗收場，是以可斷定清末開始的「現代化」運動絕非是自發性的。依照合理的推論，「前現代」後接續的便是「現代」，而歷史現實上所呈現的是：十八世紀的中國進入了「前現代」，但卻無法由內部啓發出「現代化」，難道清代學術成果中的「前現代」之說，實際上是需要重新審視的？抑或者是清末以前的「前現代」不能全然以西方的視角做爲審視標準？若是後者，則意味著中、西方的學術思想發展途徑應該分開來各自處理。

　　而在筆者無意間閱讀到英學者勞埃德的《認知諸形式：反思人類精神的統一性和多樣性》以及路先‧列維－布留爾（1857～1939）的《原始思維》後，給予了筆者一個啓發：即在思維方式與認知上，東、西方有何不同？又，是否清儒的思維方式有其特別之處？是以筆者選取大陸學者張舜徽（1911～1992）在《清代揚州學記》中所提及的揚州學派，因張氏云：「吳學最專，徽學最精，揚州之學最通。」〔註8〕如汪中、焦循已被時儒譽之爲「通儒」，既然爲通儒，則意味著在學術的成就上有其他學派或儒者缺乏的廣博與高度，亦如張舜徽所言，若以今日的視角來衡量揚州學派，雖有其不足之處，「但是對當時那般篤信謹守、褊狹拘隘的學術氣氛來說，仍然有它客觀上的進步。」〔註9〕當時除了官方依舊奉行程朱理學外，泰半的儒者亦多缺乏義理認知，而局限於考據方法之中，相較之下，揚州學派的汪中、焦循、凌廷堪、阮元等人，確實較具有學術視野的高度。

　　綜合張舜徽所言，揚州學派在當時屬於風氣較爲進步的學派，若由此切

〔註7〕《亞洲去魔化：十八世紀的歐洲與亞洲帝國‧前言》（尤根‧歐斯特哈默 Jurgen Osterhammel 著、劉興華譯：《亞洲去魔化》，臺北，左岸文化事業，2007 年），頁 25。

〔註8〕《清代揚州學記‧敘論》（張舜徽：《清代揚州學記》，武漢，華中師範大學出版，2005 年），頁 6。

〔註9〕《清代揚州學記‧敘論》，頁 7。

入，即可探究出清中葉時期屬於進步的「前現代」內容，亦可以從中分析出揚州儒者乃至於儒者在明清之際至清中葉的思維方式有哪些特點？

（二）研究目的

研究清代儒學思想的學者應都會承認：面對同樣的儒學經典文獻，宋儒與清儒會有兩種截然不同的詮釋途徑。當然，這不涉及誰是唯一真理的問題。從當代詮釋學的視角而言，「每一個時代都必須按照它自己的方式來理解歷史傳承下來的文本」，〔註10〕基於此，本文就是欲呈現出清中葉的揚州學派其學術的特徵，而此特徵乃是與宋明理學的學術特徵截然不同，但兩者均屬於儒學範疇之下的一個部分，從第三者的視角而言，其實沒有誰高誰低的問題。

不可諱言，早期的臺灣學界在理性主義的影響下，普遍有學術真理應只能有一個，這才會產生一個可信的、符合普遍性的意義的觀念於研究之中，並且依此來審核研究的對象。同理，詮釋學亦符合上述的規範，因此在探究儒者詮釋的經典對象後應只能得出一個正確的論述，或者說只能有一個是真能落實客觀的解釋，才能符合學術真理，如同伽達默爾（1900～2002）的《真理與方法》中引述施萊爾馬赫（1768～1834）的詮釋學觀念，云：

> 我們不要再把理解疑難和誤解認為是偶然的，而認為是可被排除的組成要素。所以施萊爾馬赫下了這樣的定義：「詮釋學是避免誤解的技藝。」〔註11〕

施萊爾馬赫所謂的疑難和誤解，就是將歷史、文化與環境等因素視之為對文本的干擾，是以對其而言，詮釋文本就是只能有一種正確的結果，這樣的詮釋過程便成了自然科學的研究步驟。換言之，這種科學化的詮釋學，是一種孤立型態的描述文本，不符合後人理解文本時必然會存在的文化與時代因素，更是排除了對文本的再創造性。

回到儒學的範疇中，宋明理學家認為建構形而上的「心性」之說，即是體現儒學義理的至高價值；清儒卻主張關注形而下的經驗道德，才是令儒學得以擺脫蹈空的困境。基本上，兩者都是在因應時代與環境之下，對儒學及

〔註10〕《真理與方法・真理問題擴大到精神科學裡的理解問題・一種詮釋學經驗理論的基本特徵》（漢斯－格奧爾格・伽達默爾 Hans-Georg Gadamer 著、洪漢鼎譯，北京，商務印書館，2010 年），頁 419。

〔註11〕《真理與方法・真理問題擴大到精神科學裡的理解問題・歷史的準備》，頁 267。

其經典文本所建構出的理論。是以盡可能以第三者的視角，呈現出揚州學派的義理思想與學術的特色，乃是本文的目的之一。

而本文的另一個書寫目的，也並非是要比較中西方學術在十八世紀爲主的這段時期的優劣問題，雖然上文提過：何以中國沒有自發性的從「前現代」跨入「現代」領域這樣的疑問，然而在了解思維方式的多元性後，若再以上述的疑問來做爲判定中西方學術的優劣，不免陷入思維方式具有統一性的謬思，如同十九世紀末英國人類學派主張人類的思維皆是相同的一樣，〔註12〕反而是欲突顯出同一路徑上的前後進程之落差。換言之，西方從「前現代」到「現代」的這一個歷史進程，只能適用於其自身，因爲西方學術與文化有其自身的成就因素，而中國的「前現代」也有其自身的因素。吾人應該用這樣的認知來審視。

是以本文乃以呈現揚州儒者在學術上所表現的「前現代」內涵，以及其思維方式所引發的認知結果，無論是受傳統文化的影響脈絡，抑或是對時代性或某一事件的反應、啓發等等，以盡可能旁觀的立場去讓它們自身突顯出來，而不是以已經預設好的立場來批判清中葉的揚州學派或是清儒，這即是本文書寫的目的之二。

第二節　研究範圍與方法

清代揚州一地，領有二州（高郵、泰州）六縣（江都、甘泉、儀徵、興化、寶應、東台），歷代多是人文薈萃之地，其高度的經濟活動與市鎮文化使得揚州知識階層遠比其他地區的文人更具開放性，從明末的泰州王學即可窺知揚州學術的風氣。本文所設定的範圍便是清中葉揚州一地的儒者，而關於研究的範圍與方法，述之如下。

（一）研究範圍

關於研究的範圍，大致上分爲人物、時間、著作與主題等幾個方向進行描述。在人物界定的方面，筆者先提出關於先賢的一些觀點，關於「揚州學派」的明確定義應屬於張舜徽的《清代揚州學記》，但早在梁啓超的《中國近

〔註12〕布留爾云：「他們相信那種以邏輯觀點看來永遠是並且處處是完全相同的『人類思維』。」見《原始思維‧緒論》（路先‧列維－布留爾 Lucién Lévy-Brühl 著、丁由譯：《原始思維》，臺北，臺灣商務印書館，2001 年），頁 18。

三百年學術史》中即有提到：「此外尚有揚州一派，領袖人物是焦里堂循、汪容甫中他們研究的範圍，比較的廣博。」〔註13〕是以揚州其實在清代已經是學術聚集地無誤。

清代揚州學派在經學、考據、典章制度、義理思想、詩文等均有所涉及外，在諸子學與西學方面亦有所接觸。是以如汪中、焦循等人，在乾嘉時期即已有「通儒」之譽。然而關於揚州學派的人物，在今學者的研究上有所出入，如《清代揚州學記》中所列舉的人物，共計有二十二位，〔註14〕而列入的條件乃是為揚州籍的學者。

另外趙航（1937～2013）的《揚州學派新論》中的揚州人物則不全以籍貫為基準，長期寓居揚州的儒者亦屬之，如原籍安徽歙縣的凌廷堪即是。〔註15〕揚州學者在其學術表現方面，是屬於「博通」的代表學派，此即意味著該學派的學術內容呈現多元，如汪中自詡於致用之學；凌廷堪擅長禮學；焦循的易學即具代表性；阮元則在經學領域的彙整成果上有目共睹；王懋竑、朱澤澐皆專朱子學；王念孫父子專長於訓詁與校勘；劉文淇三代專精《左傳》；劉寶楠父子專精於《論語》；黃承吉亦攻曆算等等。

然而本文所界定的研究範圍以清中葉時期為主體，特別是乾、嘉至道光前期，是以清初與清末的揚州儒者並非本文研究範圍的主要對象；再者，清中葉的揚州儒者中，能有別於宋明理學的義理思想，意即在清代新義理學上有所承繼、闡發者，則是本文的研究對象，故而若是仍奉程朱為宗，或僅僅涉及考證、校刊以及訓詁的揚州儒者不在本文考察的範圍內。

在揚州一地長期從事學術活動的儒者們，其師承與學風各有專擅，對於學術的關注面向也稍有不同。是以筆者所選取的研究人物，當以汪中、焦循、

〔註13〕 《中國近三百年學術史‧清代學術變遷與政治的影響（中）》（梁啓超：《中國近三百年學術史》，北京，東方出版社，1996年），頁27。

〔註14〕 張舜徽列舉的揚州學派學者為：王懋竑（1668～1741）、朱澤澐（不詳）、任大椿（1738～1789）、王念孫（1744～1832）、王引之（1766～1834）、汪中、汪喜孫（1786～1848）、焦循、焦廷琥（不詳）、阮元、江藩（1761～1831）、劉台拱（1751～1805）、朱彬（1752～1834）、劉寶樹（不詳）、劉寶楠（1791～1855）、劉恭冕（1824～1883）、成蓉鏡（不詳）、劉文淇（1789～1854）、劉毓崧（1818～1867）、劉壽增（不詳）、黃承吉（1771～1842）與劉師培（1884～1919）。

〔註15〕 徐復〈揚州學派新論序〉云：「既而凌廷堪以歙人居揚州，與焦循友善，阮元問教於二人，遂別創揚州學派。」（趙航：《揚州學派新論》，南京，江蘇文藝出版社，1991年），頁1。

凌廷堪、阮元四人爲代表,而此四位儒者的學術內涵,應屬整個清中葉的揚州學派中最具代表的指標性人物,尤其是在儒學的思想上,即汪、凌、焦、阮四人在義理思想的層面上能銜接戴震,做爲清代義理思想的中堅,四人的學術表現體現出清中葉的時代性與標誌性,如重視實事求是的治學態度與重視經驗層面的儒學價值等等,可做爲本文探究「前現代」的特點以及清儒思維方式的對象。

而在學術範圍的層面上,本文涉及到學術源流的問題,故而除了將重點集中於汪中、凌廷堪、阮元與焦循之外,對於與其諸位的學術承繼有所聯繫者,或者是義理思想有趨於一致性者,均會一併納入探討,包括上文提及的戴震,或是再往前的明清之際儒者:顧炎武、王夫之,亦或是宋明時期等儒者,甚至是上溯至先秦兩漢的儒學以及諸子學。因汪中、焦循等人於當時,已被時儒譽爲「通儒」,研究者多半亦承認其諸位的學術研究範圍確實較爲廣博,故本文在時間的斷限,乃是以清中葉爲主,進而依其學術內容上溯,盡可能呈現出其四位儒者的學術脈絡。

本文乃是以汪中的《述學》、凌廷堪的《校禮堂文集》、焦循的《雕菰集》以及阮元的《揅經室集》等個人著作,做爲最主要的文本資料,當然在主題分析的方法上,尚有關於研究對象在此一主題脈絡上的第一手文本,諸如凌廷堪的《禮經釋例》;焦循的《天元一釋》、《釋橢》、《釋輪》、《加減乘除釋》,以及《論語通釋》、《孟子正義》、《易學三書》;阮元的《疇人傳》等等,從其著作的文字,根據主題,逐一的深入分析,並依循其學術脈絡,將其他相關的文本或文獻引證出來。

汪中到阮元四位儒者的學術成就,皆可納入於經學的範疇之中,而他們所用的治學方法均爲考據,是以無論是哪一領域的論述,皆能從相關的古籍中獲得相當明確的線索與訊息,而至於涉及曆算數學的部分,亦是有前儒或傳教士的著作可考。即便是義理學,近則繼承戴震的義理思想;推遠則源自經學,包括漢儒的注疏在內。若以戴震的義理而言,其《原善》、《孟子字義疏證》,乃是汪中、凌廷堪、焦循與阮元所關注的重要資料。而至於五經系統中的相關文本亦是其四人學術成就的重要基礎。

而主題的部分,本文的上篇以「前現代」的特色做爲探討主題,分別對汪中等四人的義理思想與學術成果進行分析,包括其諸位學術的繼承與源流,對於宋明理學的批判與解構,並以其自身專擅的學術內容建構出新形態

的儒學價值。另外在西學傳入中國後，特別是曆算領域，清儒展現出對其的因應態度，事實上，從兩個不同版本的「談天三友」來看，[註16]無論其一是淩廷堪抑或焦循於數學的「專門」，在清中葉當屬知名是無疑的，此一部分凸顯出其有別於傳統的儒者。

下篇的部分則是探究「思維方式」，此一部份主要以「形而下」經驗層面和「氣」論做為研究範圍的主體，並在部分的內容中與上篇的內容互相搭配，將汪中、淩廷堪等四人涉及學術的思維方式予以呈現。

（二）研究方法

關於研究方法，一般多指涉對於研究範圍、對象之中所發現的現象、事例、觀點等等方面，進行分析與揭示的方式。

本文主要從二個方面進行，其一是針對汪中、淩廷堪、焦循與阮元四人的學術成果進行探討，是以考察其四人自身的相關著作之外，亦必須考察與之有關的前儒著作，例如顧炎武、戴震之著作等等，並分析這些著作所呈現的論點，做為本文論述的依據，進而歸納出其所蘊含的意義。再者是在前賢的研究基礎上，進行閱讀、分析、判斷與歸納。

本文所採用的研究方法主要是「文本分析法」，「詮釋法」、「比較法」與「歸納法」：

一、文本分析法：一般在人文學科中所提到的「文本分析法」，多採用西方文學理論中的幾種文本分析法對文本進行研究，但本文以探究學術思想與思維方式做為主體，並非屬文藝理論，是以本文的「文本分析法」乃接近於「文化研究」的範疇，即除了將所必須涉及的文本著作進行拆解與放大的深層分析外，同時也顧及當時的社會環境。如淩廷堪建構「禮」學時，何以連同戴震《孟子字義疏證》中的「理」論一併批判？透過文本分析法應可梳理出一個可能的方向。

二、詮釋法：「詮釋法」來自於詮釋學，即做為如何正確的理解他人話語或文字的方法。當然，此一「正確的理解」必須將文化的背景考慮進去，亦可說是「意識的理解」，在人文學科中，如何理解文字（文

[註16] 「談天三友」有兩種版本，其一在《疇人傳續編・卷五十》中列李銳、汪萊與焦循；其二阮元《定香亭筆談》中則列焦循、李銳與淩廷堪。參見吳裕賓：《談天三友・「談天三友」宜為哪仁？》（洪萬生：《談天三友》，臺北，明文書局，1993 年），頁 1。

本）乃是最爲關鍵的一環。本文的詮釋法乃是比較傾向於伽達默爾
在《眞理與方法》中所揭示的「詮釋法」。

三、比較法：「比較法」的運用，主要在凸顯出研究範圍的特性。從研究
的視角而言，包含了橫向與縱向的比較方法，橫向乃是同一時代，
甚至是同一質性的學派之間比較；縱向則爲學術發展的脈絡，比較
其前或後的相同或相異性。如凌廷堪，在學術思想上，是承繼了戴
震而來，但是二人的學術趨向卻有其各自的關注層面，更有其各自
的學術特性，此即是透過比較法得以呈現。

四、歸納法：歸納法即是由文本資料中找出一般性的「通則」即是。先
由分析收集來的文本資料中，整理出若干個事例，探求其間的共同
特徵或特徵之間彼此的聯繫關係，進而將研究結果推擴至其他未經
分析的類似事例，而獲得一種共通性的論述。本文中所處理的下篇，
關於思維方式的研究，無論是形而下爲主體的思維抑或是氣論的視
野，均屬於歸納性質的研究方法。

第三節　研究成果回顧

關於揚州諸儒的研究成果，若以「學派」總體而言，不如個別儒者的研
究來得多，而個別儒者的研究中，又以焦循與阮元的成果最爲豐碩，再者是
凌廷堪，最少的則是汪中，此結果與著作和儒者本身的學術成果有所關聯，
畢竟汪中所遺留的代表性著作在四人之中，應屬較少。

而在下文所列出的研究成果回顧，可分爲兩個方向，其一是集中在揚州
學派的義理學與經學方面的相關成果，至於揚州學派的文學戲曲或地區文化
之類的研究，則不列入本文所欲探討的範圍，是以本節將概述除了揚州學派
外，亦與其相關的主要研究成果。其二是關於思維方式的研究成果，因爲此
一部分乃是本文的下篇主體，是以一併在此提出。

（一）與揚州學派及其相關清代義理學的研究成果

本文於下列舉出學界對於清代揚州學派的研究成果概況，做一簡要的敘
述：

1、關於揚州學派的研究專書

首先，符合「揚州學派」主題的專書，大抵有張舜徽所撰寫的《清代揚

州學記》；趙航的《揚州學派新論》與《揚州學派概論》；祈龍威、林慶彰合編的《清代揚州學術研究》；楊晉龍、蔣秋華合編的《清代揚州學術》；張曉芬著的《天理與人欲之爭：清儒揚州學派「情理論」探微》。

上列的專書筆者擇要概述：祈龍威、林慶彰編的《清代揚州學術研究》上、下冊；楊晉龍、蔣秋華編的《清代揚州學術》上、下冊，皆是研討會所合刊的論文集，但此二部論文集，其實是集合兩岸學者的揚州學術研究成果，如祈龍威、林慶彰合編的論文集，內容包含各個領域，除了涉及經學、考據、儒學的層面外，尚有地方文化、商業結構、戲曲等等，此一論文集應比較符合研究揚州一地的學術與文化，對於義理思想的層次少有深入研究。而楊晉龍、蔣秋華所主編的論文集，則較集中在探討揚州儒者的學術表現上，如朱澤澐的朱子學，汪中的學術貢獻，阮元的學術淵源與學術成就等等。

張曉芬的著作則屬於清代揚州義理思想層面的專書，其將揚州儒者的義理學做一深入的剖析。內容上幾乎涵蓋了整個清代揚州學派的人物，該書以「情理」做為主軸，以此主軸論述揚州學派的義理思想，從縱向與橫向進行分析，逐步探究「情理」論的形成、內涵、發展與影響，最後則總評揚州「情理」論的優缺點。是以此書的內容乃是欲建構出清代以揚州學派為代表的義理思想，可視為呼應張麗珠所言的「典範轉移」，〔註17〕即理學沒落後，清代義理學中的「情理」論，乃是銜接傳統與現代之間的關鍵，是以在儒學發展史上有其重要地位。張麗珠的「清代義理學三書」《清代義理學新貌》、《清代新義理學——傳統與現代的交會》與《清代的義理學轉型》，雖不屬於揚州學派的專門著作，但仍涉及到揚州學派，如《清代義理學新貌》中即有個別立章分析焦循、凌廷堪和阮元的義理思想，對於釐清此三人的義理學，乃至於整個清代中葉的新義理脈絡相當重要。

而大陸學者的專書方面，張舜徽的《清代揚州學記》是將揚州學派的主要人物分別按章論述，對於揚州諸儒的生平、治學內容、貢獻以及學友或家傳分節作介紹，對於研究者而言，此書應屬進入揚州學派的領頭之作，惟此書以籍貫為取捨標準，故而久居揚州的儒者卻未能收錄於其中，如凌廷堪即是，較為可惜。

趙航的兩本專書《揚州學派新論》與《揚州學派概論》，二書的題名類

〔註17〕《天理與人欲之爭——清揚州學派「情理論」探微・緒論》，頁10。

似，內容上大亦大略相同。與張舜徽的定義不同的是，趙航的《新論》（以下簡稱）乃是以學術傾向為界定的標準，在此界定下，從揚州儒者的學術淵源、治經的特色與成就加以論述，以此彰顯出揚州學派在學術史上的地位與價值，但該書較多的內容仍是以論述考據成就為主。《概論》與《新論》較大的不同，則是增加久居揚州的凌廷堪，另外就是對《新論》的內容重新調整，在書後附了〈揚州學人學術繫年要覽〉，方便閱讀者做揚州儒者的概況了解。

而郭明道的揚州學派研究《揚州學派的哲學思想與治學成就》，側重於思想與學術成就的面向，其論述汪中、阮元、焦循的哲學思想具有實踐特點與創新精神。他們對於儒家正統觀念、封建禮教以及宋明理學的批判，是揚州學派哲學思想的重要內容。阮元和焦循對「格物致知」及「人性論」的解說，強調了實踐的觀點和發展變通的觀點在認識事物中的重要作用，具有趨近於近代的特色。而治學成就方面，則論述了揚州學派具有治學不尚墨守、主張融會貫通，善於歸納總結，並力求通經以致用。大抵上就是呈現出揚州儒者的做為「通儒」的特色。惟郭明道的揚州學派人物選取與張舜徽一樣，亦未將凌廷堪納入其中。

2、關於汪中、凌廷堪、焦循、阮元個別的研究成果

學界之中有不少是屬於今人研究各別的揚州儒者之著作，以下概略的列出關於探討汪中、凌廷堪、焦循與阮元個人的學術之作。

首先，是關於焦循學術的研究成果：何澤恆所著的《焦循研究》；賴貴三撰寫的《焦循雕菰樓易學研究》、《焦循雕菰樓易學述評》以及編著《海峽兩岸焦循文獻考察與學術研究》；陳居淵所著的《實證與實測：從方法論的角度看焦循的易學研究》、《焦循儒學思想與易學研究》；趙慶偉的《焦循孟子正義學術思想成就述評》；劉瑾輝的《焦循評傳》；陳進益的《聖者的訊息：焦循易圖略、易通釋研究》；趙揚的《從孟子正義看焦循的義理之學》；王慧茹的《焦循「一貫」哲學之建構與證立》，計十一本探討焦循學術相關的專書，而多以探究焦循的易學或分析其儒學義理思想為主。總得來說，焦循易學的內容蘊含了數學原理，且仍保留《易》的象數成分，而焦循的義理思想亦與其易學成就有緊密的關係。

其次是阮元的部分：有王章濤的《阮元傳》、《阮元評傳》；李成良的《阮元思想研究》；張立的《從傳統走向近代：中國科學史上的阮元》；程鋼所寫

的《阮元性命古訓的威儀說初步研究》；戚學民的《論阮元對戴震學術地位的
貢獻：讀阮元撰儒林傳擬稿札記之一》與《阮元儒林傳稿之研究》；吳根友撰
寫的《試論阮元哲學思考的語言學路徑及其得失》；楊錦富的《阮元經學之研
究》；劉德美的《阮元學術之研究》；鍾玉發的《阮元學術思想研究》；孫廣海
所撰的《阮元學術思想研究》；林久貴的《阮元經學研究》。阮元精通經學，
編纂《皇清經解》、《十三經注疏》，對於經學的保存與傳承有功，其思想的根
柢，可說均是由經學而來。陳居淵的《焦循阮元評傳》，則是將焦、阮二人的
學術特色個別論述，算是總論式的探討。

　　而淩廷堪的學術研究成果，在專書的部分，有張壽安的《以禮代理──
淩廷堪與清中葉儒學思想之轉變》與商瑈的《一代禮宗：淩廷堪之禮學研
究》，顯然淩廷堪的研究焦點多在其「禮學」領域，特別是落實在經驗層面的
「以禮代理」主張。研究汪中的專書，則有謝永平的《汪中評傳》，是一本總
論汪中生涯與學術之書。由上可知，揚州學派的諸位儒者之中以焦循和阮元
的學術較受研究者關注，是以個別的專著較多豐碩，而上述亦僅列出與本文
可能涉及的領域專書。

　　此外，張麗珠所專擅的清代義理學，在其著作中則有幾章分別討論焦循
的「能知故善」說；淩廷堪的「以禮代理」說，以及阮元的「相人偶」仁論，
對於釐揚州三儒的義理學，〔註18〕乃至於整個清代中葉的新義理脈絡之釐清
相當重要。

3、與清代義理學相關的研究成果

　　清中葉的揚州學派儒者，所涉及的學術有一部份即是在建構清代的義理
學上，如上文所提的淩廷堪、焦循與阮元等，而張麗珠所撰寫的清代義理學
三書，乃是基於對清代義理學的闡釋，此一闡釋是在余英時的研究上繼續推
進與突破。總的來說，清代的義理學是從明清之際逐漸發酵，至清中葉時期
的戴震集其大成，而揚州學派的主要幾位儒者，如淩廷堪、焦循等，則是承
繼戴震的義理思想，在形而下的領域中各自論述其所關注的面向。

　　清代義理學三書的內容即是透過一系列的文本，逐一揭示出清代儒者的
思想領域，從考據學興起到漢宋之爭的分析，不僅點出了儒學內在理路的當
然趨向，亦釐清了以戴震到阮元為首的思想與理學思想在基礎上的差異性。
是以對於研究揚州學派，尤其是清中葉此一時期，即顯出其研究成果的關

〔註18〕　參見張麗珠：《清代義理學新貌》，臺北，里仁書局，2006年出版。

鍵性。

　　而「明清氣學」亦是在張麗珠的《清代義理學的轉型》中被提出，〔註19〕「明清氣學」的特點，便是對氣質之善有所肯定，此有別於宋儒的思想，關注經驗層面的儒者，如即對人性中的「情」持正向的觀點，而在「明清氣學」之後接續的便是「乾嘉新義理學」，亦即是戴震到凌廷堪、焦循、阮元的義理思想。實際上，「氣」在中國哲學範疇的研究是持續在進行，大陸學界對於「氣」的論述相當之多，亦嘗整理出中國傳統思想上關於「氣」的思想史論，如葛榮晉對於明清的氣論與儒者：王廷相、顧炎武等，有不少成果發表。而臺灣方面，「氣」論的研究，以楊儒賓的投入較爲早，〔註20〕其認爲儒學中的「氣論」意味著是探究儒學工夫論的面向。而劉又銘的《理在氣中：羅欽順、王廷相、顧炎武、戴震氣本論研究》以及王俊彥的《王廷相與明代氣學》，〔註21〕分別是對於明代與清代的氣論進行探討。另外，戴景賢亦有多篇與清代義理學相關的研究成果，諸如〈論戴東原章實齋認識論立場之差異及其所形塑學術性格之不同〉，〔註22〕所探討的是戴震與章學誠的學術思想差異。又如〈市鎮文化背景與中國早期近代智識群體——論清乾隆嘉慶時期吳皖之學之興起及其影響〉，〔註23〕此文內容以論述明代以降至清乾嘉時期的智識群體樣貌與特性，特別是吳、皖學派。當然對於在相疊與相似的時代與環境下，此論述亦對揚州學派的研究亦是有相當的幫助。

　　在上述所概述的關於前賢們的清代義理思想之研究成果，對於本文的書寫與問題的釐清上均是具有重要的參考價值。

4、關於揚州儒者的學術期刊與論文

　　在學術期刊的部分，臺灣方面多半集中在《中國文哲通訊》與《漢學研

〔註19〕　《清代的義理學轉型》（張麗珠：《清代的義理學轉型》，臺北，里仁書局，2006年），頁365。

〔註20〕　楊儒賓、祝平次編：《儒學的氣論與工夫論》，臺北，臺大出版中心，2005年出版。

〔註21〕　劉又銘：《理在氣中：羅欽順、王廷相、顧炎武、戴震氣本論研究》，臺北，五南出版社，2000年出版。王俊彥：《王廷相與明代氣學》，臺北，秀威資訊科技公司，2005年出版。

〔註22〕　戴景賢：〈論戴東原章實齋認識論立場之差異及其所形塑學術性格之不同〉，《文與哲》第10期，2007年6月，頁375～446。

〔註23〕　戴景賢：〈市鎮文化背景與中國早期近代智識群體——論清代乾隆嘉慶時期吳皖之學之興起及其影響〉，《文與哲》第13期，2008年12月，頁219～270。

究通訊》中發表，此是中研院文哲所在 1999 至 2000 年間所執行的「清代揚州學派研究計畫」的成果，至今來看，仍是有其參考價值，而近幾年的學術期刊，則有曾聖益的〈清代「揚州學派」別議〉發表於《輔仁國文學報》第 34 期（2012 年 4 月），頁 167～177；張麗珠的〈乾嘉學術中堅的揚州學派──阮元的經學之功暨仁學重建〉，發表於《彰師大文學院學報》第 9 期（2014 年 3 月），頁 123～150。大陸的學術期刊方面，由中國期刊全文數據庫中依「揚州學派」為主題的搜尋結果，既有三百四十五筆資訊，時間由 1983 年開始，迄 2016 年為止。

　　整體而言，大陸的揚州學派相關研究發表在學術期刊上的資訊較多，而臺灣學者蔣秋華曾撰寫過〈大陸學者對於清乾嘉揚州學派研究〉一篇，概略評述了 2000 年以前大陸學界研究揚州學派的概況，該文發表在《漢學研究通訊》第 76 期（2000 年 11 月），頁 611～618。

　　具筆者查詢，在臺灣方面的碩博士學位論文中，迄 2017 年為止，只有輔仁大學中國文學系張曉芬於 2009 年完成的《天理與人欲──清儒揚州學派情理論探微》博士學位論文，而該論文業已於同年出版，上文已經簡介過，此處就不再重複。

　　至於以汪中、凌廷堪、焦循、阮元四位為主題的學位論文，則共計有三十四筆，其中凌廷堪為一筆，為彰師大國文系商瑔於 2002 年完成的《一代禮宗──凌廷堪之禮學研究》碩士論文，而於 2004 年由萬卷樓出版。至於焦循與阮元的學位論文則較多，其中焦循計有二十筆，而與本文研究範圍相關的有十三筆（已經出版成專書的論文，本處便不再列出），如廖千惠：《焦循論語學研究》（國立中正大學中國文學所碩士論文，1994 年）；劉德明：《焦循《孟子正義》之義理學研究》（國立中央大學中國文學所碩士論文，1994 年）；蘇俊鴻：《焦循《加減乘除釋》內容分析》（國立臺灣師範大學數學研究所碩士論文，1995 年）；石櫻櫻：《「執用兩中」之恕道──焦循《論語》義理思想之闡發》（逢甲大學中國文學所碩士論文，1997 年）；李雅清：《焦循《易》學之數理思維》（國立政治大學中國文學所碩士論文，2002 年）；劉佳雯：《焦循之「權」論研究》（國立彰化師範大學國文所碩士論文，2003 年）。

　　阮元的部分共計十三筆，其中與本文研究範圍相關的有六筆（已經出版的專書亦不列入）：莊家敏：《阮元仁學思想研究》（國立彰化師範大學國文所碩士論文，2003 年）；吳德玲：《阮元之經室思想與經世措施》（東吳大學中國

文學所碩士論文，2007 年）；葉致均：《阮元與清代廣東學術》（國立高雄師範大學經學研究所碩士論文，2009 年）；林俞佑：《阮元經學的義理進路》（國立暨南大學中國文學所碩士論文，2012 年）。

　　以上即是臺灣目前見到的關於研究揚州學派與凌廷堪、焦循、阮元等儒者，在研究儒學、義理思想或經學領域的博碩士學位論文。

　　大陸方面的學位論文，以「揚州學派」爲「主題」的博士學位論文與本文的研究範圍相關者有劉建臻：《清代揚州學派經學研究》（揚州大學中國古代文學所博士論文，2003 年）；溫航亮：《汪中思想研究》（蘇州大學中國哲學所博士論文，2008 年）；彭公璞：《汪容甫學術思想研究》（武漢大學中國哲學所博士論文，2010 年）；葛萊：《焦循《孟子正義》研究》（揚州大學中國古代文學所博士論文，2012 年）。

　　而碩士學位論文計有：鄭進：《焦循《孟子正義》研究》（暨南大學中國古典文獻學碩士論文，2007 年）；范菊琴：《汪中《述學》略論》（湖北大學中國古典文獻學碩士論文，2013 年）；萬苗旺：《焦循《論語》學初探》（江西師範大學中國古代史碩士論文，2013 年）；林益莉：《焦循《周易補述》研究》（福建師範大學中國古典文獻學，2014 年）。

　　由上列可知，大陸以揚州學派爲研究主題的博碩士論文，在數量上並不算多，而與臺灣的博碩士學位論文相比對後，會發現大陸方面較關注的揚州儒者撇除焦循之外，應屬汪中，而臺灣方面對於阮元的關注程度則較爲高。

　　大抵而言，兩岸學界針對揚州學派所做的研究成果有逐漸增加的趨勢，顯見學界對於清代中葉的學術的關注亦愈形增加。

（二）關於「思維方式」的研究回顧

　　「思維方式」雖然在臺灣學界是屬於較爲冷門的一個領域，但不代表沒有相關的研究成果，它是探究人類思想何以如此形成的研究分析，是以涉及哲學思想研究者，仍可能會觸及到此一領域。

　　最早關於思維方式的研究領域中具有轉折性地位的研究者應屬法國哲學家路先・列維－布留爾（1857～1939），其《原始思維》揭示了「地中海文明」與「低級社會」兩種類型，〔註24〕由此一研究中揭示出人類的「思維方式」並非是單一性質的。而中村元（1912～1999）所撰寫的《東洋人的思維方法》

〔註 24〕　《原始思維・譯者前言》（路先・列維－布留爾 Lucién Lévy-Brühl 著；丁原譯：《原始思維》，臺北，臺灣商務印書館，2001 年），頁 002～003。

則是最早研究東方人的思維方式的成果，徐復觀（1904～1982）嘗翻譯其中的章節而成《中國人的思維方法》。

近二十年來，臺灣學界投入研究思維方法的學者不甚多，先概略敘述筆者所知的專書：如 1994 年清華大學中文系所主辦的「中國古代的思維方式」研討會，會後集結成《中國古代思維方式探索》論文集一冊，分別從儒學、經典、先秦諸子的文本中分析中國古代的思維方式。〔註 25〕其後則有林啟屏所撰寫的《儒家思想中的具體性思維》，〔註 26〕其內容從語言、經典認同、具體實踐、宗教性等等面向逐一探討古代儒學的思維特徵。吳展良亦編著一本《傳統思維方式與學術語言的基本特性論集》，內容多從語言與文字方面分析中國古代知識分子的思維方式。

而大陸方面關於研究思維方式的專著，筆者在此概述幾本主要的成果，首先是周山所編著的《中國傳統思維方法研究》與《中國傳統類比推理系統研究》，〔註 27〕兩本論文集都是突顯出中國知識分子呈現其思維方式中的邏輯特色，特別是在類比或類推的層面上，如《中國傳統類比推理系統研究》中，即以《周易》、《黃帝內經》與四柱、六壬（地理、風水）系統做為分析的對象。另外李曉春著有《張載哲學與中國古代思維方式研究》，〔註 28〕其內容實際分為二大部分，其一是對於中國古代思維的總論述，從先秦諸子至宋明理學；其二是論述張載的本體論思想。

如同楊儒賓所言：「思維方式的問題其實不新，但國內（臺灣地區）討論此問題的文章卻意外的少，專書更是鳳毛麟角。」〔註 29〕截至目前，關於「思維方式」的研究成果仍是不多，然而筆者認為此一領域卻是可以深入了解傳統儒學的深層意識。

〔註 25〕　楊儒賓、黃俊傑主編：《中國古代思維方式探索》，臺北，正中書局，1996 年出版。

〔註 26〕　林啟屏：《儒家思想中的具體性思維》，臺北，學生書局，2004 年出版。

〔註 27〕　周山主編：《中國傳統思維方法研究》，上海，學林出版社，2010 年出版。周山主編：《中國傳統類比推理系統研究》，上海，上海世紀出版股份有限公司，2011 年出版。

〔註 28〕　李曉春：《張載哲學與中國古代思維方式研究》，北京，中華書局，2012 年出版。

〔註 29〕　楊儒賓：《中國古代思維方式探索·序》，無編頁碼。

上篇　清中葉揚州學派的「前現代」特色

　　本著作以探究清中葉的揚州儒者其學術方法論爲主體，區分爲上、下兩篇，分別論述研究對象的「前現代」的學術特色以及思維方式，而本文以揚州學派中的汪中、淩廷堪、焦循、阮元爲主要研究對象，此乃因爲其四位在清中葉時期，是除了戴震以外，涉及的學術思想與經學層面較爲廣泛所致。以下就「前現代」內容做定義。

　　關於本文所指涉的「前現代」，從研究成果來看，今許多學者試圖爲明清這一階段中各自的研究成果下定義，而在定義上亦顯得多元與多義，如戴景賢〈市鎮文化背景與中國早期近代智識群體──論清乾隆嘉慶時期吳皖之學之興起及其影響〉，〔註1〕即將明帝國之開端定爲「早期近代」，以作爲明清社會的發展鋪陳。除了上述從歷史斷代外，亦有從學術思想的層面來做區隔，如張麗珠《清代的義理學轉型》即以「近現代化」來爲清中葉的乾嘉新義理學下定義；〔註2〕又，吳根友《明清哲學與中國現代哲學諸問題》亦有一章〈明清之際中國社會內部的現代性因素〉，即探究中國傳統價值向近、現代的蛻變內涵；〔註3〕而溝口雄三所撰的《中國前近代思想的屈折與展開》，其〈緒言〉

〔註1〕　〈市鎮文化背景與中國早期近代智識群體──論清乾隆嘉慶時期吳皖之學之興起及其影響〉，《文與哲》第十三期，2008年12月，頁221～222。

〔註2〕　《清代的義理學轉型‧緒論：「何圖更於程朱之外，復有論説乎？」》（張麗珠：《清代的義理學轉型》，臺北，里仁書局，2006年），頁40～41。

〔註3〕　《明清哲學與中國現代哲學諸問題‧明清之際中國社會內部的現代性因素之分析》（吳根友：《明清哲學與中國現代哲學諸問題》，北京，中華書局，2008年），頁159。

亦指出其論述的──前近代──乃是爲亞洲的近代找尋自身的淵源；〔註4〕金觀濤、劉青峰的〈氣論與儒學的近代轉型──中國與日本的前現代思想研究〉。〔註5〕本文所論述的「前現代」，並非是從歷史年代的斷限來進行論述，乃是由學術思想的層次論起。

本文採以「前現代」做爲揚州學派的學術思想總括，大致可以朝三個面向進行分析，首先乃是主張人「欲」的必然存在性；再者，從「知」的層面來建構人的性善之論；第三，關於道德層面的論述，則傾向由內在個人體證趨向於外化的群體性與經驗性。

從儒學學術的發展而言，從中古時期的傳統價值轉向前現代的價值，其因素並非只有外在的層面，更多的乃是儒學內部的自我質變，如張麗珠所云：「探尋傳統文化中可能促成儒學更新內涵的內在機制、本土性資源。」〔註6〕是以，以下乃就儒學的內在機制爲基礎，分別就幾個面向作論述。

〔註4〕 《中國的前近代思想的屈折與展開‧緒言》（溝口雄三：《中國的前近代思想的屈折與展開》，北京‧三聯書店，2011年），頁44～45。

〔註5〕 〈氣論與儒學的近代轉型──中國與日本前現代思想的比較研究〉，《政大中文學報》，2009年6月，第十一期，頁1～30。

〔註6〕 《清代的義理學轉型‧緒論：「何圖更於程朱之外，復有論説乎？」》，頁41。

第二章　清中葉揚州學派的學術淵源與趨向

　　要探究一具有義理思想內容的學派，倘若僅止於該學派的文獻作考察，恐難以形成較完整的學術脈絡，更遑論欲彰顯出學術變遷的過程。大致而言，清代揚州學派的學術內涵是相當多元且多層次的，且可溯源至明代中葉以降的儒學義理與關注內容的轉向。本章先依據儒學義理相關的部分（包含經學）來做為論述的對象，並上溯至十五世紀的明儒思想，冀望藉由此一層次的論述，析理出揚州諸儒義理思想中的主要脈絡。再者，揚州學派承自吳、皖派的考據方法，卻又批評漢、宋之爭，如此，揚州諸儒的治學觀念或方式又與宗漢學的考據學者不全然相同，是以在此方面亦需做一釐清。最末，除析理出揚州學派的學術脈絡與治學方法外，在涉及主要人物的文本考察外，其師承或所處環境需有一基本認知，亦不失為一周詳的論述可能。

第一節　對儒學學術中經驗層面的關注

　　理學之所以能在宋至明代之際攘除釋、道在學術上的地位，而令知識份子重新關注於儒學自身，主要原因便是建構出一形而上的義理思想體系。業經宋元明三朝的建立直至成熟後，此形而上的義理思想卻也顯露出在處理經驗層面上的困境，加之外在因素的推助下，儒學思想又面臨了轉向趨勢，因此從「形而上」向「形而下」的關注成為清代儒學的新義理思潮。然而此新義理思潮非清代始有之，而是有其脈絡可循，最遲至明中葉，便已經有儒者或批評或修正理學的義理體系，而儒學之中屬於經驗層面的義理思想，於此

際亦逐漸的顯現而出,清代乾嘉時期的揚州學派,即在此脈絡上脫離了形而上的義理思想,持續關注具體的經驗世界。

一、朱、王之爭下的考證趨向

對清中葉的揚州學派影響最顯著的清代儒者,則以皖派的戴震(1724～1777)列爲首位。如凌廷堪(1755～1809)引述汪中(1744～1794)之語,云:「古學之興也,顧氏始開其端,……及戴氏出而集其成焉。」〔註1〕而焦循在〈申戴〉中云:「東原生平所著書,惟《孟子字義疏證》三卷、《原善》三卷,最爲精善。」〔註2〕又,阮元爲焦循所撰寫的〈通儒揚州焦君傳〉中亦寫到:「君又仿東原戴氏《孟子字義疏證》,撰《論語通釋》一卷凡十二篇。」〔註3〕由上述的三段引文內容可知,汪氏、凌氏、焦氏與阮氏四位儒者是不吝於展現出對於戴震學術的推崇。

然而戴震的儒學定位如同南宋朱熹(1130～1200)一樣,是清代義理思想的集大成者,並非開端人物。凌氏在汪中墓誌銘中提到「古學」之興肇始於顧炎武(1613～1682)云云,此即可視爲清中葉揚州學派其學術淵源的線索之一。所謂之「古學」,實際上所指涉的乃是屛除理學蹈空的層面,而改以考據方法來詮釋儒學經典,乾嘉時期部分的清儒也稱「古學」爲「漢學」,乃特將其與「宋學」區隔開來,其所參照的方式是漢儒訓詁注經的傳統,爲此還產生了漢宋之爭。而部分的乾嘉儒者在學術觀點上爲何要摒除「宋學」?關於此一部分,應可由顧炎武的文字來做觀察,顧氏所撰寫的〈與友人論學書〉中云:

> 竊嘆夫百餘年以來之爲學者,往往言心言性,而茫乎不得其解也。
>
> 命與仁,夫子之所罕言也;性與天道,子貢之所未得聞也。〔註4〕

學者鑽研於「心」或「性」等範疇仍無所定論的情形實已逾百年。關於孔子或其弟子言行的記載中,「命」、「仁」、「性」與「天道」等範疇並非用來言說與聽聞的。由文字中顯示,顧氏似乎僅止於對明代中葉以來盛行的心學有所

〔註1〕 《校禮堂文集‧卷三十五‧汪容甫墓誌銘》(凌廷堪:《校禮堂文集》,北京,中華書局,2006年),頁320。

〔註2〕 焦循:〈申戴〉(焦循:《雕菰集》,臺北,鼎文書局,1977年),頁95。

〔註3〕 阮元:〈通儒揚州焦君傳〉,收錄於《雕菰集》,頁4。

〔註4〕 《亭林文集‧卷三‧與友人論學書》(收錄於《清代詩文集彙編‧亭林文集》,上海,上海古籍出版社,2010年),頁650。

不滿，但實際上其所批評的對象正是以言心性爲主的理學家。宋代以前的儒者，其爲學之道，均是從經學入手，未如理學家專闡「理」字來闡發孔門之道。儒學的發展，自魏晉到唐代形成相對的弱勢以來，宋代的儒者們便吸收了釋、道二家學說之長，以塡補儒學在形而上論述的不足，卻也因此造成其後的儒學，多在上述諸命題中索求。

　　是以顧炎武雖是針對明代心學一系做出了批評，〔註5〕亦有意以「理學之名，自宋人始有之。古之所謂理學者經學也。」〔註6〕似乎用來區隔出宋、明儒的差異，〔註7〕但持平而論，即便如朱熹，其學問的廣度應屬宋明理學諸大家之最，但其仍是戮力於「性」、「天道」等範疇的詮釋與建構，甚至明言傳統的五經排序猶在《論語》、《孟子》之後。〔註8〕而朱氏的義理思想主要表現在「理同氣異」的脈絡上，並由此導出「理先於氣」的論述，將「理」視爲一切萬物的最高境界，而「仁」、「太極」、「性」、「天道」莫不是「理」也，學者錢穆（1895～1990）亦稱此爲朱熹在學問中最費精神之處，〔註9〕因此無論是陸王抑或是程朱一系，實際上皆涉及了蹈空之弊，而「蹈空」正是顧炎武批評理學的關鍵之處，是以回歸經學也成爲清儒治學的大要。

　　既然理學家終日言心言性，實非儒學初衷且去之彌遠，顧氏乃舉另一

〔註5〕 如錢穆云：『《日知錄》卷一「艮其限」條、卷十八「心學」條，對晚明所謂心學，皆有極深刻之評論。』見《中國近三百年學術史・上》（錢穆：《中國近三百年學術史》，臺北，商務印書館，1996年），頁137。又，梁啓超：《中國近三百年學術史》云：「亭林既憤慨當時學風，以爲明亡實由於此，推原禍始，自然責備到陽明。」（梁啓超：《中國近三百年學術史》，北京，東方出版社，1996年），頁7。

〔註6〕 《亭林文集・卷三・與施愚山書》，頁658。

〔註7〕 顧炎武較敬重宋儒尚有一證。其弟子潘耒（1646～1708）拜述顧氏之文云：「自宋迄元，人尚實學，若鄭漁仲、王伯厚、魏鶴山、馬貴與之流，著述具在，接博極古今，通達治體，曷嘗有空疏無本之學哉？明代人才輩出，而學問遠不如古。」見《日知錄・原序》（顧炎武：《日知錄》，臺北，世界書局，1991年），頁1。

〔註8〕 朱熹云：「《詩》、《書》是隔一重兩重說，《易》與《春秋》是隔三重四重說。……今欲直得聖人本意不差，未須理會經，先須於《論語》、《孟子》中專意看他。」見《朱子語類・卷第一○四・朱子一・自論爲學工夫》（黎靖德編：《朱子語類》，長沙，岳麓書社，1997年），頁2353。

〔註9〕 錢穆云：『此是熹必然要主張「理先於氣」說之苦衷。……這是熹運用二程觀點，來融會周、邵、張三家所得的結論。……這是他思想體系中，最著精神與最費分殊處。』（錢穆：《宋明理學概述》，北京，九州出版社，2010年），頁123。

途徑，做爲儒者爲問學的標的，其云：「讀九經自考文始，考文自知音始。」
〔註10〕回歸到經學之中，便是捨棄了理學家不依據經文的詮釋途徑。而欲回
到經文文本之中，應以明瞭文本中的古義、古音作爲開端，有些時候，明白
古音便可知其文意之緣由。之所以會有古今音的差異，乃是因爲音韻自先秦
到東漢；魏晉到唐；宋以降迄今，經過三次變化。〔註11〕顧氏指出經典文本
由知音到考文的途徑，即成爲日後乾嘉儒者解經的主要方法，因此如汪中、
凌廷堪等揚州儒者，將顧炎武視之爲清代古學之祖，但江藩（1761～1830）
《國朝漢學師承記》中卻將閻若璩（1636～1704）置於卷首，顧氏僅列於卷
末，應是由於閻氏爲時儒所稱道者，皆在考據的層次上，而顧炎武雖然提及
考據，但其學術成就卻不以考據爲首，〔註12〕畢竟考據只是顧氏探究古學的
方法門徑而已。

　　若要以清代考據方法的端倪竟歸之於顧炎武，這僅能限於有清一代，並
未能交代學術史的遷移過程。如果學術思想的價值轉向，由一人、一事或一
時，便足以完成，則此論述實是難以成立。理學自宋迄明跨越了約五個世
紀，若不去溯源唐代韓愈（768～824）、李翱（772～841）的思想影響，而是
直接論述理學在北宋歷經儒者們的建構與發展，在南宋由朱熹集大成、明
中葉王陽明（1472～1529）創心學一系的顚峰，這從學術史的宏觀上看來仍
是片斷的。

　　須留意的是：一種學術思潮在臻至成熟後，勢必也醞釀起另一股學術思
潮，而且內緣脈絡有比外緣關係更具關鍵地位的可能。佛學在中國發展成熟
的同時，知識份子在吸取釋、道養分後，倡導復興儒學的聲音亦逐漸的勃

〔註10〕　《亭林文集・卷六・答李子德書之一》，頁664。

〔註11〕　錢穆云：『亭林謂「三百五篇乃古人之音書，自秦、漢以下，其音已漸戾於古，
　　　　　至東京益甚。及梁沈約作《四聲譜》，不能上據〈雅〉、〈南〉，旁摭〈騷〉、子，
　　　　　而僅按班、張以下諸人之賦，曹、劉以下諸人之詩所用之音，撰爲定本。於
　　　　　是今音行而古音亡，爲音學之一變。下及唐代，以詩賦取士，其韻一以陸法
　　　　　言《切韻》爲準。至宋理宗末年，平水劉淵始併二百六韻爲一百七，元黃公
　　　　　紹作《韻會》因之，以迄於今。於是宋韻行而唐韻亡，爲音學之再變。」亭
　　　　　林此書，用意在「據唐人以正宋人之失，據古經以正沈氏、唐人之失。而三
　　　　　代以上之音，部分秩如，至賾而不可亂。自是而六經之文乃可讀。」此爲亭
　　　　　林治音學之根本方法，亦即乾嘉考證學一最重要之方法也。』見《中國近三
　　　　　百年學術史・上》，頁149。

〔註12〕　錢穆對於閻若璩之評價不高，即便是考據學的層面上亦多貶詞。見《中國近
　　　　　三百年學術史・閻潛邱毛西河》，頁244～250。

發；朱熹的學術思想在元代成爲指定的官學以降，元、明兩代不乏有儒者對
其義理提出批判或修正。是以，清代學術的轉向自有其內緣脈絡——來自儒
者的批判與修正。

　　余英時依據馮友蘭（1895～1990）的論述，提出關於清代儒學思想史的
再次詮釋則是重要的一個觀點。〔註 13〕余氏認爲要找出宋明理學和清代儒學
之間的共同關係後，方可再進一步理解清代的學術思想史，此即爲「內在理
路」的主張。〔註 14〕大致上而言，余氏從儒學傳統的「尊德性」與「道問學」
來分析宋明理學所含攝的兩種工夫，今日儒學的研究者均知：理學家所關懷
的是「德性彰顯」，並且視其爲儒者的畢生要事，因此宋明理學家強調：其界
定以先驗範疇的「德性之知」做爲比「聞見之知」更關鍵、更核心的「知」，
〔註 15〕換言之，此「知」即爲本有的德性，不需假於外界。然而朱熹卻又提
出了「道問學」的工夫，〔註 16〕認爲讀書是彰顯德性的途徑，同時期的陸九
淵（1139～1193）卻批評朱熹之說太過支離，此即爲朱、陸二儒的重要爭論。
而至明中葉陽明心學在學術達頂峰後，朱、陸之爭並未平息，兩派學者仍然
認爲己方所持的主張才是貼合孔孟之學。

　　因此，與王陽明持論相異的羅欽順（1465～1547）便云：「學而不取證於
經書，一切師心自用，未有不自誤者。」〔註 17〕意謂著此一爭議惟有回歸到
經學中進行考證，才是解決儒者們彼此爭論的方法。這是明儒提出經學考證，
且延續至清代儒學的一個重要轉折點。〔註 18〕自提出清代學術思想史的內在
理路此一新的詮釋後，的確對於明清之際的學術方法以及儒學義理的轉向，
標示出一個較爲明確的指向：清代儒學與宋明理學之間的聯結線索不僅僅是

〔註13〕　《論戴震與章學誠・從宋明儒學的發展論清代思想史》（余英時：《論戴震與
　　　　　章學誠》，臺北，東大圖書，1996 年），頁 310。

〔註14〕　余英時云：「西方研究 intellectual 或 history of ideas，有很多種看法。其中有
　　　　　一個最重要的概念，就是把思想史本身看作有生命的、有傳統的。這個生命、
　　　　　這個傳統的成長並不是完全仰賴於外在刺激的。」《論戴震與章學誠・清代思
　　　　　想史的一個新解釋》，頁 345～346。

〔註15〕　《正蒙・大心篇第七》云：「德性所知，不萌於見聞。」（張載：《張載集》，
　　　　　北京，中華書局，2016 年），頁 24。

〔註16〕　朱子云：「如今人理會學，須是有見聞，豈能捨此？先是於見聞上做功夫，到
　　　　　然後脫然貫通。」見《朱子語類・卷第九十八・張子之書一》，頁 2266。

〔註17〕　《困知記・卷二》（羅欽順：《困知記》，臺北，廣文書局，1991 年），頁 121。

〔註18〕　《清代義理學新貌・清代考據學興盛的原因》（張麗珠：《清代義理學新貌》，
　　　　　里仁書局，2006 年），頁 64。

有而已,而且是清晰的。因理學工夫論的相爭,導致儒學內部醞釀著變化,這變化最顯著的乃在陽明心學興盛之際,考證的方式也被儒者們所使用,如王陽明本人亦整理過《大學古本》即是。

除了上述的羅欽順外,分屬於崇仁學派的魏校(1483～1543)〈復余子積論性書〉中也有談論考證的方式。〔註19〕到了晚明更是如此,如較篤信程朱之學的顧憲成(1550～1612)有「更爲質諸先覺,考諸訓詁」之語,〔註20〕而屬於心學一系的泰州學者焦竑(1540～1620)亦涉及了考據方法,〔註21〕又如同時的呂坤(1536～1618)亦云:「若怠於考古,恥於問人,聰明自己出,可憐可笑,不知怎麼叫做學者。」〔註22〕從這些文字資料來看,程朱與陸王兩個陣營竟有著趨於一致的情況,即:以「先立其大」爲工夫的心學一系也向考證的途徑靠攏,而原本就著重「道問學」的程朱一系也就更加順理的提出考證的重要性。

不難發現,「考證」是包括程朱、陸王兩陣營在內,所有儒者均能夠接受的方式。換言之,從經學中考證出是非、眞僞的方式,是導致出日後在清代,儒學轉變的因素之一。雖然考證或訓詁的方式在宋代已有之,但並非是整理經典的主流方式,皮錫瑞(1850～1908)即云:

> 宋人不信注疏,馴至疑經;疑經不已,遂至改經、刪經、移易經文以就己說,此不可爲訓者也。〔註23〕

宋儒捨棄漢儒的注疏,亦不信前儒之作,就連對經典文本的可信度也產生了質疑,儒者們對經文或刪、或改,或擅自更動文本的篇章、位置,多半是爲了要令文本內容與其自身的思想相契合。簡言之,經書在宋代並無進行如同清儒般的大規模考證工作,因爲宋代儒學的學派之爭尚未激烈化,而且儒者們所要對抗的不是自身內部的學派,乃是釋、道二家,此與明中葉以降的情

〔註19〕 魏校云:「竊嘗考諸古聖賢論性……古性情字皆從心從生,言人生而具此理於心,名之曰性,其動則爲情也。此於六書屬會意,正是性之所以得名。……性從生,故借生字爲義,程子所謂生之謂性,止訓所稟受者也。此於六書,自屬假借。六書之法,假借一類甚多,後儒不明,訓釋六經多爲所梗,費了多少分疏。」見《明儒學案・卷三・崇仁學案三》(黃宗羲:《明儒學案》,北京,中華書局,1985年),頁56。

〔註20〕 《明儒學案・卷五十八・東林學案一》,頁1359。

〔註21〕 《清代義理學新貌・清代考據學興盛的原因》,頁50。

〔註22〕 《明儒學案・卷五十四・諸儒學案下二》,頁1297。

〔註23〕 《經學歷史・經學變古時代》(皮錫瑞:《經學歷史》,北京,中華書局,2008年),頁264。

況大不同。考證方式在明中葉以降逐漸被儒者所接受，恐怕還是以內部的朱陸之爭爲關鍵。

　　至清初，朱、陸孰爲儒學正統地位的爭論持續進行著，而援引考證方法以駁斥對方義理之論更爲明顯。〔註24〕如陳確（1604～1677）的《大學辨》、毛奇齡（1623～1716）的《四書改錯》、胡渭（1633～1714）的《易圖明辨》等，皆以攻訐程朱一系爲主，但閻若璩則撰寫《古文尙書疏證》，衝擊心學一系甚深。這樣的結果導致宋明理學皆失去了文本的根基，故而藉由考據方式復起的經學取代理學，成爲包括揚州學派在內的清儒眼中的治學方法，便成爲時勢所驅。〔註25〕皮錫瑞云：「雍、乾以後，古書漸出，經義大明。惠、戴諸儒，爲漢學大宗，已盡棄宋詮。」〔註26〕以往被宋儒所忽略不顧的經典、古代書籍文獻，業經清代諸儒的彙輯與校勘後，逐漸得以窺見較接近於先秦儒學的樣貌，至乾、嘉時期則蔚爲大觀，有戴震《考工記圖》、王鳴盛（1722～1798）《尙書後案》、焦循《孟子正義》、凌廷堪《禮經釋例》等等指不勝屈之著作問世。汪中之子汪孫喜（1786～1847）爲《國朝漢學師承記》作跋云：

> 自後儒以讀書爲玩物喪志，義理典章區分爲二，度數文爲，棄若弁髦，箋傳注疏，束之高閣。又其甚者，肆其創獲之見，著爲一家之言，綴王肅之厄詞，棄鄭君之奧論。……國朝漢學昌明，超軼前古，閻百詩駁僞孔，梅定九定曆算，胡朏明辨《易》圖，惠定宇述漢《易》，戴東原集諸儒之大成，袞然著述，顯於當代。〔註27〕

宋明儒標舉義理思想爲先，便將典章置於後，甚至主張讀書的害處與溺於詞章無二，因此作文曆算記錄都當末流之事；古時留下的經籍注疏也都藏而不閱，終演變成恣意憑空發想而成一家之言，與原初的儒學愈形分歧，終是支離之論。清代經學因考證而復起，而且超越了歷代的成果，如閻若璩、梅文鼎（1633～1721）、胡渭、惠棟（1697～1758）等考證家各有豐碩的貢獻，而

〔註24〕　張麗珠云：「察夫清初考據學之初興，其所考察的對象，多是延續著宋明以來理學內部紛爭問題而來。也就是清初所考證的典籍，大多與程朱、陸王間的義理爭論相關。」見《清代義理學新貌》，頁83。

〔註25〕　《清代義理學新貌》，頁84～89。

〔註26〕　《經學歷史‧經學復盛時代》，頁313。

〔註27〕　《國朝漢學師承記‧汪跋》（江藩：《國朝漢學師承記》，北京，中華書局，2008年），頁134。

戴震更是集諸儒之大成者，揚州學派受惠於戴震甚多，戴氏所強調的讀經史、訂群書的治學方法，在汪中、焦循、阮元等人的學術上皆可見及。

二、從「涵養德性」的內求到「以學養智」的外鑠

前文提到朱熹藉由「道問學」的途徑來彰顯「德性」，卻並未突破程頤（1033～1107）「聞見之知非德性之知。……德性之知，不假見聞」的立論，〔註 28〕畢竟包含了陸王在內的所有理學家均主張：人之本心或本性中已具備了天理所賦予的善之德性。理學家畢生所窮盡的便是此道德之徑。換言之，在「聞見」中所獲得的知是經驗於外物的知識，不是「我固有之」的善之德性，因此較不受理學家的重視。〔註 29〕程頤云：「君子之學，將以反躬而已矣。反躬在致知，致知在格物。」〔註 30〕即便程頤仍講格物須與物接，不離見聞的途徑，但最終仍返回人性的本來之德。〔註 31〕依理學家論「德性之知」言，此「知」不是「知識」，只能「體證作用」，即「明是非、能愛敬、顯露四端」的一種源自心性的作用。〔註 32〕爾後朱熹的「即物窮理」便脫胎自程頤之說，其「道問學」之目的不留駐於事物現實本身的理，而是以窮究事物背後的所以然之理，並依此理來印證天理德性。〔註 33〕

意即在朱熹的思想中，代表著「聞見之知」的「道問學」，只是做爲彰顯德性的一種過渡而已，並非將「聞見」視作頭等重要的知。推究原因，理學家高舉「德性之知」的重要性，其實是以背後的第一義「理」做爲主宰之故。在其諸人的思想中認爲，倘若此「理」不做爲第一義，那也就推不出「德

〔註 28〕 朱熹編：《二程遺書・卷二十五》（《景印文淵閣四庫全書・二程遺書》第 698 冊，臺北，商務印書館，1983～1986 年），頁 698～255。

〔註 29〕 二程甚至將文學、考訂等屬於「聞見」之知視爲末節，不屑於此。《二程遺書》云：「學也者使人求於內也，不求於內而求於外，非聖人之學也。何謂不求於內而求於外，以文爲主者是也。學也者使人求於本也，不求於本而求於末，非聖人之學也。何謂不求於本而求於末，考詳略採同異者是也。是二者皆無意於身，君子弗學。」見《二程遺書・卷二十五》第 698 冊，頁 698～256。

〔註 30〕 《二程遺書・卷二十五》，頁 698～254。

〔註 31〕 《二程遺書・卷二十五》云：「致知在格物，非由外鑠我也。我固有之也。」頁 698～254。

〔註 32〕 《宋明理學——北宋篇・張橫渠（四）》（蔡仁厚：《宋明理學——北宋篇》，臺北，臺灣學生書局，1995 年），頁 181～182。

〔註 33〕 《宋明理學——北宋篇・程伊川（五）》，頁 430～433。

性之知」的立論，雖然諸理學家中張載（1020～1077）視「氣」爲第一義，但其關於道德的論述，則又與其他理學家的論述不相違，故亦有學者將張載的論氣與論德性分爲二來處理。〔註34〕換言之，主流理學家主張：惟有以儒家的「仁義」爲「理」本體的內涵，人的德性才能承自於天命，道德才有先驗的依據。

然而理學的先驗道德論於現實經驗中是無法求證的，此一論述最遲在明中葉便遭到部分儒者的質疑。明中葉的王廷相（1474～1544）即批評「德性之知爲無知，以爲大知」說爲異端。〔註35〕王氏主張人必須藉由「聞見」與「思慮」的交會才能獲得眞知，亦即只有經由後天的學習與經驗，再經過「思慮」（即理性認知）後，才能眞正明瞭包含了儒學義理在內的所有知識，他以經驗實例來說明儒學的道德與倫常並非屬於先驗的範疇，而是經驗教育所致，如〈雅述上〉云：

> 使父母生之，孩提而乞諸他人養之，長而惟知所養者爲親耳，塗而
>
> 遇諸父母，視之則常人焉耳。此可謂天性之知乎？〔註36〕

一個人若自出生之後便沒見過其親生父母，即便於路上相遇，則他看待親生父母也會如同尋常的陌生者一般，並不會有所不同，而他所認知、且會表現出敬重態度的父母，只會是撫養他長大成人卻無血緣關係的對象罷了，是以如何能主張有天命賦予人的德性呢？事實上，王廷相所指出的例子，在現實生活中的確不難發現，況古代這類遭逢事故而收養、過繼的事件實繁不勝數。

在遭遇從未「聞見」過的雙親，「德性」中的親情倫常便不可能施之於此一陌生者之上，畢竟沒有接觸且毫無交集之下，便無知曉的可能性。王廷相從實際的經驗觀察中否定了「德性之知」論的正當性。而否定「德性之知」，

〔註34〕 張載的本體論與道德論是區分開的。如陳來引張君勱論張載對宋明理學的貢獻有四點，其中第二爲：「他相信道德法則是自律自主的，不能用物質因素來解釋。」（陳來：《宋元明哲學史教程》，北京，三聯書店，2010年），頁71。又，張麗珠云：『張載「氣本論」的宇宙論立場，不可和他持論「性理」的人性論立場混淆。』（張麗珠：《中國哲學史三十講》，里仁書局，2007年），頁350。

〔註35〕 《王廷相集·雅述上》云：「世之儒者乃曰思慮見聞爲有知，不足爲知之至，別出德性之知爲無知，以爲大知。嗟乎！其禪乎！」見《王廷相集》（王廷相：《王廷相集》，北京，中華書局，1989年），頁836。

〔註36〕 《王廷相集·雅述上》，頁836。

其實就是反對理學家所立下的「理」本體論述。王氏更一進步云：

> 赤子生而幽閉之，不接習於人間，壯而出之，不辨牛馬矣，而況君
> 臣、父子、夫婦、長幼、朋友之節度乎？而況萬事萬物，機微變化，
> 不可以常理執乎？〔註37〕

若某人自出世後便將其禁閉阻隔，不曾給予接觸社會上一切人事物之機會，
等圈養到某人長大後再將他放出，則某人無法認知到與尊長、家庭及友朋等
關係的應對進退。換言之，某人對普遍的人事物是一概不知。又，此世上如
此繁瑣的事物，其皆有各自的差異性與變動性，如何能以一個亙古不變的理
來統攝一切？由上述可知，王廷相對於整個理學的形而上道德體系是採取全
然否定的態度。

王氏以現實經驗否定理學的「德性之知」，其批判形而上體系的觀點，在
明中葉或許只是儒者陣營中的少數，但到了晚明，重視「聞見之知」的儒
者則明顯增加，且不乏出自於理學陣營，如焦竑從「多聞擇其善者而從之，
多見而識之」言「聞見」並非有背於聖學之道，反而是依循了孔子博學多
識的思想，即焦竑（1540～1620）不諱言「聞見之知」不可廢的傳統依據。
〔註38〕被視爲陽明心學最後正宗的劉宗周（1578～1645），則有更進一步的見
解，其云：

> 世謂聞見之知，與德性之知有二。予謂聰明睿知，非恃乎睿知之
> 體，不能不竅于聰明，而聞見啓焉。今必以聞見爲外，而欲墮體黜
> 聰，以求睿知，并其睿知而槁矣，是墮性於空。〔註39〕

所謂的「知」被儒者們普遍認爲有「聞見之知」與「德性之知」二途徑。然
而「知」就是「知」，必須藉由感官的功能接觸外在的人事物後，才能令「知」
達到眞正的「知」，倘若將「聞見」的途徑摒除，而認爲不必假於它，則「知」
將失去依附，形同玄虛。因爲「聞見」也在人的自然本性之內，假若剔除
它，人之性也就不夠完整了。劉氏認爲人必須藉由聞見才能獲「知」。由上可
知，與其說劉氏所言的「睿知」是「德性之知」，不如說與王廷相所謂的「思
慮」來得相近，都是指涉理性的思辨能力，但此一能力還是得藉由聞見來
啓發。

〔註37〕 《王廷相集・石龍書院學辯》，頁 604。
〔註38〕 《論戴震與章學誠・從宋明儒學的發展論清代思想史》，頁 334～335。
〔註39〕 《明儒學案・卷六十二・蕺山學案》，頁 1596。

　　由劉宗周提出「睿知」這點而言，似乎也預示了清中葉戴震、焦循等儒者的「重智」思想。比起宋儒分爲「知」爲「德性」與「見聞」二途，劉氏的主張顯然要更爲精當，與焦竑一樣，劉氏亦引孔子「多聞擇其善者而從之，多見而識之」做爲註解，即是替「聞見之知」指出必要存在的根據。〔註40〕而其他儒者，如在《四庫全書》中被列爲開考據風氣的方以智（1611〜1671）亦有「古今以智相積」之語，〔註41〕視讀書爲累積智識的方式，這也是重視「聞見之知」的立場。是以從明末理學家看重「聞見之知」的現象看來，部分儒者已不再遵循宋明理學家主張「德性之知，不假見聞」的先驗途徑，轉而向經驗關注，視「聞見」爲爲學的第一條件。

　　清初顧炎武、黃宗羲、王夫之（1619〜1692）等儒者對「聞見之知」的層次多有著墨。顧氏僅「博學於文」一句即說明他對「聞見」的立場；黃氏承自劉宗周在〈明儒學案序〉所云的「心無本體，工夫所至，即其本體」，〔註42〕即重在經驗範疇的工夫論上；王夫之對「聞見之知」的見解可從詮釋「學」字中窺見，其云：「學有對問、對思、對修而言者，講習討論是也。」〔註43〕將「學」字釋爲講習討論，此中涵藏「聞見」的學習過程，與存神靜坐而思迥異。王氏在《張子正蒙注》中更直接論述「聞見」的必要性，其解釋〈大心〉篇的「耳目雖爲性累」一段時云：

> 累者，累之使御於見聞之小爾，非欲空之而後無累也。……多聞而
> 擇，多見而識，乃以啓發心思而會歸於一，又非徒恃存神而置格物
> 窮理之學也。〔註44〕

「聞見」雖小，但經由不斷的累積而終究可以累積且啓發心思進而窮理，並非清除聞見而令心思無所煩累也。有了王廷相、劉宗周以及清初儒者們的發端後，到戴震乃至於焦循，就更明確地把「聞見之知」列爲第一義，形成清代的重智思想。戴震思想集中在《原善》、《孟子字義疏證》，尤其是後者，

〔註40〕《明儒學案・卷六十二・蕺山學案》，頁1596。
〔註41〕《論戴震與章學誠・從宋明儒的發展論清代思想史》，頁337。
〔註42〕錢穆：《中國近三百年學術史・上》，頁29。案：《明儒學案》版本眾多，有紫筠齋本、會稽莫晉本、二老閣本等。錢穆所引的〈序〉文則是收錄在紫雲齋的初刻本，爲黃宗羲親自修定而成。
〔註43〕《讀四書大全說・卷四・論語》（王夫之：《船山全書・六》，長沙，嶽麓書社，1996年），頁586。
〔註44〕《張子正蒙注・卷四・大心篇》（王夫之：《張子正蒙注》，北京，中華書局，2011年），頁125。

足以視爲清儒義理思想的代表，其反駁了理學家的性善之論，戴震云：「德性資於學問，進而聖智。」〔註45〕其認爲德性與人的身軀一般，初生至童稚時期都是羸弱而不強，必須經由後天的教育學習才能茁壯，因此理學家主張德性乃人人生而已經俱足完滿的說法，並不是儒學的傳統。將德性之所成，以經驗的視角來建構，即是將完滿之德性抽離出先驗的範疇，而改以逐漸學習方可進而成就之來處理。換言之，唯有不斷問學，方有近於聖智之境的可能。

　而認同戴震義理的焦循認知到，若僅是將「德性」與「學問」結合，猶未能解釋人何以爲人，何以有成聖的可能，且人與萬物有何不同之處。焦氏在《孟子正義》中以遠古的人類爲例，一開始不知父只知母，與禽獸沒有兩樣，等到如伏羲、神農等有智慧之人出現後，人類才知道家庭組織、熟食耕作後才逐漸進入文明社會的階段。〔註46〕焦氏從歷史的進程中得到一個結論，其云：

> 明人之所以異於禽獸者，在此利不利之間，利不利即義不義，義不義即宜不宜。能知宜不宜，則智也。……智人也，不智禽獸也。
> 〔註47〕

歷來的儒者多主張人與禽獸的差別在於德性，但實際上，從歷史的事實可證明，人類若缺乏智能，則就如同遠古未開化之人類一樣與禽獸無所異，因此人之所以爲人，關鍵即在智能。而人因有智能，所以懂得該如何趨利而避凶，趨利而進步便是良善，因爲這是使生活更爲合適的結果。

　焦氏從人類歷史的進化論與個人處事的合宜恰當與否，均歸諸於因爲有「智」的能力，這將儒學與先驗道德論的糾結徹底予以鬆脫，改以一種社會群體的角度言善、言德性，雖王廷相、劉宗周也有類似於焦氏的思想，但焦氏將「智」與「人之所以爲人」並舉，的確是超越了只在「聞見之知」與「德性之知」間辨析的前儒們，只能說宋明理學家所關注的是趨向於個人的道德視野，與清儒趨向於社會群體的視角不同。當然，焦氏論「智」與利義的關

〔註45〕《孟子字義疏證・卷上・理》（戴震：《孟子字義疏證》，臺北，世界書局，1974年），頁41。
〔註46〕《孟子正義・卷十七》云：「上古之民，始不知有父惟知有母，與禽獸同，伏羲教之嫁娶定人道。」（焦循：《孟子正義》，北京，中華書局，2007年），頁585～586。
〔註47〕《孟子正義・卷十七》，頁586。

係俟後章再做討論。

除了焦循，「聞見」的重智思想在揚州學派儒者的著作中亦可見到，劉寶楠（1791～1855）、劉恭冕（1824～1883）父子所合撰的《論語正義》之中即云：

> 人之成德達材，必皆由學矣。《中論・治學篇》：「民之初載，其曚未知。譬如寶在玄室，有所求而不見，白日照焉，則群物思辨矣。學者，心之白日也。」〔註48〕

德性的彰顯必須由學習而來。在徐幹（170～217）《中論・治學》篇有一例：處於暗室之中，即便室內有一價值之物，也會因晦暗而不可得，倘若有日光投射其間，則室內的所有物皆清晰可辨視。因此，學習的可貴處就如同此例。顯然這與「德性資於學問」說法如出一轍。而《論語正義》中類似的文字不只一處，〈里仁第四〉「吾道一以貫之」〔註49〕、〈陽貨第十七〉「由也，女聞六言六蔽矣乎？」〔註50〕均是以「以學養智」的思想為宗旨。

由明中葉的王廷相到揚州儒者焦循，可知對於「聞見之知」理解的演變，乃是將「德性」逐漸朝著需由外在的聞見之知來成就內在的性善之質，而不是德性的圓滿之善已俱存於內。而再深入探究的話，可從王廷相反「理」本體這一條脈絡來分析，其實這已反映出一種儒學義理上的價值轉變。

第二節　對理學「理」範疇論述的解構

儒學的義理思想由唐代韓愈開始復起，再經宋儒們的戮力，並逐漸建立起先驗道德論的架構以來，「理」、「氣」，甚至是「心」、「性」等關係與序列的問題一直是儒者十分關注的焦點。宋儒以「理」做為亙古不易且至善的形而上學論述，其實是到朱熹才算是徹底完成，〔註51〕故而以「理」作為本體論的內涵實非是儒學的原初論述，即便是理學之祖周敦頤（1017～1073）的《太極圖說》，其中有「無極而太極。太極動而生陽，……靜而生陰。」

〔註48〕《論語正義・卷一・學而第一》（劉寶楠：《論語正義》，臺北，世界書局，1983年），頁12。

〔註49〕《論語正義・卷五・里仁第四》，頁81。

〔註50〕《論語正義・卷二十・陽貨第十七》，頁374。

〔註51〕朱熹注云：「太極，形而上之道也；陰陽，形而下之器也。」見《周敦頤集・卷一》，頁4。

〔註52〕云云亦並未明確解釋「太極」的內容是抽象無形之「理」，也因此包含揚州學派以及吳、皖學派等乾嘉儒者們，皆根據儒學經典來抨擊宋明理學的「理」本論，並非是無的放矢。事實上元代程朱學派的後繼儒者已漸在理氣論上修正，如吳澄（1249～1337）云：「理者，非別有一物，在氣中只是爲氣之主宰者即是。」〔註53〕逐漸已趨向「理在氣中」概念。又，曹端（1367～1434）對於朱熹的寂然不動之理本體論不滿而作〈太極圖說辨戾〉一文以駁之。〔註54〕足見在明中葉之前，理本論的內容在理學陣營內部已遭到部分儒者質疑，即便有薛瑄（1389～1465）以日光飛鳥之喻來重新解釋「氣有散聚，理無散聚」的本體論思想，〔註55〕但仍不足以修正理本論在現實層面上的矛盾處。

本節所探究之「理」，內容主要以「理」自身從本體無形的抽象論述轉變成有跡可察的現象論述。是以清中葉揚州學派的「情理」論以及「以禮代理」說，在其後章節中會有較爲詳細的分析。

一、明中葉至清初儒者對「理」的重新詮釋

明中葉羅欽順在本體論上明確提出「蓋通天地，亙古今，無非一氣而已」的論述，〔註56〕否定朱熹主張「理」爲亙古恆常的論點，同時也批評朱氏在邏輯上將理氣分爲二的思想。〔註57〕羅氏認爲理氣的關係只能從氣上言，其

〔註52〕《周敦頤集·卷一》（周敦頤：《周敦頤集》，北京，中華書局，2010 年），頁3～4。

〔註53〕《宋元學案·卷九十二·草廬學案》（黃宗羲：《宋元學案》，臺北，世界書局，1973 年），頁 1716。

〔註54〕曹端云：『（朱熹）卻謂「太極不自會動靜，乘陰陽之動靜而動靜耳」。遂謂「理之乘氣，猶人之乘馬，馬之一出一入，而人亦與之一出一入」，以氣之一動一靜，而理亦與之一動一靜。若然，則人爲死人，而不足以爲萬物之靈；理爲死理，而不足以爲萬物之原。理何足尚，而人何足貴哉？今使活人騎馬，則其出入行止疾徐，一由乎人馭之如何爾，活理亦然。』《明儒學案·卷四十五·諸儒學案三》，頁 1066。

〔註55〕薛瑄云：「理如日光，氣如飛鳥，理乘氣機而動，如日光載鳥背而飛。鳥飛而日光雖不離其背，實未嘗與之俱往而有間斷之處，亦猶氣動，而理雖未嘗與之暫離，實未嘗與之俱盡而有滅息之時。氣有聚散，理無聚散，於此可見。」《明儒學案·卷七·河東學案上》，頁 120。

〔註56〕《困知記·卷下》，頁 109。

〔註57〕羅欽順云：「朱子終身認爲理氣爲二物，……愚也積數十年潛玩之功，至今未敢以爲也。」見《困知記·卷下》，頁 112。

云：「氣之聚便是聚之理，氣之散，便是散之理。惟其有聚有散，是乃所謂理
也。」〔註58〕換言之，「理」之所以爲「理」，在於「氣」之散聚，若「氣」
無散聚、無變化，則「理」不存在。「理」在此詮釋下僅被視爲「氣」的規律
來看待。而王廷相反對以「理」爲本體的立場更爲鮮明，其云：

> 愚謂天地未生，只有元氣，元氣具，則造化人物之道理即此而在，
> 故元氣之上無物、無道、無理。〔註59〕

天地萬物未成形之前只有「元氣」，唯有承認「元氣」爲包括「理」在內的一
切事物的根源，才可能眞正認識人事物之所成的道理。從上文王氏主張「見
聞之知」是「德性」的基礎這一點來看，王氏將「氣」視爲唯一本體的觀點
乃是不難理解的。雖然北宋張載的本體論與王氏趨近於一致，但張氏對於現
象、經驗性的層次，相對來說卻持較爲次要的態度，其主因是張載於其當際
面對的是如何振興儒學學術地位的課題，故勢必要在形而上的範疇中推展出
屬於儒學特色的論述。又，北宋如周敦頤、張載，甚至程顥等儒者對於宇宙
論與形上道德論的義理建構尚未做出縝密的邏輯連繫，是以張載一方面主張
具實體性的氣本論，另一方面卻又提出「天地之性」與「德性之知」的抽象
性命題。至明中葉時期的儒者，已無須面對與釋、道爭席的危機，他們所面
臨的卻是儒學無法因應社會變動而蹈空的困境，因而對理學形而上論述提出
批判與修正，明顯與張載的關注點截然不同。

　　理本論內容的解構到晚明清初之際尤爲顯著，朱陸兩方陣營在此論述上
均有關鍵性的轉向。被喻爲心學正宗的劉宗周在理氣論上有「天地間一氣而
已，非有理而後有氣」之說，〔註60〕其弟子黃宗羲亦云：「天地間只有一氣充
周，……流行而不失其序，是即理也。」〔註61〕說明了明末清初的心學陣營
體認到「理」的內涵是一規律、條理，故理學家所云本體的、先驗的「理」
需要做修正。而學術趨向較偏向朱熹道問學路線的顧炎武以「盈天地之間者，
氣也」說明宇宙本體與一切現象皆是氣。〔註62〕雖然顧氏在「氣」的範疇上

〔註58〕《困知記・卷下》，頁112。
〔註59〕《王廷相集・雅述上》，頁841。
〔註60〕《劉宗周全集・聖學宗要》（劉宗周：《劉宗周全集・第二冊　語類》，浙江古
　　　　籍出版社，2007年），頁230。
〔註61〕《黃宗羲全集・孟子師說》（黃宗羲：《黃宗羲全集・第一冊》，浙江古籍出版
　　　　社，2005年），頁60。
〔註62〕《日知錄・卷一・遊魂爲變》，頁14。

著墨不多，但從他涉及到「理」的文字中可知其「理」多指事物之「理」，與他批評理學蹈空的思想具有邏輯的一貫性。〔註63〕

與黃氏、顧氏同時期的王夫之則云：「天下惟器而已矣。道者器之道，器者不可謂道之器。」〔註64〕「器」者乃是指具體形質之「氣」；「道」則是「器」之規律。故王氏主張先有「器」才有「道」。王夫之的「道器論」內涵同黃、顧二人是具有高度的一致性，他們皆認爲先有具體的現象、實物，才會有屬於該現象、實物的規則存在。王夫之除在「道器論」上主張「器」爲「道」之體外，亦云：「陰陽二氣充滿太虛，此外更無他物，亦無間隙。」〔註65〕以及「理者，天之所必然者也。」〔註66〕從這兩段文字了解到，王氏對於理與氣的關係的解釋是：氣爲本體，氣外不存在一切物，理只是氣化必然的規律。從經驗層面言，此一宇宙間中只有實質性的陰陽之氣，除陰陽之氣外，再無其他物或者超越陰陽之氣的層次性質的存在。

上述關於明清之際的理氣內容，可說是接續羅欽順、王廷相等儒者的思想而來。當然我們需留意，張載的氣論思想也被這些儒者所吸收，尤其是王夫之十分推崇張載，其云：「張子之學，上承孔孟之志，下救來茲之失，如皎日麗天，無幽不燭。」〔註67〕認爲張載的思想是直承孔孟的義理思想。總的看來，明中葉到清初的理氣論述有逐漸明顯的轉化，「理」由原初理學家主張的形而上本體且其內涵爲亙古不易的至善眞理，轉化爲依附於「氣」之中且其定義爲氣化的規律、秩序。換言之，「理」的第一義被主張「氣」爲惟一根本的論述給完全解構、消弭了。

二、乾嘉時期戴震的「理氣」論述

清乾嘉時期的學術雖以考證方式爲風尙，但儒學義理的轉化仍持續發展，戴震爲此一時期的集大成者。戴氏論「理氣」關係的內容在《緒言》中有較多的解釋，如：「求太極於陰陽之所由生，豈孔子之言乎！謂『氣生於

〔註63〕 《理在氣中：羅欽順、王廷相、顧炎武、戴震氣本論研究》（劉又銘：《理在氣中：羅欽順、王廷相、顧炎武、戴震氣本論研究》，臺北，五南圖書，2000年），頁96～98。

〔註64〕 《船山全書・周易外傳・卷五・繫辭上傳第十二章》冊一，頁1027。

〔註65〕 《張子正蒙注・卷一・太和篇》，頁11。

〔註66〕 《張子正蒙注・卷二・神化》，頁60。

〔註67〕 《張子正蒙注・緒論》，頁3。

理』，豈其然乎！」〔註68〕又如：「蓋氣初生物，順而融之以成質，莫不具有分理，則有條而不紊，是以謂之條理。」〔註69〕由這兩段引文看來，戴氏認為宋儒談的理氣關係是背離原始儒家義理，而兩者是形質與形質分屬的關係。由此而知，戴氏在理氣論述上並未超越明清之際的儒者，倒是在「形而上」與「形而下」的定義上更透露出其義理思想上的新創。

其云：「形，謂已成形質，形而上猶曰形以前，形而下猶曰形以後。」〔註70〕戴氏認為《易繫辭》中的「形而上」的內涵並非如理學家所主張的以先驗、超越於現象界，無跡且無限之「理」做為「道」的內容。「道」應是形質之前的狀態，而成形之後便是具體有跡之「器」。其《原善》云：

> 「形而上」者，陰陽鬼神胥是也，體物者也；故曰：「鬼神之為德，
> 其盛矣乎！視之而弗見，體物而不可遺。」《洪範》曰：「五行：一
> 曰水，二曰火，三曰木，四曰金，五曰土。」五行之成形質者，則
> 器也；其體物者，道也。〔註71〕

「鬼神」並非具宗教或超自然的意涵，而是指「形而上之道」的作用，故此「道」雖無形跡可見，卻能為本體而生成萬物。但戴氏定義的「道」與理學家所主張的「道」，內涵上迥然不同，前者謂「道」就是「陰陽」，就是「五行」。吾人知道明清氣論的思想邏輯是否定「理」在「氣」之上，但在戴震之前並未有儒者針對《易繫辭》的「形上」、「形下」提出具體又符合氣一元論的論點，戴氏則在此論點上做出嘗試。他以氣一元論的模式來處理「道」與「器」的關係，因此兩者不再存著理學架構下的主從關係，而是改以時間序列來做為彼此的連繫。理學家將「形而上」與「形而下」徹底分離形成「道」與「器」二物，這是為強化形而上主體的優越性所致，其結果便是與據實在經驗義的現象界產生疏離。而戴氏義理中所言的「道」、「器」本質則皆為一致，差異只在於形質之成與否而已。其稍晚所撰寫的《孟子字義疏證·天道》中關於「道器」論部分，亦是維持此一主張而未有更易。〔註72〕

〔註68〕《緒言·卷上》（戴震：《戴震全書（6）》，合肥，黃山書社，1995 年），頁 85。
〔註69〕《緒言·卷上》，頁 89。
〔註70〕《孟子字義疏證·卷中》，頁 48。
〔註71〕《原善·卷上》，頁 4。
〔註72〕見《孟子字義疏證·卷中》「天道」，頁 47〜52。另據世界書局印行《四存篇、原善、孟子字義疏證》印載：戴震《原善》約完成於乾隆三十三年（1768），而《孟子字義疏證》的定稿約在乾隆四十二年（1777）。

　　戴震除將「形而上」、「形而下」的內容詮釋爲氣一元論的形質變化模式外，其《孟子字義疏證》開卷便大幅地討論「理」的幾個面向，如「理」與「性」、與「情」、與「欲」等，此於後章再述。上文已提過，戴氏認爲「理」是形質的分屬，乃是因其認同許慎（58～147）、鄭玄（127～200）定義「理」是「分」之意。由具體事物言，萬物各依其性質而有不同的呈現，是以萬物雖繁多但各有分屬，各有其別，概括而言就是呈現於天地間的秩序。其云：

> 理者，察之而幾微必區以別之名也，是故謂之「分理」；在物之質，曰肌理，曰腠理，曰文理；得其分，則有條不紊，謂之「條理」。〔註73〕

「理」之所以爲「理」在於可分析出現象中萬物彼此的差異性，如在形質之物上可稱肌理、腠理或文理，能分析出其差異性後，才能識得萬物的律則。「理」亦即「條理」。戴氏將「理」定義且定位在只能依據現象間的事物來分別、來界定而呈現的一種秩序的稱謂而已，不僅與前儒（羅欽順到王夫之）論理氣論的思想相互呼應，也符合他所創發的「形前」、「形後」氣一元論模式。

　　從戴震重新定義「理」的內容可知，他的義理思想與明中葉以降至清初的理氣論是具有共同的方向。雖戴氏早年受業於江永（1681～1762）因而先接觸程朱理學，但其卻能從實事求是的考證方法中，對於理學的「道德形上體系」提出針砭，進而完成極富經驗意涵的清代新義理學，即先驗的「天理」已經被戴震予以解構成依附經驗之下的「條理」、「分理」。進一步言，儒學的義理思想中所關注的主體不只是個人而已，更多的還是在於人類所組成的群體，而「條理」、「分理」落實到後者即是群體秩序的維持與彰顯，不再僅止於訴求個人內在德性的修養層次，也因此清中葉的揚州儒者們對於如何在人的群體中彰顯「條理」、「分理」的體認與追尋，較之於戴震又是更落實到經驗層面之中了。

三、揚州諸儒對理學中「理」論述的消解

　　對於理學家與前儒如戴震等仍費心於「理氣」之辨上，凌廷堪認爲是毫無意義，且屢次提及在儒學經典中不見論「理」，如其嘗云：《論語》記孔子之言備矣，但恆言禮，未嘗一言及理也。」又云：「不侈談夫理氣之辨也。」

〔註73〕《孟子字義疏證・卷上・理》，頁27。

〔註74〕以凌氏的立場言，「理」並非儒者所應關注的對象，兼之《論語》中並無記載儒者分析「理」的內涵，所以沒有論辨之必要。與其辨理氣之孰先孰後議題，不如言禮、行禮才是儒者之所爲。凌氏認爲「禮」才是蘊含儒學最至要精華的樞紐，更是「道」的實在呈現，其云：

> 若捨禮而別求所謂道者，則杳渺不可憑矣。……若捨禮而別求所謂
> 德者，則虛懸而無所薄矣。蓋道無跡也，必緣禮而著見。〔註75〕

忽視「禮」的樞紐地位而冀求「道」與「德」的彰顯，無異是建構一蹈空且貧脊的途徑。亦即探究「理」的結果並不會使得「理」成爲一項堅實可靠，且足以詮釋「道」的內容之論述。無論是「道」抑或是「德」，都必須藉由具體的「禮」來實踐完成。依戴震所定義的「道」，乃形質已成之前、氣化流行的狀態，故無從見及，必定是在形質已成且條理不紊的具體狀態下方得以體察，若從人類社群的立場而言，「禮」才是確保社會整體有條不紊的實際作爲，而論「理」則易流於空談而已。是以凌廷堪會主張以具體的「禮」來取代玄虛的「理」，並在其文字中不帶保留的攻擊後者，如云：「聖人不求諸理而求諸禮，蓋求諸理必至於師心。」〔註76〕而此一「師心」即是個人的意見，剛愎自用之謂，無法列爲具有普遍性質的準則，故而「理」不僅無法達到聖賢的境地，更不屬於儒者值得去關注的範疇。其〈復禮下〉末段云：「後儒之學本出於釋氏，故謂其言之彌近理而大亂。」〔註77〕便是否定「理」在儒學思想中的重要性，由上可知，凌氏全面否定理學家以「理」做爲本體論述的意義與價值。

　　凌廷堪認同戴震的義理思想而摒除宋明儒者論「理」的立場是相當明確的，然而其將「禮」視爲儒學之首要並建立起自身的禮學思想後，對於清代學術的代表儒者亦有所批判，連戴氏論「理」之部分亦予以反駁。其云：

> 近時如昆山顧氏、蕭山毛氏，世所稱薄極群書也，而崑山攻姚江不
> 出羅整庵之剩言；蕭山攻新安，但舉賀凌臺之緒語，皆入主出奴餘
> 習，……又吾郡戴氏著書專斥洛閩而開卷仍先辨理字，又借體用二
> 字以論小學，猶若明若昧陷於阱擭而不能出也。〔註78〕

〔註74〕二引文皆見《孟子字義疏證‧卷上‧理》，頁27。
〔註75〕《校禮堂文集‧卷四‧復禮中》，頁30。
〔註76〕《校禮堂文集‧卷四‧復禮下》，頁32。
〔註77〕同前注。
〔註78〕《校禮堂文集‧卷十六‧好惡說下》，頁143～144。

顧炎武、毛奇齡皆屬清初學術大家，但淩廷堪卻批評他們的學術思想未能眞正掌握到精要之處，即便有批評理學（朱、王）僅是沿襲前儒羅欽順、賀淩臺的觀點。〔註 79〕而戴震批評理學，卻也在《孟子字義疏證》中分析「理」字，更以「體用觀」來處理。是以不論顧炎武、毛奇齡，抑或是戴震，他們的思想仍圍限於理氣之辨的範疇中無法超脫。換言之，淩廷堪斥「理」的立場是純粹立基於社群道德與秩序的角度，亦即是以具體的、經驗的視角來全面革除理學的「理」論述在儒學中的基礎地位。

而焦循對於「理」的主張可從幾個面向來看。其一，焦氏認同戴震的觀點，主張「理者，分也」〔註 80〕即「理」落實在具體上便是規律、秩序。焦氏進一步分析：「理」既是規律、秩序，故此，若事物能符合理，便是合宜，既是合宜必定也能合於義。其云：「各有分焉，即各有宜焉。……弗宜則非義，即非理。」〔註 81〕從理到宜；從宜到義。焦氏藉由具體事物之合宜即合義的角度來解釋「理」的內容。而他也批評理學家所言的「理」是悖離了孔孟的義理思想，由「後儒言理，或不得孔孟之旨」一言即知。〔註 82〕「理」不能脫離具體現象而獨立，想要洞悉事物呈現出合宜的狀態，則必須是基於具體的、經驗的層面來審視，並非憑空思辨便可以得之。綜合上述，戴震抑或揚州學派均是藉著考據方法以及具體層面來批駁理學的玄虛，也反映出他們是以先秦儒學做爲判斷之準則。

又，焦循基本上與淩氏的立場一致，其認爲溺於談「理」只會製造出爭端，故亦主張以「禮」代「理」。其〈答汪孝嬰問師道書〉有「竊謂禮讓理爭」云云，〔註 83〕即表明出這一部分的立場。焦氏認爲「禮」才是天下得以治平的基準，因爲「禮」具有辭讓之義涵，據此一「禮」，則縱然雖處於仇隙之中而卻猶有和解的可能性；至於「理」則是明辨是非的依據，倘若人只知論辯是非而不知禮讓之道，勢必會引起諸多爭端，徒增口舌之辯而已，如此則亂象不減。故焦循云：「可知理足以啓爭，而禮足以止爭也。」〔註 84〕劉寶楠也

〔註 79〕 賀淩臺，生卒年不詳。筆者查證後，僅知爲明理學大儒陳獻章（1428～1500）弟子賀欽（1437～1510）之孫。

〔註 80〕 《孟子正義・卷二十二》（焦循：《孟子正義》，北京，中華書局，2007 年），頁 773。

〔註 81〕 《孟子正義・卷二十二》，頁 773。

〔註 82〕 《孟子正義・卷二十二》，頁 774。

〔註 83〕 《雕菰集・卷十四・答汪孝嬰問師道書》，頁 226。

〔註 84〕 《雕菰集・卷十・理說》，頁 151。

記載焦氏的一段文字，其云：「各執一見，此以異己者為非，彼亦以異己者為非，而害成矣。」〔註85〕足以做為焦氏何以持反對「理」的立場，可知焦氏不喜論「理」的原由乃是站在人與人相處的視角、亦即是群體的立場而言。人之社群若只依靠各自主張的「理」來達到辨清是非的目的，反而可能會因立論點之差異又各自堅持己見下，而終將造成失序，悖離初衷。因此需強調「禮」的辭讓與節制，才能達到人類社群的和諧，是以焦氏與凌氏均會強調：「禮」對於人群的重要性猶勝過「理」。

　　焦循對於「理」的認知還有另一個面向，即「理」亦具有先驗的意涵。其數學著作〈加減乘除釋自序〉中云：「理存於立法之先，理者何？加減乘除之錯綜複雜變化也。」〔註86〕看似複雜的代數運算本身有其定律存在，無論人們設計出再複雜的代數計算式也都必須依照數的原理原則才得以進行運算，此一原理原則在人類意識到要制定數學公式之前即已是存在的。換言之，數學運算的原則本就非人類能左右的，人類僅能發現並接受此一原則來進行，並將原則轉化為人所能運算的公式。又，焦氏所處時期，西方學術已被介紹進入中國，並為部分知識份子所接觸，因此焦氏從中獲得西學的數學知識外，更回頭關注中國傳統數學的成就，進而主張先驗的原則——「理」——存在於數學範疇之中。〔註87〕

　　而阮元對於「理」的解釋，大抵上也呼應了凌廷堪與焦循二人的觀點。阮氏藉由理學家朱熹晚年所關注的層面來說明「理」的實質義存在於日常人倫之中，不應在抽象的範疇中琢磨，其云：

　　　朱子中年講理，固已精實，晚年講禮，尤耐繁難。誠有見乎理必出

〔註85〕《論語正義‧卷二‧為政第二》，頁33。

〔註86〕《雕菰集‧卷十六‧加減乘除釋自序》，頁277。

〔註87〕西方傳統哲學中，約從希臘時代的柏拉圖（Plato，前427～前347）到十八世紀的啟蒙運動間，對於數學知識的普遍認知是將其視為先驗的範疇。如《數學哲學——對數學的思考》云：『任何完整的數學哲學有義務說明數學的至少表面上看起來的必然性與先天性。也許最直截了當的選擇就是先闡明必然性和先天性的概念，然後說明如何運用於數學。我們稱此為「傳統路線」。』（斯圖特爾‧夏皮羅 Stewart Shapiro 著，郝兆寬、楊睿之譯《數學哲學——對數學的思考》，上海，復旦大學出版，2010年），頁21～22。另外中國傳統的數學演進中，最遲至宋、金時期，數學家李冶（1192～1279）、秦九韶（1208～1261）等已有「數」與「道」（理）不二的思想。見《中國傳統文化與科技》（樂愛國：《中國傳統文化與科技》，桂林，廣西師範大學出版，2006年），頁55～64。

　　於禮也。古今所以治天下者，禮也。五倫皆禮。故宜忠宜孝，即理
　　也。〔註88〕

理學家建構的「理」已十分的精緻，但連朱熹晚年都得處理繁瑣艱澀的「禮」，可見「理」並非是處理社群間的關鍵，「禮」才是貫通五倫的基石。能在人倫之中表現出合乎忠孝仁義的舉措，才是「禮」，也只有具體實踐「禮」，才有「理」存在的依據。引文之末，阮氏仍然肯定「理」的存在性，但其云：「故理必附於禮以行，空言理則可彼可此之邪說起矣。」〔註89〕亦即若將「理」提至「禮」之前，則可能論述的內容乃是歪理，除非能以「禮」做爲基石、做爲前提，才可確定「理」的正當性。因此，阮元否定了只談論抽象的「理」的論述，立場十分明確。

　　以《論語》爲例，雖其內容沒有論述到「理」，但與其義理相涉的「道」卻仍可見及，劉寶楠的《論語正義》中論及「性與天道不可得而聞」一章，揭示了「性」與「道」二範疇乃是有相通之處，乍看之下與理學家所言的似無二義，但實際上詮釋的內容卻不同。劉氏亦主張「道」乃是「一陰一陽」之氣；陰陽之氣交感所生之者爲「性」。劉寶楠云：「性謂人受血氣以生。」〔註90〕又云：「性也者，天地之交氣也。」〔註91〕劉氏認爲「性」的定義，必定是落在自然性，「道」則是陰陽氣化的統稱。再舉《論語正義》中「仰之彌高，鑽之彌堅」一章，劉氏云：

　　道也者，萬物之奧，所以變化而凝爲萬物，使各終其性命者也。……
　　百姓日用而不知其爲道也。〔註92〕

萬物因「道」而凝聚生成，並在此天地間依據著各自的自然之性而進行其所屬之性與命。雖尋常之人不會去探究「道」的內容，然而人類的日常作息與生老病死的生命過程，其實就是「道」的呈現。由上述可知，劉氏對於「道」與「性」的觀點實與理學家的思想迥異。也因此，縱使《論語正義》中未提及「理」範疇的內涵，也可確信劉寶楠將「道」視之爲具體可依的規律，即與焦循的詮釋是等同的。

〔註88〕《揅經室續集・卷三・書東莞陳氏學蔀通辯後》（阮元：《揅精室續集》，臺北，
　　　　世界書局，1964 年），頁 124。
〔註89〕《揅經室續集・卷三・書東莞陳氏學蔀通辯後》，頁 124。
〔註90〕《論語正義・卷六・公冶長第五》，頁 99。
〔註91〕《論語正義・卷六・公冶長第五》，頁 99。
〔註92〕《論語正義・卷十・子罕第九》，頁 183。

可確定的是，揚州學派的儒者，除了淩廷堪，其他儒者並非主張一概否定「理」在儒學義理思想中的合理性，事實上，從揚州諸儒論述「理」內涵的觀點可知，其與明中葉以降，如羅欽順到清中葉的戴震，其觀點皆是趨近於一致，意即對於「理」的詮釋，乃是以事物規則或原則來定義。如焦循《論語通釋・序》中支持戴震《孟子字義疏證》云：「於理道天命性情之名，揭而明之如天日。」〔註93〕又，阮元〈孟子論仁論〉一文中亦有訓「理」的文字。〔註94〕足見焦、阮並未斷然將「理」範疇由儒學思想中根除，即便是淩廷堪以較為激烈的文字抨擊「理」字，亦可說是針對宋明理學而論。

乾嘉時期的揚州諸儒雖活躍於當時的知識階層中，但其承繼戴震義理思想的這一層面並未引起儒者們的普遍共鳴。必須注意的是，清代官學仍是以程朱理學做為定本，是以淩廷堪、焦循、阮元等一方面立於要消解傳統理學家建構「理」的本體義論述的立場；一方面積極建構能具體實踐「禮」的重要價值，乃是有其學術思維上的考量。

由淩廷堪、焦循與阮元對於「理」的理解與詮釋可知，以「社群」的範疇來言「理」乃是他們所不認同的，因為人倫社會所需要的是具體可實踐的「禮」，而非一味高舉抽象玄虛的「理」。對於揚州諸儒而言，「理」的內容應該是事物、經驗的規律或原則，雖然焦循承認數學領域的「理」具先驗性質，但在社群的意識上，焦循還是依循著「理者，分也」的思想脈絡。總而言之，揚州諸儒在吸收戴震的義理思想後，體認到形前、形後的一貫性，更是積極的關注具體事物，在人倫的層面上均認同「以禮代理」之說，是以鮮少著墨，甚至不願再多談「理氣之辨」，因為「理氣之辨」對清中葉的揚州諸儒而言，仍屬於宋明理學的範疇，若仍執意於此，則恐又蹈入抽象不實的空談，導致出實踐儒學內涵的困境，故而必須拉回到實際可施行的「禮」之中，儒學的義理才顯得更有普遍性與價值性。而劉寶楠在《論語正義》中即云：「禮也者，履也。」〔註95〕一語在在彰顯出「禮」與「行」二者聯繫的必然性。

由明中葉開始，經過清初幾位大儒的戮力修正與匯流，到清中葉戴震集其大成，而稍後揚州幾位代表性的儒者們承繼前賢的義理思想，對於「理」的解構與再詮釋，可說是完成了此一側重於經驗性質的義理思想。

〔註93〕 《論語通釋・序》（焦循：《論語通釋》，台北，國立編譯館據傅斯年圖書館藏木犀軒叢書影印，年份不詳），頁1。
〔註94〕 《揅經室集・卷九・孟子論仁論》，頁189。
〔註95〕 《論語正義・卷七・雍也第六》，頁130。

第三節　揚州儒者「實事求是」的治學理論建構

　　乾嘉道儒者們泰半以「實用之學」的態度看待自身治學之方式。然而所謂「實用之學」抑或「實學」云云，其內容大致可區分爲：專研儒學經典之實證以及有利於社稷民生之實用兩項，前者是學術方法論的「實學」，重點在於證明學術內容之實；後者則爲經世治術的「實學」，核心是以「經世致用」做爲前提。揚州儒者於文字中屢見「實事求是」四字，其是如何定義自身的治學方式？或者說是如何看待經學？筆者大抵歸納出其論述的內容，得出：揚州儒者們是以「實事求是」的方法來研究儒學經典，而其中亦有意欲擴展至具體的「經世致用」層面，這部分從文字資料來看，必須要說，汪中確實較其他三位來得顯著。

前言：乾嘉儒者的「實事求是」方法與經世理想追求

　　揚州學派抑或乾嘉時期專主考證的儒者，在其論及治學觀念上屢見「實事求是」等語，如汪中云：「惟實事求是，不尚墨守。」〔註96〕而阮元亦云：「我朝儒者束身修行，好古敏求，……似有合於實事求是之教。」〔註97〕於學界稍早的研究論述中多將其與「科學方法」聯繫，如梁啓超冠以「科學的古典學派」，〔註98〕胡適則論述清代學者的科學精神云云，〔註99〕張岱年（1909～2004）亦認同乾嘉學派的治學方式具「有一定的科學性」，〔註100〕之後的研究者們則亦沿襲上述諸位的研究成果，均主張乾嘉時期的考證法具有科學方法的價值性，〔註101〕然而須注意的是，乾嘉道儒者包含揚州學派，

〔註96〕　《述學・卷六別錄・與巡撫畢侍郎書》（汪中：《述學・汪容甫文箋・容甫先生遺詩》，台北，世界書局，1972年），頁17下。

〔註97〕　《揅經室三集・卷五・惜陰日記序》（阮元：《揅經室集》，臺北，世界書局，1964年），頁639。

〔註98〕　梁氏云：「乾嘉間學者，實自成一種學風，和近世科學的研究法極相近，我們可以給他一個特別名稱，叫做『科學的古典學派』。」見《中國近三百年學術史》，頁28。

〔註99〕　胡氏云：「中國舊有的學術，只有清代的『樸學』確有『科學』的精神。」見《胡適文存（一）》（胡適：《胡適文存（一）》北京，星河圖書公司，2011年），頁391。

〔註100〕　張氏云：「乾嘉學派的治學方法，有一定的科學性。」見《中國哲學史發凡論》（張岱年：《中國哲學史發凡論》，北京，中華書局，2005年），頁94。

〔註101〕　如胡楚生（1936～）〈高郵王氏父子校釋古籍之方法與成就〉云：「王氏父子之爲學也，其最足稱道，且能反映乾嘉學術之特色者，厥有三端，其一爲求

其於治學理念中雖已稍具備有科學的「方法」，但並未表示其已有科學的「觀念」或「精神」，兩者不可一概而論。〔註102〕「實事求是」一詞最早出自《漢書》，即「修古好學，實事求是」云云，〔註103〕是以漢儒早有言及，並非至清乾嘉考據學興起才出現，《漢書》中所言河間獻王劉德（？～前 130）好儒，其廣蒐先秦經傳舊著，如《周官》、《禮記》、《孟子》等，並盡可能考訂補遺，未有浮辯之舉，故有此稱。

　　因此，吾人必須界定出包含揚州諸儒在內所謂的「實事求是」是何所指。以下分析汪中、焦循與阮元的文字後，再與上述諸儒所主張的「實事求是」云云相印證，其脈絡顯著的是落於考據方法上，且以傳統經學為其範疇，如阮元云：

真之研究精神，其二為科學之歸納運用，其三為綿密的訓詁方法。」見《清代學術史研究》（胡楚生：《清代學術史研究》，臺北，臺灣學生書局，1993年），頁 208。又，張曉芬亦云：「針對其（揚州學派）治學特色，在「情理」論述上，實可以整理出具有以下優點，足資探討：（一）具有實事求是的科學精神。」見《天理與人欲之爭——揚州學派情理論探微》（張曉芬：《天理與人欲之爭——揚州學派情理論探微》，新北，花木蘭出版社，2012 年），頁 400。

〔註102〕關於「科學」此一命題，可參閱金春峰所云：「（西方）近現代哲學主要研究認識論問題，研究認識的方法、表達的方法；研究科學發現的邏輯；研究在認識過程中主客體的相互關係，認識的內在機制，認識及其語言表達之間的關係等等。邏輯分析、語義分析、操作分析、結構分析、價值分析、精神心理分析等等成為哲學的內容和特色。……（中國）『五四』以前或維新變法以前，它基本上還是中世紀，從『五四』起，它才比較正式地展開了類似文藝復興以後西方經歷的近代的思想、文化進程，但有意思的是，信仰衰落，理性興起，本體被排斥、解體的過程，卻也早在十四、五世紀就開始了，這就是由程朱到王陽明、到王陽明後學、到黃宗羲與清代戴震所經歷著的歷程。」（見金春峰：《哲學：理性與信仰》，臺北，東大圖書，1997 年，頁 14）因此總和各家之所述，揚州諸儒於治學表現上，確實已具某種程度之「科學方式」，但若要如胡適所言「確有『科學』的精神」則未免過當，因「科學精神」於傳統儒學思維中並不具備。

〔註103〕《漢書・景十三王傳》云：「河間獻王德以孝景二年前立，修古好學，實事求是。從民得善書，必為好寫與之，留其真，加金帛賜以招之。繇是四方道術之人不遠千里，或有先祖舊書，多奉以奏獻王者，故得書多，與漢朝等。是時，淮南王安亦好書，所招致率多浮辯。獻王所得書皆古先秦舊書，《周官》、《尚書》、《禮》、《禮記》、《孟子》、《老子》之屬，皆經傳說記，七十子之徒所論。其學舉六藝，立毛氏《詩》、《左氏春秋》博士。修禮樂，被服儒術，造次必於儒者。山東諸儒多從而游。」（班固：《漢書》，臺北，成文出版社據仁壽本廿六史，1971 年），頁 1572。

> 《漢書》云:『修古好學,實事求是。』後儒之自循於虛而爭是非于
> 不可究詰之境也。……我朝儒者束身修行,好古敏求,不立門户,
> 不涉二氏,似有合於實事求是之教。〔註104〕

阮元認爲清儒重訓詁於古籍上,此一部分與《漢書》所言者乃可契合,更意謂揚州儒者們抱持「實事求是」的視角乃是朝向漢儒看齊。當然,清儒有其後出轉精之強項,然大抵上仍是一恪守著不偏離經典文本的研究態度。換言之,汪中、阮元等人所強調的「實事求是」,由方法而言,是展現在考據之上。有清一朝,前期如黃宗羲、顧炎武、閻若璩等大儒,業已著眼於方法學上的求實、求是層次,〔註105〕至乾嘉時期包含戴震與揚州學派,其治學方法則當屬於延續此一思潮。以下先述揚州諸儒的典範──戴震的治學途徑,再述揚州諸儒所論的「實事求是」內容。

一、作爲乾嘉典範的戴震「十分之見」

除漢儒與清初儒者影響揚州學派外,趙航《揚州學派新論》中亦舉出乾嘉皖派首要人物戴震對於學術之態度更是直接啓迪揚州學派的關鍵。〔註106〕戴震據漢儒之法,卻能不泥於漢,在於其能直指學問的根源,這部分清初閻若璩的觀點或許能做爲吾人對此不泥於漢的理解,即:

> 不讀鄭註無以窺宋註之源;不讀陳説無以證漢註之誤;不盡屏漢宋
> 而專讀正文又無以深維作者之意。〔註107〕

不將漢儒註疏之成果奉爲圭臬,乃是因爲經學原文才是主體,如此可避免本末倒置、偏離原意。戴氏認爲能做到求是求實的態度是儒者問學的重要過程,此即求證徵實的治經方法。戴氏之所以能依據考證法卻不又囿於漢儒文

〔註104〕 《揅經室經室三集・惜陰日記序》,頁 639。

〔註105〕 皮錫瑞云:「若璩精於地理之學,山川形勢,州郡沿革,瞭若指掌。……平生長於考證,遇有疑義,反覆窮究,必得其解乃已。」頁 9～10;又云:「有明一代,囿於性理,汩於制義,無一人知讀古經注疏者。自梨洲起而振其頹波,亭林繼之,於是承學之士之席古經義矣。」頁 132;又云:「國初諸儒治經,取漢、唐注疏及宋、元、明人之説,擇善而從。……而在諸公當日,不過實事求是,非必欲自成一家也。」頁 305。以上見《經學歷史》。

〔註106〕 趙航云:「清代揚州學派,從其總趨勢來説,主要導源子(自)休寧戴震,……皖派治學則比較縝密,實事求是。」見《揚州學派新論》(趙航:《揚州學派新論》,蘇州,江蘇文藝出版社,1991 年),頁 8。

〔註107〕 《潛丘劄記・卷一》(閻若璩:《潛丘劄記》,收錄於《四庫全書珍本四集》,臺北,台灣商務印書館,1973 年),頁 36 下。

字，關鍵便在於其能洞察到以徵實爲主，才是聞道的門徑，其於〈姚孝廉姬
傳書〉中嘗云：

> 所謂十分之見，必徵之古而靡不條貫，合諸道而不留餘議，鉅細必
> 究，本末兼察。若夫依於傳聞以擬其是，擇於眾說以裁其優，出於空
> 言以定其論，據於孤證以信其通，雖溯流可以知源，不目睹淵泉所
> 導，循根可以達杪，不手披枝肆所歧，皆未至十分之見也。〔註108〕

學者問學要臻至「十分之見」則須做足考證資料之工夫，無論資料之鉅或細
皆不得相悖；又於脈絡上則必前後呼應，因此舉凡所有相關，即便是細節處
亦須仔細審視、推敲。若僅是依據聽聞所得的資料便採信，或選擇循著多數
者的意見而不思辨，甚至杜撰不實資料與掌握僅有單獨之證據咸認爲其可
靠，抑或是有能力瞭解其脈絡卻不去探索原因與趨向；能從根本推擴至末梢
卻不去釐清過程的歧見紛擾，以上皆屬未達「十分之見」之程度。

　　於戴震看來，「十分之見」前提是無徵不信，在自己未獲得成果前，他人
的成果絕不能輕易信以爲是，如此，會出現以下兩項：一必須經過蒐集與
驗證的步驟；二是包含漢儒在內所有後儒的注經成果亦須檢視。換言之，戴
震主張唯有能以己身掌握治學中的徵實方法，方可避免未達「十分之見」
的偏失。而蒐集之主要對象當然以經學內容爲其範疇，唯經學內容極廣，舉
凡歷史、禮制、器物、宮室、服飾、天文、曆算、山川地理，甚至於《詩》
中提及的蟲林鳥獸等等皆是，〔註109〕且與之相關的資料亦龐雜繁多，因此戴
氏主張廣泛閱讀是必要且基礎的條件，大量涉獵典籍，以期正確掌握經學
內容。

　　然而僅是大量汲取前人著作的蒐集工夫與達到「聞道」之境地仍有一段
落差，相較於蒐集，戴震其實更重視的是合於「道」之工夫，其嘗云：「僕聞
事于經學，蓋有三難，淹博難，識斷難，精審難。」〔註110〕依此論，即便有
了大量涉獵典籍的徵實方法，亦僅完成「十分之見」的前段條件，餘後「識

〔註108〕《戴震全書（6）‧與姚孝廉姬傳書》（戴震：《戴震全書》，合肥，黃山書社，1995
　　　　年），頁372。
〔註109〕戴震云：「誦古禮經，先士冠禮，不知古者宮室衣服等制，則迷於其方，莫辨
　　　　其用；不知古今地名沿革，則《禹貢》、《職方》失其處所；不知少廣旁要，
　　　　則考工之器，不能因文而推其制；不知鳥獸蟲魚草木之狀類名號，則比興之
　　　　意乖。」見《戴震全書（6）‧與是仲明論學書》，頁371。
〔註110〕同前註。

斷」、「精審」的歷程才是重要。若由字義解釋,「識斷」是對於資料的是與非能做出正確判斷;「精審」應是符合上述「披枝」之意,即免去枝節甚至歧出之處,兩項可視爲表裡,而所謂「合諸道不留餘議」可視爲此階段之結果,識出其是、去蕪存菁,其結果便是合於道。

六經內容包含甚博,故云「諸道」而非「一道」而已,不能以宋儒的道學思想套用於此,是以戴氏據此逐事逐道以求之。換言之,「實事求是」爲逐事而徵之的方法,其目的乃是合於與人息息相關的事物之「道」。又由錢大昕(1728～1804)所撰的〈戴先生震傳〉亦得推知「實事求是」是時人對戴震治學法的共識,其云:

> 由聲音文字以求訓詁,由訓詁以尋義理,實事求是,不偏一家,亦
> 不過騁其辯已排擊前賢。〔註111〕

戴震重經文之字、音考證,並據之以彰顯儒學義理,所憑藉者便是「實事求是」的一貫態度。即戴氏於治學中強調「實事求是」,其不僅是訓詁方法,亦是其尋求「義理」是非的途徑。因戴震志在求合於「道」的緣故,不以求「古」而求其「是」爲其治經之原則,故能不偏一家、不逞其辯,是以「不留餘議」,能契合其自己主張的「十分之見」說。

面對漢儒的經書注疏,戴震不同於吳派惠棟(1697～1758)等強調凸顯出尊漢(古)特色,〔註112〕前者採以識斷、精審方式處理先儒注疏,對於牽合經文原意、不得其源或出於虛構的部分都予以屏除,如其所云:「漢儒故訓有師承,亦有時傅會。晉人傅會空鑿益多。」〔註113〕雖晉不如漢,然漢亦不免有歧出。與吳派相比,戴氏於面對經文的態度上顯得較具有客觀性與洞察力。吳派儒者以崇古尊漢爲尚,如江藩即以爲經學崩壞於魏晉六朝,摧毀於兩宋元明,是以相較下,凡漢儒之訓可信度之高勝過歷代,〔註114〕惠棟

〔註111〕《潛研堂文集‧第9冊‧卷39》(錢大昕:《嘉定錢大昕全集》,南京,江蘇古籍出版社,1997年),頁671。

〔註112〕洪榜(1745～1779)引王鳴盛(1722～1797)語云:「『方今學者推斷兩先生,惠君(棟)之治經求其古,戴君(震)求其是,究之,舍古亦無以爲是。』王君博雅君子,故言云然。其言先生之學,期於求是,亦不易之論。」收錄於《戴震全書(7)‧〈戴先生行狀〉》,頁8。

〔註113〕《戴震全書(6)‧與某書》,頁495。

〔註114〕江藩云:「藩綰髮讀書,授經於吳郡通儒余古農(蕭客,1732～1778)、同宗艮廷二先生,明象數制度之原,聲音訓詁之學,乃知經術一壞於東、西晉之清談,再壞於南、北宋之道學,元明以來,此道益晦。至本朝,三惠之學盛

即云：

> 漢人通經有家法，故有五經師，訓詁之學，皆師所口授，其後乃著
> 竹帛，所以漢經師之說，立於學官，與經並行，五經出於屋壁，多
> 古字古言，非經師不能辨。經之義存乎訓，識字審音，乃知其義。
> 是故古訓不可改也，經師不可廢也。〔註115〕

經書的內容乃出自先秦古文字所記載，後才被發掘，惟能識得其字音，才可
能闡明其意。以上，僅經師可以勝任，且其所授的內容，均傳承自古家法，
非其師承者恐不能全然理解。漢武帝時官方已立五經博士，〔註116〕凡治經內
容皆是由經師依師承口頭傳授，後才有帛書的記錄，此即漢儒訓詁注經之由
來。是以漢代經師立於官學所講授的內容，其地位不亞於經書，因所傳承的
內容即是用以闡明經文義理，故漢儒訓詁注疏不得刪改。

　　若是依惠氏所云，則吳派儒者對於漢代訓詁如此重視也並非毫無根據，
然由上述引文的「經之義存乎訓，識字審音，乃知其義」以及「是故古訓不
可改」可推知若循此推展，可能造成儒者僅將辨識字音、摘句訓詁之工夫解
讀為治學的目標，無怪乎乾嘉時期泰半儒者競舉訓詁為目標的考據學會招致
另一陣營儒者的譏諷與批評。〔註117〕的確，倘真據惠棟之言，經學義理只存

〔註115〕惠棟：《九經古義·述首》（惠棟：《九經古義》，新北，藝文印書館，1970年），
　　　　頁1。
〔註116〕皮錫瑞云：「劉歆稱先師皆出於建元之間，自建元立五精博士，各以家法教授。
　　　　據〈儒林傳〉贊：《書》、《禮》、《易》、《春秋》四經，各止一家，惟《詩》之
　　　　魯、齊、韓，則漢初已分，申公、轅固、韓嬰，漢初已皆為博士。此三人者，
　　　　生非一地，學非一師，《詩》分魯、齊、韓三家，此固不得不分者也。其後五
　　　　經博士分為十四：《易》立施、孟、梁丘、京四博士；《書》立歐陽、大小夏
　　　　侯三博士；《詩》立齊、魯、韓三博士；《禮》立大小戴二博士；《春秋》立嚴、
　　　　顏二博士：共十四。」見《經學歷史》，頁75。
〔註117〕程晉芳云：「古之學者由音釋訓詁之微，漸臻於《詩》、《書》、《禮》、《樂》廣
　　　　大高明之域：今之學者瑣瑣章句，至老死不休。」見《勉行堂文集·卷一·
　　　　正學論四》（程晉芳：《勉行堂文集》，收錄於《續修四庫全書·集部·別集類》
　　　　冊1433，上海，上海古籍出版社，2002年），頁293。章學誠云：「或曰：聯
　　　　文而後成辭，屬辭而後著義，六書不明，五經不可得而誦也。然則數千年來，
　　　　諸儒尚無定論，數千年人不得誦五經乎？」見《文史通義新編新注·外篇二·
　　　　《說文字原》課本書後》（章學誠：《文史通義新編新注》，杭州，浙江古籍出
　　　　版社，2008年），頁579。袁枚云：「足下與吳門諸士厭宋學空虛，故倡漢學
　　　　以矯之，意良是也。第不知宋學有弊，漢學更有弊。宋偏於形而上者，故心
　　見
　　　　《國朝漢學師承記》，頁5～6。

乎漢儒訓詁中，餘後皆不足觀，那漢儒未釐清抑或未嘗論及的部分，後儒則無須用功於此乎？又，訓詁考據一途便有許多枝節，僅是文字、聲韻已屬專門之學，況且尙有曆算、地理、宮室、禮制等若干領域，樣樣皆足以畢其一生而恐猶未全盡，如何再求聞道與經世致用？如此費盡心力於考據之中，或以考據爲目的者，終究是對經世理想無甚益處，就如方東樹（1772～1851）所云：「然則雖實事求是，而乃虛之至者也。」〔註118〕由結果來論，則考據學的末流落入餖訂瑣碎之學，即清儒自我批評的「瑣者，國朝漢學也。」〔註119〕實事求是的方法雖良，然綜觀下來，徒是紙堆裡的作業爾爾，於致用、於民生甚無著力。

考據學甫盛行於清中葉，便招致儒者非議與批判，乃是因其明爲標舉清初以來顧炎武、黃宗羲、閻若璩等儒者呼籲重視回歸經學原文的典範，實質卻是窮至皓首坐於書堆競向漢儒討音義，而非運用於具體致用之上，不啻爲另一玄虛之學。事實上，戴震業已表明過訓詁、聲韻、天象、地理，有如舁轎之轎夫。考據所關注的訓詁音韻之學等並非儒學的主軸，戴氏認爲考據僅僅是一種手段、方法而已，「僕生平著述之大，以《孟子字義疏證》爲第一，所以正人心也。」此即前述之轎中人，〔註120〕眞正價值仍在儒者所期盼彰顯的義理學之上。

戴氏嘗批評云：「言者輒曰：『有漢儒經學，有宋儒經學，一主於訓故，一主於理義。』此誠震之大不解也者。」〔註121〕其在在強調：「訓詁」與「義理」不該有所區隔，即錢大昕言其「由訓詁以求義理」，兩者是前後相依，而非壁壘對立。戴氏又云：

> 其得於學，不以人蔽己，不以己自蔽，不爲一時之名，亦不期後世

性之説近玄虛：漢偏於形而下者，故箋注之説多附會。」見《小倉山房文集‧卷18‧答惠定宇書》（袁枚：《小倉山房詩文集》，上海，上海古籍出版社，1988年），頁6下。方東樹云：「漢學諸人，言言有據，字字有考，只向紙上與古人爭訓詁形聲。傳注駁雜，援據群籍，證佐數百千條。反之身己心行，推之民人家國，了無益處，徒使人狂惑失守，不得所用。」見《漢學商兌‧卷中之上》（方東樹：《漢學商兌》叢書集成續編第42冊，臺北，新文豐出版社，1989年），頁334。

〔註118〕 同前注。

〔註119〕 皮錫瑞：《經學歷史‧經學復盛時代》，頁347。

〔註120〕 上引文皆見於段玉裁撰《戴東原集序》（戴震：《戴震集》，臺北，里仁書局，1980年），頁452。

〔註121〕 《戴震全書（6）‧題惠定宇先生授經圖》，頁504。

之名。有名之見其弊二：非掊擊前人以自表襮，即依傍昔儒以附驥

尾。二者不同，而鄙陋之心同，是以君子務在聞道也。〔註122〕

問學一途不能被他者所蒙蔽，亦不能被自己所蒙蔽。「名」不應視作汲汲求取
的首要，無論當際抑或來時。若於問學一途只知求「名」者，則無非落入以
下兩種弊病：其一是攻擊前儒，藉以炫耀己之能力；其二為墨守先儒的論述，
欲假藉其典範來博取名聲。此二者雖途徑不同，然亟欲沽名釣譽的心態卻是
一致。儒者之所以為儒，非在於求「名」，而是志在聞「道」之內涵。

　　誠如戴震所言，「道」之彰顯才是君子的目標，若駐足於聲韻、天文或地
理等知識之學，則離君子之道猶遠。儒學義理在於建構出一理想社會，包含
理想的政治與高尚的道德，因此知識之學的成立乃是手段而已，道德之學凌
駕於知識之學的標準在戴震眼中是昭然無疑的，顯然其言求是之標準與考據
學者有異，唯有以聞「道」做為標準，學者才有可能由「淹博」晉昇至「識
斷」與「精審」，也僅有後兩項之成立，方可掌握治經之本與末的大要，「十
分之見」才得以體現。戴震云：

> 如鄭漁仲、楊用修諸君子，著書滿家，淹博有之，精審未也。別有
> 略氏而謂大道可以徑至者，如宋之陸，明之陳、王，廢講習討論之
> 學，假所謂「尊德性」以美其名，然舍夫「道問學」，則惡可命之「尊
> 德性」乎？未得為中正可知。〔註123〕

據其論之「三難」，戴氏舉前人為例，以鄭樵（1104～1162）、楊慎（1488～
1559）即屬「淹博」之人而未達「精審」；陸九淵（1139～1193）、陳獻章（1428
～1500）等「淹博」工夫尚未嘗有之，於後兩項則更不必說。當然，戴氏論
聞「道」，前提必須有「淹博」的學識，捨「淹博」而欲聞「道」之是非，無
異是緣木求魚罷了。

　　總的看來，吾人從文獻審視，戴氏所謂聞道求是的最終目標似冀望於致
用一途，如段玉裁（1735～1815）以「考核以通道，究實以致用」云云，來
做戴震治學之總結，其云：

> 先生之治經，凡故訓、音聲、算數、天文、地理、制度、名物、人
> 事之善惡是非，以及陰陽氣化、道德性命，莫不究乎其實，蓋以考
> 核以通乎性與天道。既通乎性與天道矣，而考核益精，文章亦盛，

〔註122〕《戴震全書（6）‧答鄭用牧書》，頁373～374。
〔註123〕《戴震全書（6）‧與是仲明書》，頁371。

用則施政利民，舍則垂世立教而無弊。〔註124〕

考據「是非」不僅僅落於經文，亦涉及天道、陰陽、人性之善惡等諸義理範疇，期在於藉由「考核徵實」之方法而進可經世而利於民。段玉裁所言實與錢大昕論戴氏治學觀點互爲印證。又，段氏文字中亦透露出一點，其云：「淺者乃求先生一名一物一字一句之間，惑矣！」〔註125〕即戴震之論「實事求是」乃有別於當世，其「實事求是」之謂誠然已跨出考據學領域，只是當世學者的目光多未關注於此，此是爲戴震治學的特出之處。

揚州諸儒基本上承繼戴氏治學的脈絡，其諸儒在經學研究一途上充盈求是求實之內涵，不僅是追求「淹博」（即匯編、訓詁、天文、算學等）之積累，且將經學詮釋出其與人倫社會結合的層面。因此，揚州諸儒所謂的「實事求是」，是指涉研究經學最透徹的方法，但更重要的意涵乃在將經學之現實意義重現於當世，其諸人最終無非冀望能通透經學以闡釋儒學之道。

二、汪中：由經典而經世

明中葉至清初，儒者欲回歸經學之實以矯正理學之虛，而考據方法正是最有力的途徑。然因乾隆朝以降，部分儒者視末爲本，戮力於考據，將其置於治學之首要，或恪守尊漢崇古，反倒與實學脫鉤。汪中云：「中嘗有志於用世，而恥無用之學。」〔註126〕是以「於古今制度沿革，民生利病之事，皆博問而切究之。」〔註127〕於其所求之學中，涉及社會民生之事乃是其關注目標，很顯然經世之學即是汪中治學的志業，以當時條件，自是則以研究經學爲主要途徑。

相較其他代表性的揚州儒者，汪氏的際遇可謂坎坷，《國朝漢學師承記》中載汪氏自幼喪父，全賴母親教養，生活極爲貧困直至晚年，〔註128〕由其詩作〈吾生〉之三云：「孤露惟依母，飄零正苦貧。勞生筋力盡，暮景笑唭

〔註124〕 《戴震集・戴東原集序》，頁452。
〔註125〕 同前注。
〔註126〕 《述學・卷六・別錄・與朱武曹書》，頁20下。
〔註127〕 同前注。
〔註128〕 江藩云：「汪中，……君生七歲而孤，家夙貧，母鄒綴屨以繼饔飧。力不能就外傅讀，母氏授以小學、四子書。……君一生坎軻不遇，至晚年，有齕使全德耳其名，延君鑑別書畫，爲君謀生計，藉此稍能自給。」見《國朝漢學師承記》，頁112～114。

眞。」〔註129〕或許可推知此一環境造就出汪氏的治學態度，除治經的考證方法外，特強調其學須用之於改善社會之弊上。基本上，汪中的治學觀點主要受顧炎武所影響，其嘗云：

> 中少日問學，實私淑顧寧人處士，故嘗推六經之旨以合於世用，及
> 爲考古之學，惟實事求是，不尚墨守。〔註130〕

六經的中旨在於通經致用，而經文研究是一種通曉古聖賢義理的學問，其方法就是考證，秉持實事求是之態度，不泥於古。此引文中點出二部分，其一前段已提，即重視經學經世致用之目的；其二爲講求實事求是的治學態度與考證方法。若僅知「實事求是」之考據方法而不知擴充到通經以致用，一則恐唯古是從，難以變通，二則恐難以將經世視爲治經之正確目標。如此治經便是案上工夫，乃亦淪爲汪中思想中的無用之學。

　　無論是清初顧炎武、黃宗羲，抑或乾嘉戴震等人、乃至於汪中，其諸儒於研究經文的過程中，最忌諱解釋與文本無法相稱，若此，則顯然是詮釋偏離了原意，不能依循求實求是的徵核門徑，自然導致與儒學的內容不相符。如汪中即批評時人未諳禮因而衍生出謬誤，如方苞（1668～1749）家廟不爲婦人做神主的原因，宣稱是依據禮制而行。汪氏爲此事考證了《公羊》、《儀禮》、《禮記》等典籍記載，得出婦人亦有神主之結論，其云：

> 僅按《春秋公羊文公二年傳》「虞主用桑，檀弓虞而立尸。」《士虞
> 禮》記：「男，男尸。女，女尸。」虞卒哭祔練祥禫，皆男女別尸，
> 別尸則別主。虞卒哭祔，婦人既有主矣。《公羊傳》「練主用栗」注，
> 期年練祭，埋虞主於兩階之閒，易用栗，祥禫之祭，婦人由有尸而
> 於練不爲作主，斯不然也。埋其虞主，而不作練主，斯又不然也。
> 自練至毀廟惟一主，然則婦人有主明矣。〔註131〕

《儀禮》上明載男、女各有尸，尸即是神主之意。又，《公羊傳》亦詳載周年之祭，葬禮時用的神主則要掩埋（虞主），改以栗所製的神主（練主），而婦人的神主皆不可缺，故婦人無神主之說實是不合於禮制。當然，以上不可斷言汪中考證撰文批評方苞的動機中已含有平等思想甚至是女權思想，僅能說應緣自於顧炎武、戴震等思想驅使所致，甚至或受自身的環境經驗影響所

〔註129〕　《容甫先生遺詩・卷四・吾生》，頁 2 下。
〔註130〕　《述學・卷六別錄・與巡撫畢侍郎書》，頁 17 上～17 下。
〔註131〕　《述學・卷一內篇・婦人無主答問》，頁 17 下～18 上。

致，〔註132〕然而可確定其著力於通經以實用的態度卻是顯見。循此，可見汪中求是的積極性。

又如自宋明以降，女子因夫死而守節甚至殉節的觀念根深蒂固，社會無不標榜此禮制而未進一步討論其中的細節，至清代中葉，守節風氣亦復如是，汪氏則有不同的看法，其云：「女子之嫁，其禮有三：親迎也，同牢也，見舅姑也。」此三者的完成乃是「禮之所由成」，〔註133〕而所謂「禮之所由成」取決於行「夫婦之禮」的「人道」。行完此禮後，「子得而妻之，則父母得而婦之」，〔註134〕雙方的婚姻關係才算完成。倘若僅僅是納采、問名、納吉等，則屬「禮之所由行」的過程而已，〔註135〕即便是「女子許嫁而壻死，從而死之與適壻之家，事其父母，爲之立後而不嫁者」，〔註136〕均不算完成婚姻關係，若因此守節或甚而殉節者，實於禮制不合，則應改嫁。〔註137〕汪中認爲唯有完成眞正的婚姻關係，守節才算是有依禮的根據，然殉節則完全不合於禮制，因「先王惡人之以死傷生，故爲之喪禮以飾之」，是以「其有以死爲殉者，尤禮之所不許也」，〔註138〕汪中又舉父子、君臣的關係爲例，提出：何以父、君之死，子、臣不必跟著殉死，唯獨夫死而婦要殉死？〔註139〕汪中從

〔註132〕戴震義理思想其中「以情絜情」即論述立於「理在欲中」的恕道，詳見張麗珠：《清代義理學新貌・戴震「發狂打破宋儒《太極圖》的重智主義道德觀」》（張麗珠：《清代義理學新貌》，台北，里仁書局，2006 年），頁 174～183。又，汪中幼年喪父，全賴母親撫育，或因此經歷而批判方苞「婦人無主」之見。

〔註133〕《述學・卷一內篇・女子許嫁而壻死從死及守志議》，頁 19 上。

〔註134〕同前注，頁 19 下。

〔註135〕同前注，頁 19 上。

〔註136〕同前注，頁 19 下。

〔註137〕汪中云：「曾子問曰：『昏禮既納幣，有吉日，女之父母死則如之何？』孔子曰：『壻使人弔，如壻之父母死，則女之家亦使人弔，父喪稱父，母喪稱母，父母不在，則稱伯父世母。壻已葬，壻之伯父致命女氏曰：某之子有父母之喪，不得嗣。爲兄弟使某致命。女氏許諾而不敢嫁，禮也。壻免喪。女之父母使人請壻弗取，而後嫁之，禮也。女之父母死，壻亦如之。』由是觀之，請期之後，可以改嫁者凡四焉，則皆謂之禮。」同前注，頁 19 上。

〔註138〕同前注，兩引文皆見頁 20 上～20 下。

〔註139〕汪中云：「雖然父子之親，君臣之義，夫父之恩，不可解於心過而爲之，死君子猶哀之，苟未嘗以身事之，而以身殉之則不仁矣。女事夫猶臣事君也，仇牧、荀息，君亡與亡，忠之盛也。其君苟正命而終於寢，雖近臣猶不必死也，若使巖穴之士未執贄爲臣，號呼而自殺，則亦不得爲之忠臣也。何以異於是哉？」同前注，頁 20 下。

儀式、相等關係等方面論述女子守節到婦人殉節之種種不合於禮制的證明，並由此層面上批評袁枚（1716～1797）之妹與鄭贊善（清人，生卒年不詳）之婢是「本不知禮而自謂守禮」，不僅愚昧而且令人同情。〔註140〕汪中之所以特別重視婦女問題外，可推知其經歷而具有悲憫之心使然外，亦可視其文字爲重視考核經書以達實事求是的態度。

　　汪中治經以期見於世的思想，較多是關注於社會弊病之中，其〈與劍潭書〉一篇，亦是探討寡婦與孤兒的問題。汪氏云：

　　孟子曰：「鰥寡孤獨，天下之窮民而無告者。文王發政施仁，必先此
　　四者。」然吾觀先王之世，耆老孤子則司門遺人得以委積財物養之，
　　惟寡婦無聞。〔註141〕

《孟子》主張鰥寡孤獨四類是社會中弱勢之人。古代聖人施政，必先以此四類爲優先恤顧。然而觀察統治者的作爲，僅官吏後裔的老者與孤子得以接受撫養，未聞寡婦亦有之。汪中見寡婦遭統治者所忽視，因而提議造「貞苦堂」來撫養，其具體內容，雖有限制寡婦之疑，〔註142〕然以當時的現實條件而言，對於這些符合所謂可守節，也願守節的婦人們，仍予以盡可能的安頓已是實屬難得。

　　今有研究者指出，若將此「貞苦堂」的設置與贊同未完婚的女子改嫁對照，似可見汪中思想上之矛盾，〔註143〕然而筆者認爲汪中應是清楚上述兩者

〔註140〕汪中云：「以中所見錢塘袁庶吉士之妹，幼許嫁於高；秀水鄭贊善之婢，幼許嫁於郭。既而二子皆不肖流蕩，轉徙更十餘年，壻及女之父母咸願改圖，而二女執志不移。袁嫁數年，備受菙楚後竟賣之，其兄訟諸官而迎以歸，遂終於家。鄭之婢爲郭所窘，服毒而死。傳曰：『好仁不好學，其蔽也愚。』若二女者，可謂愚矣，本不知禮而自謂守禮，以殞其生，良可哀也。」《述學‧卷一內篇‧女子許嫁而壻死從死及守志議》，頁21上。

〔註141〕《述學‧卷六別錄‧與劍潭書》，頁18下。

〔註142〕汪中云：「造屋一區，爲百間，間各戶，使居之，命之爲貞苦堂。外爲門，有守門者，門左爲塾，凡其兄弟親戚之男子來省者，待於其所，以其名族召之，則出見之。非是不得入。婦有姑若子女三人者，月給米一石，錢二百，終歲綿六斤，布五匹，其多少以爲是差，任以女工絲枲之事，而酬其直。」同前注，頁18下～19上。

〔註143〕張曉芬：《天理與人欲之爭——清儒揚州學派「情理論」探微‧第肆章縱向論述——清儒揚州學派情理論的發展（一）》云：「以見此『苦貞堂』（案：應爲『貞苦堂』）既是改善寡婦經濟情況的福利設施，也是捍衛傳統貞節觀的『淨土』。汪中雖不贊成強制寡婦守節，但此一『苦貞堂』設立，似亦限制寡婦的人性自由，彷彿是寡婦的『牢籠』，所以學者指出：此『苦貞堂』特點，亦反

身分實不相同：寡婦爲已完成婚姻之禮制者，故守節有依據，可尊重其自由意願，若不願守節則可改嫁；〔註144〕許嫁女子爲未完成婚姻之禮者，本當改嫁，故有幾種不同處置方式，是以汪中此處論述應無矛盾之處。

除寡婦外，其亦關注孤兒處境，此部分與「貞苦堂」相類，汪氏亦有具體建議，其云：「凡孤子五歲至十歲者」可令其於「孤兒社」中學習，社中須有教師，諸童於此社必學《孝經》以識字，三年後，依志趣分爲四民之業。待其漸長，則將供應遞減，滿二十歲後離社。倘若是具有賢有才能者，則可以待其老後，回到孤兒社回饋並教授孤兒之業。至於「孤兒社」的財源，汪氏亦想到對策，即邀出社者而且日後富貴發達者的財產十分之三，捐贈給社上，或者向罪犯者課以罰金。〔註145〕由此「孤兒社」的籌畫內容而言，汪中對於四民觀點並未有明顯尊卑高低之分，全依孤兒志趣與材性予以區分。諸兒自幼因其材而施其教，待諸而長成後從其中舉出賢能之材，以回饋方式，分其志業而授予社中的孤兒。

所謂士、農、工、商四民平等的思想並非汪中首次創見，王陽明〈節庵方公墓表〉即云：「古者四民異業而同道。」〔註146〕因此四民平等說在明代即已有之。雖汪中與王氏在此處的觀點具一致性，然而前者是立於「用世」的現實考量，與後者將四民歸納爲用「心」一致的思考點又不相同。無論士、農、工、商，於社會上均爲有用之材，因此人才如何落實以臻至能用於社會，才是汪中所關心之處。換言之，人材能適性見用是重點。汪中本人從不諱言治生之事，其嘗云：

映了汪中婦女思想的矛盾性。」（頁189）而文中學者所言，如下。張敏、聶長久：〈汪中的社會福利思想探析〉云：「他一方面希望適當改善婦女地位，反對將傳統貞節觀極端化，強調女子特別是未婚女子『禮不可過』；另一方面，又不願意拋開男女之別，否定貞節觀念，而是主張維護和弘揚這種觀念。」（見《廣西社會科學學報》總第133期，2006年第7期，頁156）

〔註144〕對於寡婦身分者，汪中並未強制收留於「貞苦堂」中，而是憑其意願。其云：「察其寡婦之無依者，必良家謹願者。」見《述學·卷六別錄·與劍潭書》，頁18下。

〔註145〕汪中云：「門外爲社，有師一人，凡孤子五歲至十歲者學焉。命之曰：『孤兒社』。三年是其材分志趣，而分後授以四民之業。然而必通《孝經》，解字體。至十六，度其能自食其力，以次減其廩。至二十則舉而遷之於外，其賢者、能者，既老則使掌其堂之事，各修其業，以教社之子弟。其富且貴者，十分其貲而三入之堂，訖於其身。凡民離犯，自伐以下，視其輕重而要之，使入其財於堂。」見〈與劍潭書〉，頁19上。

〔註146〕《王陽明全書（四）》，頁56。

> 下至百工小道學一術以自託，平日則自食其力而可以養其廉恥，即
>
> 有饑饉流散之患，亦足以衛其生。〔註147〕

自身對於百工技藝嘗有所學，平日據此藝自養並不以爲意，倘若不幸遭遇饑荒等禍事，仍可靠此藝以維持生活。據《國朝漢學師承記》中記載汪中及長即「鬻書於市」，至晚年則有鹺使（鹽運官）「延君鑑別書畫，藉此稍能自給」。〔註148〕雖汪中自書似與江藩側寫之間有些落差，但卻也都點出汪氏經營治生的部分。

以汪中自身的經驗認爲，只要能符合不違背廉恥的行爲，則職業不應存有貴賤高低之別。而前文已提及汪氏成長環境之梗概，其孝敬母親之心由江藩的文字可以得證，〔註149〕從而亦可知其論述教授孤兒爲何會以《孝經》爲首要，即汪中認爲只要實踐孝道，自是能推擴出其他道德善行。汪中的重視孝行，並非是一味的孝親而昧於是非義理，如子曰：「父在，觀其志；父沒，觀其行。三年無改於父之道，可謂孝矣。」汪中云：

> 三年者，言其久也，何以不改也，爲其爲道也。若其非道，雖朝沒
>
> 而夕改可也。〔註150〕

三年非僅是字面意，實指時間長久之意。何以不更改而承續父之志，其關鍵在於此一父之志必須符合「道」的範疇，若不符合於此「道」的範疇，則立即更改完全不違背孝義與孝行。汪中認爲「孝」不能僅是做到不違父母之志而已，更重要的是其是否合於儒學之「道」。汪中即以鯀和禹，蔡叔與蔡仲，虞舜及瞽瞍爲例，〔註151〕證明若父之志非合乎「道」，則子當改之，禹、蔡仲、虞舜即是如此，綜觀歷代卻無一人嘗指責其諸人違背孝道。換言之，即「道」之所在，則孝亦在也。是以汪中論孝，確實能與其求是的態度契合。

〔註147〕《述學・卷六別錄・與朱武曹書》，頁20下。

〔註148〕《國朝漢學師承記》，頁114。

〔註149〕江藩云：「母疾篤，侍疾晝夜不寢，滌牏之事不任僕婢，無愁苦之容，有孺子之慕。」同前注，頁113。

〔註150〕《述學・卷一內篇・釋三九下》，頁4下。

〔註151〕汪中云：「昔者鯀湮洪水，汨陳其五行，彝倫攸斁，天乃不畀洪範九疇，鯀則殛死。禹乃嗣興，彝倫攸敘，天乃錫禹洪範九疇。」蔡叔起商，恭閒王室，其子蔡仲，改行帥德。周公以爲卿士，見諸王而命之以蔡，此改乎其父者也。不寧惟是，虞舜側微，父頑・母嚚、象傲，克諧以孝，烝烝乂，不格姦，祇載見瞽瞍，夔夔齊栗，瞽瞍亦允若。曾子曰：『君子之所謂孝者，先意承志，諭父母於道。』此父在而改於其子者也，是非以不改爲孝也。」同前注。

由上述可知，汪中治學上乃以考據方式，證得經文之原意，並在在欲以實事求是的態度，企圖將經文的內容推合於現實生活之中，正如上文所提，其自許「推六經之旨以合於世用」，且「惟實事求是」，故「不尚墨守」。總的看來，汪中學術的確可作爲延續清初儒學思想的一種典型。

三、焦循：證之以實，運之於虛

乾嘉之際，雖有儒者如戴震、汪中等立於考據方法上點出考據學只是治學的途徑外，並示以明道致用才是身爲儒者的志業，然而當時多數鑽研於此途徑的儒者卻仍將「明道」等同於宋學，亦忽視治學的目標所在。焦循舉當時治經者有五類：一、擅「通核」者弊在師心自見，脫離根本；二、「據守」者其弊在恪守古注，不敢有議；三、「校讎」之弊在於任情刪易，失卻本眞；四、「摭拾」者之弊則是不求鑑別，眞僞不分；五、「叢綴」者弊在斷章取義，道聽塗說。最末總結云：「五者兼之則相濟，學者或具其一，而外其餘，余患其見之不廣也。」〔註152〕焦循認爲此五種治經途徑均只是執其一端，無法識得經學之全貌。而以上「據守」、「校讎」與「摭拾」皆與當際興盛的考據方法學有關。

因焦循體認到治經者易流於偏執一端，因此對於「考據」之名稱持反對意見，如其寫給孫星衍（1753～1818）與劉臺拱（1751～1805）的書信中便論及至此，其分別言「烏得以不典之稱之所謂考據者」、「乃無端設一考據之目」以及「乃近來爲學之士，忽設一考據之名」云云即是。〔註153〕實際上，焦氏並非反對「考據」方法，從其另一篇〈辨學〉文末所云「五者（即通核、據守、校讎、摭拾、叢綴）兼之則相濟。」即可知，〔註154〕由其晚年所注《孟子正義》的內容仍是博採一切相關的經史傳注且明言「逐日稽考」亦可得證。〔註155〕焦氏所關注的是經文文本的被重新重視。

再者，焦氏主張考證工夫在於釐清、判別歷代儒者注疏的是非，並非依

〔註152〕《雕菰集・卷八・辨學》，頁 109。

〔註153〕上詳見〈與孫淵如觀察論考據著作書〉、〈與劉端臨教諭書〉，皆收錄於《雕菰集・卷十三》，頁 212～215。

〔註154〕《雕菰集・卷八・辨學》，頁 109。

〔註155〕焦徵（循弟，生卒年不詳）云：「博採經史傳注以及本朝通人之書，凡有關《孟子》者，一一纂出，次爲長編十四帙。逐日稽考，殫精研慮。」（焦循：《孟子正義》，北京，中華書局，2007 年），頁 8。

此而盲從漢儒的說法，其云：

> 學者述孔子而持漢人之言，惟漢是求，而不求其是，於是拘於傳注，
> 往往扞挌於經文，是所述者漢儒也，非孔子也。而究之漢人之言，
> 亦晦而不能明。〔註156〕

僅憑漢儒注疏即視其為孔子的主張，此乃尊崇漢儒之言為是，而非奉孔子之言為是，若依前者，則陷溺於漢儒的解釋而恐與經文原意有所牴觸。焦氏舉漢儒鄭玄對《論語》：「聽訟，吾猶人也」的詮釋有其悖離之處。〔註157〕倘若連鄭玄亦是如此，則何須唯漢是從？若要皆從漢儒，亦會衍生出諸多枝枝節節的問題難以辨析，如同經學家皮錫瑞所謂的家法、顓家之別即是如此。〔註158〕焦氏認為漢儒離春秋時代亦不近，從二分法來看，此與唐宋時期儒者的情況其實並無所差別，皆非生於春秋時代，則誰人能正確詮釋孔子義理猶難以定論，顯然焦氏欲破除漢學陣營一味崇漢的弊病。

詮釋經文的正確與否，關鍵不在時代的遠近，而在於「深契乎道」，焦循云：「孔子之述堯舜，……蓋深契乎堯舜之道所以是。」〔註159〕孔子雖與先聖王不同時代，卻能洞悉其思想，原因在於孔子能掌握求其義理，而非僅逐字逐句之索求，雖孔子嘗自云：「夏禮吾能言之，杞不足徵也。……文獻不足故也，足，則吾能徵之矣。」〔註160〕似對文獻考證不足而所有遺感，然而卻又

〔註156〕《雕菰集・卷七・述難四》，頁105。

〔註157〕焦循云：「孔子曰：『聽誦，吾猶人也。必也使無訟乎？』《大學》引之而申言云：『無情者不得盡其辭，大畏民志，此謂知本。』鄭康成解情為實，謂使誠其意，不敢訟。此說也，吾疑焉。虛誕無實之辭不敢訟，然則不虛誕則趨訟矣，何得解為無訟？且使民畏懼之不敢訟，亦非貞無訟也，又何以為知本？夫天下之本在國；國之本在家；家之本在身，故自天子以至於庶人，壹是皆以修身為本。知修身則知本矣。然而修身在正心、誠意、致知；致知在格物。格物者，旁通情也。情與情相通，則自不爭，所以使無訟者在此而已。」見《雕菰集・卷九・使無訟解》，頁138。

〔註158〕皮錫瑞云：「（漢）然師法出別出家法，而家法又各分顓家；如幹既分枝，枝又分枝，枝葉繁滋，浸失其本；又如子既生孫，孫又生孫，雲礽曠遠，漸忘其祖。是末師而非往古，用後說而舍先傳；微言大義之乖，即自源遠末分始矣。」見《經學歷史・經學極盛時代》，頁137。

〔註159〕焦循云：「孔子之述堯舜，見於《易》者一；見於《論語》六，惟執中述堯舜之言，餘則探其微，且能道其病，蓋深契乎堯舜之道之所以是，雖胥臣、管仲、穆姜之言，而實足以明堯舜之道則取之，不必持堯舜之言，以為述堯舜也。」《雕菰集・卷七・述難四》，頁105。

〔註160〕《論語集注・八佾第三》，頁22。

自詡可掌握夏商之禮，則與上文焦循所言「深契乎道」可互爲印證，此即是焦氏所以爲是之處。

　　根據焦循的文字可知，研究文字之目的在於通曉文義，後可進一步掌握義理，而能掌握義理，自可進一步「述」道，其云：「則亦第持其言，而未通其義也，則亦未足爲述也。」〔註161〕因此儒者不應自我設限在止於訓詁，應以朝通義述道爲方向。焦循之所以特關注於「述」，在於他有著深刻的理解，其云：

> 學者述人，必先究悉乎萬物之性，通乎天下之志，一事一物，其條理縷析分別，不窒不泥，然後各如其所得，乃能道其所長，且亦不敢苟也。〔註162〕

欲達到「述」之功，必須對於所述對象全然研究臻至通徹，且能以超越對象的視野審視，而不至泥於其中。對於其本質、規律皆能分析掌握，令其不誤且不紊。因此，焦氏主張「述」的內涵乃是飽含一縈實的治經的學問與認知。換言之，是立於實事求是的方法論上，再提升至明道之境地。

　　對於乾嘉學術特重字音訓詁的趨勢，焦氏則云：「朝夕於古人之言，而莫知古人之心，……是誦也，是寫也，誦寫，非述也。」〔註163〕顯然僅有訓詁考據的方法，並未達到其所謂「述」的層次，重點在於字句之琢磨與通乎心志，二者是無法一概而論。參照其〈辨學〉與〈述難〉二篇內容，可知焦氏於論述治經方法和學術內容上皆是精準不苟，其面對漢、宋學二者彼此互相非難的景況時云：「猶之學冶者非陶，學農者非圃。」〔註164〕二者學術趨向有別，何以能論是非？應是「老於農而後可非農，精於冶而後可非冶。」〔註165〕各事物之步驟與脈絡皆有其門徑與步驟，必須深入後方可知其長短，是以其又云：

> 門外者不知門內之淺深。是故能述之，乃能非之；能非之，乃能述之。是其是，非其非。〔註166〕

倘若對事物不能深入，則無法明白該事物的是與非問題，即不能精準的「述」

〔註161〕《雕菰集‧卷七‧述難四》，頁105。
〔註162〕《雕菰集‧卷七‧述難五》，頁106。
〔註163〕《雕菰集‧卷七‧述難一》，頁102。
〔註164〕《雕菰集‧卷七‧述難三》，頁104。
〔註165〕同前注。
〔註166〕同前注。

其之內容。由邏輯上言，能論事物之「是」，必然亦能證其之「非」，否則「是」「非」何以分別？此即謂之「述」，亦是治學的高度與廣度。換言之，焦循認為太過重視漢儒注疏抑或強調訓詁考證，或雖能論訓詁之是，然卻無法一窺義理之精，因其在義理之門外。反之亦然。

面對漢宋之爭，焦氏以論「述」來指出各自之不足處。以當時言，漢學陣營是較強勢，然漢儒之傳注未必能符合經學原意，則又何必立一「漢學」之名徒增藩籬？又，其主張學經之法所云：「所據者漢儒，而漢儒中所據者又唯鄭康成、許叔重。執一害道，莫此為甚。」〔註167〕總的看來，焦氏所言者，皆是以「道」能否彰顯作為學術核心，足證得焦氏對於治經之視界的確較為通徹，能洞見「述道」之難。由反立「考據」、「漢學」之名而導至自我設限，可知焦氏治經之觀點乃延續自戴震，且處理上較戴氏更為細緻。

然須留意的是，並非所有揚州學者皆如焦循會批判「考據」、「漢學」等之名，若將焦循與阮元兩者相較，後者對於「漢學」的認同度則相對明確。〔註168〕焦循所關注者，在於儒者能否理解真正的「述」，所以他求「是」的對象為經文文本外，更重要者乃在經文之道，欲通經文之道，則理解古人（先秦聖賢）之心實不可缺。若一味僅僅以「漢學」標榜自詡，則「通乎心志」的要件恐將難以呈現。

焦循點名吳派惠棟，批評其《易》學「不復窮究聖人之法」。〔註169〕焦氏認為，欲「述」《易》之「是」，就須先採博引的徵實方法，而徵實不能只侷限於考察漢人注疏，如其云：「唐宋人之述孔子，詎無一足徵者乎？」〔註170〕儒者的職志在於明道、述道，是以只要能「述」其「是」，則無須設限

〔註167〕《里堂家訓‧卷下》（焦循：《里堂家訓》，收錄於《續修四庫全書‧子部‧儒家類》冊951，上海，上海古籍出版社，2001年），頁529。

〔註168〕阮元嘗為《國朝漢學師承記》作序，汪中子喜孫（1786～1848）亦為此書作跋。可見揚州諸儒在「漢學」議題上是各有偏好。

〔註169〕焦氏云：「東吳惠氏為近代名儒，其《周易述》一書，循最為不滿之，大約其學拘於漢之經師，而不復窮究聖人之法。」見〈焦循致王引之書（二）〉收錄於《昭代經師手簡箋釋》（賴貴三：《昭代經師手簡箋釋》，臺北，里仁書局，1999年），頁208。

〔註170〕焦循批評「漢學」之名為經學之蔽障，其云：「且夫唐宋以後之人，亦述孔子者也，持漢學者，或屏之不使犯諸目，則唐宋人之述孔子，詎無一足徵者乎？學者或知其言足徵，而取之又必深諱其姓名，以其為唐宋以後之人，一若稱其名，歲有礙乎其為漢學者也，噫！吾惑矣。」見《雕菰集‧卷七‧述難四》，頁105。

於朝代或門徑。因此「實證」與「貫通」成爲焦循在研究經學上的途徑與目的，其云：「古學未興，道在存其學；古學大興，道在求其通。」〔註171〕「古學」即「經學」，焦氏認爲理學盛行時，「道」被保留於經學中，至清代經學復興後，「道」就要從書中被彰顯出來。焦氏又云：「證之以實，而運之於虛，庶幾學經之道也。」〔註172〕經學研究除了實事求是的方法外，更重要的便是儒者對經學內容得以臻至貫通，據前文所論「述」的部分，焦循對於治經的立場即以通徹爲目標，是故無論「述」抑或是「證之以實，運之於虛」，在在皆以「實」與「通」來進行，唯「通」之意又有二，一即「通乎古人心志」；一則爲貫通運用之意，這其中亦包含變通的途徑。

以《易》爲例，《易》乃是焦氏家傳之學，〔註173〕雖然至其不惑之年後始著力研《易》，成果卻頗爲豐碩。焦循的《易》學研究中以「旁通」、〔註174〕「相錯」、〔註175〕「時行」，〔註176〕此三大法則最爲特殊，其嘗云：「余學《易》

〔註171〕 《雕菰集・卷十三・與劉端臨教諭書》，頁215。

〔註172〕 同前注。

〔註173〕 焦循云：「循家三世習《易》，循幼秉父教，令從《十翼》求經。然弱冠以前，第執趙宋人說；二十歲，從事於王弼、韓康伯注。二十五歲後，進而求諸漢魏，研於鄭、馬、荀、虞諸家者，凡十五年。年四十一，始盡屏眾說，一空己見，專以《十翼》與上下兩經，思其參互融合，脈絡緯度。」見《雕菰集・卷二十四・告先聖先師文》，頁391。

〔註174〕 《易學三書・易圖略・卷一・旁通圖》云：「凡爻之已定者，不動；其未定者，在本掛，初與四易，二與五易，三與上易。本掛無可易，則旁通於他掛，亦初通於四，二通於五，三通於上。」（焦循：《易學三書》，臺北，廣文書局，1977年），頁11。上文爲「旁通」的基本原理，即按二與五、初與四、三與上之秩序將本掛或與之反對掛之爻做替換。

〔註175〕 《易學三書・易圖略・卷四・八卦相錯圖》云：「〈說掛傳〉云：『天地定位，山澤通氣，雷風相薄，水火不相射。』天地，乾坤也；山澤：艮兌也；雷風：震巽也；水火，坎離也。天地相錯，上天下地成否，二五已定爲『定位』；山澤相錯，上天下澤成損，二交五爲『通氣』。雷風相錯，上雷下風成恆，二交五爲『相薄』；上水下火成既濟，六爻皆定，不更往來，故『不相射』。此否則彼泰，此損則比成，此恆則彼益，此既濟則彼未濟，而統括以『八卦相錯』一語。六十四卦，皆此天地、山澤、雷風、水火之相錯也。」頁86～87。上言「相錯」基本原理是依兩旁通之掛做上、下掛之互易，或兩旁通掛之二與五、初與四、三與上之互易。

〔註176〕 《易學三書・易圖略・卷三・時行圖》云：「傳云：『變通者，趨時者也。』能變通，即爲時行；時行者，元亨利貞也。……云『大中而上下應之』，『大中』謂二之五爲元，『上下應』則亨也。蓋非上下應，則雖大中不可爲元亨。既濟傳云：『利貞，剛柔正而位當也。』剛柔正，則六爻皆定，貞也；貞而不

所悟得者有三：一曰旁通；二曰相錯；三曰時行。」〔註177〕而此三者亦是「實」與「通」的最佳註腳。無論焦氏利用此三原理是否真能貫徹解釋《易》之「經」與「傳」間的聯繫問題，〔註178〕但可確定的是，其運用本身對於數學的了解以及對考證方法之熟悉，並且深研漢魏至唐宋諸位前儒的《易》學成果，確實是拋開乾嘉以來所謂漢宋爭席的既有框架，更突破傳統儒者對於經學注疏之藩籬。

　　焦氏以其本身的學識能力與觀察力，對於《易》之「經」與「傳」的部分加以「實測」，〔註179〕以求得兩者間的繫聯關係及其規律。因有「實測」的步驟，故焦循可提出經、傳相合的佐證，最終能結合其變通的觀點與儒學強調的道德意識，並達到《易》之「經」「傳」合一之目的。焦循治《易》之所以如此費心於此，乃因自宋儒以降，普遍視「經」與「傳」為二，如朱熹提出研究《易》應分為三等，即「伏羲自是伏羲之《易》，文王自是文王之《易》，孔子自是孔子之《易》。」〔註180〕朱熹如此做區隔後，「經」與「傳」便更做分流，後儒多依據此分法來看待「經」與「傳」之間，而焦循所要證明的是

利，則剛柔正而位不當；利而後貞，乃能剛柔正而位當，由元亨而利貞，由利貞而復為元亨，則時行矣。」頁 72～73。「時行」原理基本為符合元亨利貞四項，依旁通兩掛之二五爻先互易者為「元」，繼者初與四互易，三與上互易為「上下應」「上下」皆應則為「亨」，而「利貞」是「元亨」俱備後，進而依旁通原則進行互易、補救以達成，即不通之掛要利用不斷變通已臻至通，如此循環不已。

〔註177〕《易學三書·易圖略·序目》，頁 1。

〔註178〕關於焦循《易》學成果，歷來有多位學者做出評價，大致上分為：持肯定說；持否定說；持折衷說三類。詳見《臺灣兩岸焦循文獻考察與學術研究·焦循《雕菰樓易學》述評》（賴貴三：《臺灣兩岸焦循文獻考察與學術研究》，臺北，文津出版社，2008 年），頁 188～196。何澤恆云：「里堂之治《易》，重在熟讀全經而求其通義，……其大旨一言以蔽之曰，在求經傳之合一。」（何澤恆：《焦循研究》，台北，大安出版社，1990 年），頁 80。

〔註179〕《易學三書·易圖略·序目》云：「夫《易》猶天也，天不可知，以實測而知，七政恆星錯綜不齊，而不出乎三百六十度之經緯；山澤水火錯綜不齊，而不出乎三百八十四爻之變化。本行度而實測之，天以漸而明；本經文而實測之，《易》以漸而明。非可以處理盡，非可以外心衡也。」頁 1。何澤恆《焦循研究》（1950～）云：「所謂『實測』，乃借天文觀測之法以說《易》。蓋天體運行，可本行度以實際觀測其種種變化之規律。而《易》之錯綜變化，亦猶天體之運行，故亦可由《易》辭之本身以實測其卦爻之變動。」頁 25～26。

〔註180〕《朱子語類·卷第六十六·易二·綱領上之下》（黎靖德編：《朱子語類》，長沙，岳麓書社，1998 年），頁 1453。

兩者互爲通貫，其主張聖人作《易》，在於教人「以趨吉避凶之心，化而爲遷善改過之心。」〔註181〕是以如上所述，「變通」與「道德」得以結合，代表「經」與「傳」的互通，此方是《易》的眞正本意。

除撰寫《易學三書》外，焦氏《論語通釋》、《孟子正義》亦是重要的經學研究成果。《論語通釋》爲仿戴震《孟子字義疏證》而作，其嘗言：「余嘗善東原戴氏作《孟子字義考證》，於理道性情天命之名，揭而明之若天日。」〔註182〕焦氏認爲《孟子字義疏證》將儒學義理闡發得透徹明白，是以起而效尤。至於爲何選擇《論語》？主因「惜其於孔子一貫仁恕之說，未及暢發」之緣故，〔註183〕從其序文可知，焦氏撰寫《論語通釋》乃爲闡發孔子「一貫」之義理。對照前述，焦氏所重視者爲「實」與「通」，故可知其所主張的「一貫」，乃強調其「貫通」義，在《論語通釋》十五篇中，首篇便是論「一貫」。焦氏云：「一貫者，忠恕也。忠恕者何？成己以及物也。」〔註184〕「忠恕」即「一貫」，而「成己及物」爲其內涵，是以焦循認爲孔子義理中的忠恕之道在於施用於己和包含他人在內的相關事物之上。即：忠恕就是人的生活之道。

而朱熹《論語集注》關於「一貫忠恕」亦釋「貫，通也」，又「盡己之謂忠，推己之謂恕」，〔註185〕如此看來，焦循的觀點似乎與朱熹一致，然朱熹謂「忠」屬「一理」，爲道之本體；「恕」推至「萬殊」，即道之用，「忠」與「恕」是「體」與「用」的關係。換言之，朱熹的「一貫忠恕」思想是一種單向式的解釋，必是由「體」來御「用」，最終萬物得以因「天理」（仁）而各得其所。是以「忠恕一以貫之」，「忠恕」不僅有上下關係，且與「一貫」之義不相等。〔註186〕焦循則不以朱注爲是，除認爲「一貫」即是「忠恕」外，更是

〔註181〕 《易學三書・易圖略・卷六・原筮第八》，頁 159。
〔註182〕 《雕菰集・卷十六・《論語通釋》自序》，頁 267。
〔註183〕 同前注。
〔註184〕 《論語通釋・一貫忠恕》（焦循：《論語通釋》，台北，國立編譯館據傅斯年圖書館藏木樨軒叢書影印，年份不詳），頁 2。
〔註185〕 《四書章句集注・論語集注・里仁第四》（朱熹：《四書章句集注》，北京，中華書局，2008 年），頁 72。
〔註186〕 朱熹云：「盡己之謂忠，推己之謂恕。而已矣者，竭盡而無餘之詞也。夫子之一理，渾然而泛應曲當，譬則天地之至誠無息，而萬物各得其所也。……蓋至誠無息者，道之體也。萬殊之所以一本也；萬物各得其所者，道之用也，一本之所以萬殊也。以此觀之，『一以貫之』之實可見矣。或曰：『中心爲忠，如心爲恕。』於義亦通。程子曰：『以己成物，仁也；推己及物，恕也。』達道

「大智」的體現，其舉孔、孟稱頌虞舜爲例，因爲虞舜有大智之善，故能不執一端而無不包容，其云：

> 孔子曰：「舜其大智也與？舜好問而好察邇言，隱惡而揚善，執其兩端，用其中于民。」孟子曰：「大舜有大焉，善與人同，舍己從人，樂取于人以爲善。」舜于天下之善無不從之，是眞一以貫之，以一心而容萬善，此所以大也。〔註187〕

舜所以能成爲孔、孟理想中的聖人典範，在於其具有能發掘並體察諸人，不因堅持己之所見而屛斥他者之善的大智慧，是以能廣納諸善以成其大、以成其通。相較於朱熹，焦氏所舉之「忠恕」是開放式、雙向式的內涵，故與「一貫」之義相等，在焦循的思想中，「忠」與「恕」無主從、上下之分，若依循朱熹所主張的觀點，則便是欲以自我主張的「理」勢服人，甚而逼迫人，何來有成己及物的「忠恕之道」可言？自然是不存在。

戴震批判理學家將己之「意見」強植爲「天理」，並依此制人倫及其與人之相關事物，其謬誤處便是根源於單向式的上下、尊卑之分。〔註188〕焦循贊同戴氏觀點，認爲孔子所謂「克己」便是「舍己從人」，故而「仁」、「恕」、「一貫」均是指涉同一義涵，即是「善與人同」。〔註189〕然而此「同」並非是齊一之謂，其云：「人各一性，不可彊人以同與己；不可彊己以同於人。」〔註190〕尊重彼此間的差異存在，才能不偏執於一端，是以「惟不同而後能善與人同」，〔註191〕唯有明白分辨出彼此的差異性，才可能於異中求同，臻至執兩端之「一貫」。

不遠』是也。忠恕一以貫之：忠者天道。恕者人道：忠者無妄，恕者所以行乎忠也：忠者體，恕者用，大本達道也。』」《四書章句集注・論語集注・里仁第四》（朱熹：《四書章句集注》，北京，中華書局，2008 年），頁 72～73。

〔註187〕《論語通釋・一貫忠恕》，頁 2。
〔註188〕戴震《孟子字義疏證・卷上・理》云：「自宋以來，始相習成俗，則以理爲『如有物焉，得於天而具於心』，因以心之意見當之也。於是負其氣，挾其勢位，加以口給者，理伸：力弱氣憙，口不能道辭者，理屈。嗚呼，其孰謂以此制事，以此制人之非理哉！」（顏戴震：《原善・孟子字義疏證》，台北，世界書局，1974 年），頁 30。
〔註189〕焦循云：「孔子告顏子曰：『克己復禮爲仁。』惟克己思能捨己，故告顏子以仁：告子貢以恕：告曾子以一貫，其義一也。」見《論語通釋・一貫忠恕》，頁 2。
〔註190〕《論語通釋・異端》，頁 6。
〔註191〕同前注。

　　焦氏所以重視「一貫忠恕」，乃因其認爲歷代儒者包含乾嘉以降漢宋之爭在內的諸多議題，皆不能眞正貫通「忠恕」的核心義理。即因不能「述」其是，以至於「不恕，不能克己」而落入偏執於一端的小道猶不自覺，呈現出的便是近於異端之說。〔註192〕孔門中的「一貫」、「忠恕」、「仁」等，於焦氏思想中皆詮釋爲「通」，即能「通」於己亦「通」於他者之意。其〈格物解一〉文中亦論及此云：

> 何爲通？反乎己以求之也。己所不欲，勿施於人，則足格人之所惡。
> 己欲立而立人，己欲達而達人，則足以格人之所好。〔註193〕

「通」，意爲反求諸己也。若要去惡，則要實踐「己所不欲，勿施於人」的行爲；若要存善，則要朝「立己之心以立人，達己之心以達人」來施行即是。焦循此言的「通」不僅可用於解釋《易》，亦是釐清儒學義理核心的價值所在，更是日常言行的普遍準則，無論對人、對家族，抑或對社稷，皆是以能「通」者爲最好的模式，〔註194〕對於焦循而言，此方法於經學研究是如此，於具體的「格物」亦是如此。

　　然而有一點必須注意，焦氏嘗云：「惟經學可以言性靈，無性靈不可以言經學。」〔註195〕即焦氏於經學研究中注重「性靈」一項。此論與明代袁宏道（1568～1610）、乾嘉袁枚（1716～1797）所言的「獨抒性靈」不同，後者所言屬於一種不拘俗套、自由創作的文學論述；〔註196〕前者則是指涉經學研究的體悟，但此一體悟仍須落實在博覽群書與考據的基礎上，否則恐落入「通核」之弊而與宋儒相當，其云：

> 經學者以經文爲主，以百家子史、天文術算、陰陽五行、六書七音等爲之輔，彙而通之，析而辨之，求其訓故，核其制度，明其道義，得聖賢立言之指以正立身經世之法，以己之性靈，合諸古聖之

〔註192〕焦循云：「凡後世九流二氏之說，漢魏南北經師門戶之爭，宋元明朱陸、陽明之學，近時考據家漢學、宋學之辨，其始皆緣于不恕，不能克己、舍己，善與人同，終遂自小其道而近於異端。」《論語通釋・異端》，頁6。

〔註193〕《雕菰集・卷九・格物解一》，頁131。

〔註194〕焦循云：「爲民父母，不過民之所好好之；民之所惡惡之。用之於家則家齊；用之於國則國治；用之於天下則天下平。……故格物者，絜矩也；絜矩者，恕也。所藏乎身，不恕而能喻諸人者，未之有也；不能格物，則所藏乎身不恕矣。」同前注。

〔註195〕《雕菰集・卷十三・與孫淵如觀察論考據著作書》，頁213。

〔註196〕袁宏道云：「大都獨抒性靈，不拘格套，非從自己胸臆流出，不肯下筆。」（袁宏道：《袁中郎全集》（一），臺北，偉文出版社，1976年），頁177。

性靈，並貫通於千百家，著書立言者之性靈。〔註197〕

研究經學須以其文本爲主，再以諸子學、歷史學、數學天文學、文字音韻學，乃致於本體論述等爲輔，將其彙集而貫通，解析而明辨，進行經文文本中的各項考證與核實，抽離出其中的義理，如此才能釐清古聖先賢所言的大旨，並以之爲處事與經世的原則。以自身之體悟，去契合古聖賢之體悟，亦可據此一方式，儘可能去明瞭歷來或當際著書者的體悟。

觀此「性靈」說的涵義，似脫胎自戴震論《孟子》「心之所同然」云云，其《原善》、《孟子字義疏證》中均有論述此「同然」，戴氏云：「凡一人以爲然，天下萬世皆曰『是不可易也』，此謂之『同然』。」〔註198〕關鍵在於「理」、「義」，前者爲「分之各有其不易之則」；後者則是「如斯而宜」，〔註199〕而焦氏「得聖賢立言之指以正立身經世之法，以己之性靈，合諸古聖之性靈」云云，如此方可貫通于千百家，焦氏所言的乃契合於戴氏的「理」、「義」。焦循對於「性靈」的認知在於貫通經文與一切相關有用之著作，令經學得以回復其以具體的、經世的目的，而非獨抒己言抑或紙上考訂而已。

由此審視，上文提及的「通乎古人心志」云云與「合諸古聖之性靈」等之說實是互相呼應，且均落在同一主軸之上。是以焦循「證之以實，運之於虛」之謂，即在經學的徵實考證中，運用包含「性靈」在內的方式，最終乃是要「述」經文之「是」，而此「是」更爲貫通儒學義理的關鍵，亦唯有明確點出此一關鍵，治經方得以通向致用，方得以通向經世。

四、阮元：「格物」新解

阮元對於治學的理解，原則上沿襲著戴震思想，主張必須先從了解經學注疏來入門，其云：「竊謂士人讀書，當從經學開始；經學當從注疏開始。」〔註200〕而注疏的基本要求便是訓詁方法，戴震嘗云：「治經先考字義，次通文理。」〔註201〕此爲解讀經文的順序，亦是乾嘉以來多數儒者重視訓詁方式並據此來解釋經文的風氣。

對字義掌握後才能理解文義，進一步掌握義理，倘若對字義無法正確解

〔註197〕《雕菰集‧卷十三‧與孫淵如觀察論考據著作書》，頁213。
〔註198〕《孟子字義疏證‧卷上‧理》，頁29。
〔註199〕同前注。
〔註200〕《揅經室三集‧卷二‧江西校刻宋本十三經注疏書後》，頁581。
〔註201〕《戴震全書（6）‧與某書》，頁495。

讀便欲闡釋經文，恐將落入臆測與謬誤之中，阮元云：

> 經自漢晉以及唐宋固全賴古儒解注之力，然其間未發明而沿舊誤者
> 尚多，皆由於聲音文字假借轉注未能通徹之故。〔註202〕

經學由兩漢以降至唐宋，雖有儒者們戮力於解經注疏的工作，但歷來注疏的謬誤仍多未糾正而且甚悖離原意，皆因儒者們對文字聲韻的領域多有不甚瞭解之故。上文已提及戴震對於漢儒的注疏成果未能全然肯定，乃是因爲其已證明出漢儒在注疏上亦有部分因附會而致偏離經文文本，而阮氏則將此部份歸結至漢儒與其後的儒者們對於訓詁工夫做得不夠通徹。

是以可知，對於清代儒者們的訓詁工夫，阮元是持正面肯定的立場。〔註203〕相較於焦循，阮元對於漢學抑或考據學的名詞並不排斥，由其爲江藩的《國朝漢學師承記》撰寫序文即是一證明。

雖然阮元於學術觀點上認同並大力支持當時的漢學陣營，但是卻未如一般儒者將考據領域視爲畢生之志業，其所講求者乃是以「實事求是」爲其治學態度，並且涉及到思想的論述，因而對於義理層次是持肯定態度，其嘗云：「宋明講學，得師道之益，皆於周孔之道，得其分合，未可偏譏而互詆也。」〔註204〕可見阮氏並未因崇尚理學的宋明儒者犯了蹈空之弊而全面否定。換言之，從儒學發展史上來論，理學家於形而上之學的關注與論述縝密度超越漢儒，此一部分仍是值得肯定，但漢儒所擅長的訓詁工夫卻能充實經學的義理層次，因此無論漢學抑或宋學皆有增益儒學之處，阮元認爲清儒能取二者之長，其云：

> 我朝列聖道德純備，包涵前古，崇宋學之性道，而以漢儒經義實之，
> 聖學所指，海內嚮風，欲纂諸經，兼收歷代之說。〔註205〕

清代儒學在經學研究成果上超越歷代，主因是在於清儒能於漢儒治經的成果上精益求精，藉以來回應宋儒所關注的理學體系。即清儒因爲宋明儒者太側重形上之學而造成學術之「虛」，便以回歸經學研究方法的「實」來再次塑造

〔註202〕《揅經室一集‧卷五‧王伯申經義述聞序》，頁104。
〔註203〕阮元云：「我朝小學訓詁遠邁前代，至乾隆間，惠氏定宇、戴氏東原大明之，高郵王文肅公清正立朝，以經義教子，故哲嗣懷祖先生特爲精博，又過於惠、戴二家。……使非究心於聲音文字以通訓詁知本原者，恐終以燕說爲大寶，而嚇其腐鼠也。」同前注。
〔註204〕《揅經室一集‧卷二‧擬國史儒林傳序》，頁32。
〔註205〕同前注。

儒學，是以能超越前代儒學之弊，對於治經採以歷代儒者的研究長處與成果，當然一切都是以考據方法爲基礎。由上述可知，與其說阮元欲建立於一公平的立場來調和乾嘉時期漢宋爭席的問題，不如更確切地說，其乃是秉持「實事求是」的態度來面對儒學內在課題。不可諱言，阮元認爲考據法是最符合實事求是的治經態度。

雖清初已有儒者議論漢、宋學之差異，〔註206〕亦所謂「漢、宋學孰優？」的議題並非由乾隆時期才開始，但不可否認，至乾嘉後期乃至道光之際，漢宋由對峙到所謂調和一直是一複雜的問題。當時整體學術氛圍是漢、宋壁壘，此由江藩《國朝漢學師承記》的刊刻與稍晚方東樹批判漢學家的《漢學商兌》內容得知，〔註207〕兩方尖銳的對立顯見一斑。

上文已論述阮元個人立場是貼近於漢學陣營無庸置疑，否則不會贊助江藩出版，然若以其官職身分而言，則其論述漢、宋學的調和云云，應屬基於「官方」的視角而發聲，故其爲編纂《儒林傳稿》時即可見其調和漢宋兩端的主張，阮元於〈凡例〉云：「其實講經者豈可不立品行；講學者豈可不治經史，強爲分別，殊爲偏狹。」〔註208〕從文字中可知阮元所言的是：重經學的文本義理與注重德性涵養，於治學過程中無法截然區分爲二，畢竟自孔子以下二千餘年，舉凡所有大儒、名儒，誰人不思德性涵養？又誰人不讀經史？

即便是心學集大成者王陽明亦有〈大學古本問〉，其論述內容仍不脫離「十三經」範疇，是以強分漢學與宋學爲二條途徑，實在有悖儒學的根基。

〔註206〕清初理學家蔡世遠（1681～1734）嘗云：「儒有儒術，有儒行，有儒效。……行詭於聖，雖有物望，如漢之楊雄馬融不可以爲儒。……是故必能窮經而後其儒也正，能由聖而後其儒也醇，崇王而後其儒也大。循是三者以求儒於三代以下，獨周程張朱數子爲能充其道而無愧耳。」收錄於朱軾、蔡世遠訂《歷代名儒傳》（收錄於《孔子文化大全文廟賢儒功德錄·歷代名儒傳》，濟南，山東友誼書社，1989年），頁551。又其《二希堂文集·卷一·歷代名儒傳序》亦云：「伏毛孔鄭諸儒各有傳經之功，不可忘也；有宋周張程朱五先生繼起，直接孟氏之傳聖道。」（蔡世遠：《二希堂文集》，收錄於《景印文淵閣四庫全書·集部264·別集類》，臺北，臺北商務印書館，1983年），頁1325～652。

〔註207〕江藩《國朝漢學師承記》於嘉慶十六年（1811）大抵完成，嘉慶廿三年（1818）出刊，方東樹《漢學商兌》則於道光六年（1826）首刊。

〔註208〕阮元：《儒林傳稿·凡例》（周駿富輯：《清代傳記叢刊（013）·儒林集傳錄存》，臺北，明文書局，1985年），頁003～013。

然而，這是阮元跳脫出自身的立場，才會有這般的調和論述，主因是《儒林傳稿》爲國史館對於清代學術自身的學術史做一系統性整理，屬官方學術的層次，而清代官方所認可的學術仍舊是程朱理學，因此阮元須考慮到此一面向。

若回到阮元自身的立場言，則必定是先「治經史」作爲學術的基礎，才能逐步朝向「立品行」的範疇邁進。基本上，仍是不違背〈凡例〉的內容，對於傳承自戴震學術思想的阮元而言，兩者並無任何的牴觸，只有先後，而無擇其一的問題。

近來有研究亦指出阮元「調和論」其背後實是配合清廷文治政令所做的妥協，非本意如此云云。〔註209〕上文已針對阮元學術立場稍做論述，誠然統治者有其政令指導方向，但要審視阮元的學術立場，不應僅僅是由外在因素來作爲思考，學術義理的取向應該更能彰顯出阮元自身的治學主張。本文於論述焦循的部分時，曾提及焦氏對「格物」的詮釋是爲「絜矩」、爲「恕」，〔註210〕與朱熹所注的取向有所分別。

對此，阮元亦有所主張，其於〈大學格物說〉中即論述對「格物」的闡釋。阮氏認爲此篇的內容上無任何缺失，超越宋明儒的思想，足見其對自身治學能力的自信。〔註211〕此文中可見其大量運用訓詁方法，據以闡明儒學思想中的重要命題。其主張「致知」與「格物」二者「實爲天下國家之事，天下國家以立政行事爲主」，〔註212〕開宗明義的指出：此二者的意涵與國家施政行事有著不可分離的關係。其繼而主張：「格」字之解釋應爲「至」；「物」則解釋爲「事」，後者自然是指涉立政行事的國家之事，而此「事」中亦包含了倫常、德性的彰顯與教化風俗之事。〔註213〕阮元以《小爾雅》、《儀

〔註209〕戚學民（1972～）云：「《儒林傳稿》是清廷官方正史的一部分，並非私家著述，其編纂原則和學術標準事關國家文治政策，不是阮元個人所能決定，必須恪遵清廷功令。……他非常巧妙地處理這個問題，在不公然違反朝廷的情況下，把個人的學術理想寫進了《儒林傳稿》。」（戚學民：《阮元《儒林傳稿》研究》，北京，三聯書店，2011年），頁47。戚氏透露出阮元所展現出來的「漢宋調和」並非是其本意，而是在文治政令下所做的妥協，且其本意是落在「尊漢抑宋」。

〔註210〕焦循對「格物解」之文共有三篇，首篇即說明「格物者，絜矩也；絜矩者，恕也。」見《雕菰集・卷九・格物解一》，頁131。

〔註211〕阮元云：「按此篇本文闕失。」見《揅經室一集・卷二・大學格物說》，頁48。

〔註212〕同前注，頁47。

〔註213〕阮元云：「物者，事也。格者，至也。事者，家國天下之事。即止于五倫之至

《禮》、《禮記》等論述到「格」與「物」的幾處來說明並舉證「格物」的內涵，自古以來即有「至事」之意。〔註214〕就文章內容看，上述主張可分爲兩點來審視。

　　其一，除「實事求是」的態度外，亦彰顯出「致用」觀。「格物」的內涵爲「至事」，爲天下國家之事，換言之，此即凡現象界的一切皆成爲「至」或「不至」的對象，因現象界的一切皆爲「事」，有須至之事；有須不至之事，〔註215〕無論與否必論及實踐，阮氏云：「以物字兼包諸事，聖賢之道，無非實踐。」〔註216〕由此「實踐」議題，又進一步會通《論語》「一以貫之」與《曾子》的「立事」論，所謂「貫者，行事也，即與格物同道也。」而「立事，即格物也。」〔註217〕於阮元的思想中，「格物」所代表的，正是儒學的實踐之道。也唯有實踐後才能致知，故〈大學〉云：「致知在格物，物格而後知至。」便是說明兩者的次序，亦即是阮元所強調之處，其云：

　　　　〈大學〉從身心說到意知，已極心思之用矣，恐學者終求之于心學，
　　　而不驗之行事也，故終顯之曰：「致知在格物。」〔註218〕

欲修身先正心；欲正心先誠意；欲誠意先致知，此幾項側重於眞誠的心性與思想，若僅於此，則學者恐泥於闊談心性學問，而忽略實踐的重要，故而該篇於上述之後點出一關鍵基礎，即「知」所以能，乃在於「實踐」。

　　又，阮元於〈《論語》一貫說〉中則論述了更多「貫」與「實踐」的關係。上文已提及「貫」者訓爲「行」，於此阮氏申論「一以貫之」即是「皆以行事爲教」，〔註219〕而所「教」者就是忠恕之道，近乎「施諸己而不願，亦勿施於

善，明德新民，皆事也。」《揅經室一集・卷二・大學格物說》，頁47。
〔註214〕阮元云：「《小爾雅・廣詁》曰：『格，止也。知止也。知止，即知物所當格也。至善之至，知止之止，皆與格義一也。譬如射然，升階登堂履物而後射也。』《儀禮・鄉射》曰：『物長如笴。』鄭注云：『物，謂射時所立處也，謂之物者。』物猶事也。《禮記・仲尼燕居》鄭注：『事之謂立置於位也。』《釋名・釋言語》曰：『事，傳也。傳，立也。』蓋物字本從勿勿者，《說文》：『州里所建旗趣民事，故稱勿勿。』《周禮・鄉大夫》：『五物詢眾庶。』物即與事同義。而堂上射者所立之位，亦名物者。古人即通會此意以命名也。《大戴禮・虞戴德》曰：『規鵠豎物，履物以射，其心端色容正。』〈大射儀〉曰：『左足履物。』皆此義也。故曰：『格物者，至止于事物之謂也。』」同前注。
〔註215〕阮元云：「格於天地，不格姦」之「不格姦」即是「不至」，同前注。
〔註216〕同前注，頁47～48。
〔註217〕同前注，引文皆見頁48。
〔註218〕同前注，頁47。
〔註219〕《揅經室一集・卷二・《論語》一貫說》，頁46。

人」，〔註220〕此無疑是「實踐」的範疇，不論是孔子對子貢、對曾子，抑或閔子，所言的「貫」，內涵均是相同。〔註221〕阮元所強調的是在於「實踐」，是以「貫」如此，「格物」亦復如是，無所分別。而此實踐也是「實事求是」可以含括的，其云：「元之論格物，非敢異也，亦實事求是而已。」〔註222〕換言之，「格物」便是「實事求是」，而「求是」之「是」是爲道，即「己所不欲，勿施於人」之「忠恕」而已。

其二，則是重新詮釋理學家所熟悉的命題。理學家關注的爲「理」，而幾項命題如「性」、「道」、「心」等，甚至是「格物」內涵，最終皆直指核心的價值──「理」。換言之，理學家運用了諸多經文中的詞彙用之以詮釋其思想體系。此一思想體系在阮元看來是必須修正的，基於重視考據方法的立場，阮元提出「訓詁」爲理解儒學途徑的首要條件，倘若對經文文本不甚明瞭又不參酌考證以求其是者，則詮釋結果將致悖離、歧出於儒學，雖訓詁猶不能保證皆能求至「是」的結果，但卻是必要方法，〔註223〕阮元以「貫」例云：

> 若云賢者一呼之下，即一旦豁然貫通焉，此似禪家頓宗，冬寒見桶底脫大悟之旨，而非聖賢行事之道也。〔註224〕

有所謂賢人一語言畢之後，即倏忽開朗而一切皆通徹明白，此並非孔門聖賢著重於實踐之道的門徑，反倒與禪宗開悟之說有契合之處。上述引文即批評朱熹不紮實的訓詁工夫，導致其學不合儒學的學術內涵，反倒是與佛學一致。〔註225〕

〔註220〕《揅經室一集・卷二・《論語》一貫說》，頁46。

〔註221〕阮元云：「夫子于曾子則直告之，于子貢則略加問難而出之，卒之告子貢曰：『予一以貫之。』亦謂壹是皆以行事爲教也，亦即忠恕之道也。閔子曰：『仍舊貫，如知何？』此亦言仍舊行事不必改作也。」同前注。

〔註222〕《揅經室一集・卷二・〈大學〉格物說》，頁48。

〔註223〕阮元云：「聖賢之言，不但深遠者非訓詁不明，即淺近者亦非訓詁不明也。就聖賢之言而訓之，或有誤焉，聖賢之道亦誤矣。」見〈《論語》一貫說〉，頁45。

〔註224〕同前注。

〔註225〕朱熹《論語集注・里仁》云：「參乎者，呼曾子之名而告之。貫，通也。唯者，應之速而無疑者也。聖人之心，渾然一理，而泛應曲當，用各不同。曾子于其用處，蓋已隨事精察而力行之，但未知其體之一爾。夫子知其眞積力久，將有所得，是已乎而告之。曾子果能默契其指，即應速而無疑也。」頁34。顯見阮元所批評爲禪學者，即是朱熹所注之此章。

又以「格物」此命題言，阮元指出朱熹所訓的「格亦訓至，物亦訓事」，〔註226〕由此文字看來，兩者所解釋的內容並無歧出，但承上所言，理學的核心價值是爲「理」，非將求是與實踐視爲首要，是以如阮元所云：

> 惟云：「窮至事物之理」，「至」外增「窮」字，「事」外增「理」字，
>
> 加一轉折，變爲「窮理」二字，遂與實踐迴別。〔註227〕

朱熹因奉守其價值核心之所趨，故於「至事」前後添上「窮理」，如此則轉變爲尋求事物本質的一本體命題，而與「至事」的本意——「實踐」甚無干係。

依阮元所言，朱熹的「格物」抑或「一貫」之說，其內容上皆涉及「訓詁」方法，卻因爲「就聖賢之言而訓之，或有誤焉」，〔註228〕而導致阮元認爲朱熹的結論已經是悖離聖賢之道。因生處於訓詁方法明確且強勢的乾嘉道時期，阮元對於清儒治學能力的肯定立場是十分鮮明的。捍衛訓詁優先的途徑，並秉持著戴震、揚州諸儒主張的「實事求是」精神，阮元歸結出：聖人之道即在於「實踐」而已。

由上文所列舉，已可清楚判斷阮元對於儒學義理價值的取向後，再回顧關於漢、宋調和云云，雖揚州諸儒所展現的是一種較爲通廣的學術視野，但於思想上、觀念上恐無法形成眞正調和的共識，是以兩陣營間的差異性實難以抹去。

也有不少研究者主張：阮元爲一「漢宋兼採」之儒者。〔註229〕除引其主持《儒林傳稿》時所寫之序文外，又指出於乾嘉道時期，無論是強調漢學爲上，抑或是堅持宋學立場等等，由諸多儒者的治學方法中均可列出共同點：以漢學中堅的惠棟爲例，其書有「六經尊服鄭；百行法程朱」〔註230〕即：即便治經奉漢儒爲圭臬，德性上卻尊宋儒，如此文字豈不是標明了惠棟與阮元撰寫《儒林傳稿·凡例》的立場一致？

而惠氏門生江藩所書的《國朝宋學淵源記》，雖內容稍嫌粗略，然亦是本

〔註226〕《揅經室一集·卷二·〈大學〉格物說》，頁48。

〔註227〕同前注。

〔註228〕《揅經室一集·卷二·《論語》一貫說》，頁46。

〔註229〕如錢穆《中國近三百年學術史·焦里堂阮芸臺凌次仲》云：「以芸臺頗主求義理，故漸成漢宋兼采之風。」頁540。又如陳居淵所撰《焦循阮元評傳》（陳居淵：《焦循阮元評傳》，南京，南京大學出版社，2011年）中有專節論述漢宋兼採云云，頁525～534。

〔註230〕見江藩《國朝宋學淵源記·卷上》附於《國朝漢學師承記》，頁154。

其師說而顧及宋學。〔註231〕再者，宋學核心人物姚鼐（1731～1815）則有「詞章、義理、考據」三者並重，查其著述如〈郡縣考〉〈左傳補注序〉等內容涉及考據者多達四十一篇，〔註232〕又翁方綱（1733～1818）亦有諸多與考證相關著作，如《漢石經殘字考》、《兩漢金石記》等，可證當時宋學陣營中亦普遍認同考據方法。是以漢學與宋學兩造皆以考證方式做爲研究經學的共通點，且較有識見之儒者，如惠棟於力行修身上仍尊仰宋儒。又，清代自初期以來研究經學的治學風氣，原本就勝過空談心性，欲研究經學，訓詁方法乃爲基本不可廢的條件，而訓詁之目的在於解經，解經之目的在於明道，道乃義理之實，是以義理之學亦不可缺。故可以說，即便沒有統治者的政令，經學研究於本質上原就有漢宋兼備的諸項條件，是以阮元主張「調和論」亦可由此線索來探討。

　　依上文所舉看來，其理由似乎是充分的，主漢學者不偏廢道德；主宋學者亦有考證之舉，故兩者終將以調和匯流爲一並無疑議。然而若眞如此，則漢學也好，宋學也罷，儒者應都可以接受而不致造成乾嘉道時期學界的爭議才是，如何能有衝擊？事實上，漢、宋學卻是壁壘分明，如江藩斥「濂、洛、關、閩之學，不究禮樂之源，獨標性命之旨。」〔註233〕而方東樹起而攻訐阮元、江藩等，抨擊其「欲掃滅宋儒，毒罪朱子，鼓怒浪於平流，振惊飆於靜樹。」〔註234〕其間之勢，形同水火，是以所謂的調和說云云，可知一直到道光前期猶不能成立。

　　由前文論述的「格物」解爲例，漢學與宋學最大差異不在考據方法上，而是在義理取向上，有研究者即點出漢、宋學之難以調和，其最大癥結乃在於此。〔註235〕回顧上述，無論是清初閻若璩，抑或乾隆以降的戴震、焦循、

〔註231〕江藩云：「近漢學昌明，徧於寰宇，有一知半解者，無不痛詆宋學。然本朝爲漢學者，始於元和惠氏，紅豆山房半農人手書楹帖云『六經尊服鄭；百行法程朱』，不以爲非，且以爲法，爲漢學者背其師承何哉！藩爲是記，實本師說。」見江藩《國朝宋學淵源記・卷上》附於《國朝漢學師承記》，頁154。

〔註232〕姚氏與考證相關文章收錄於《惜抱軒全集》（姚鼐：《惜抱軒全集》，臺北，世界書局，1967年）。

〔註233〕《國朝漢學師承記・卷一》，頁4。

〔註234〕《漢學商兌・卷上》，頁326。

〔註235〕張麗珠云：「其實『漢宋之爭』應該有更確切的指向內容──即本文所闡述的，是指清代義理學中持漢儒義理與持宋儒義理者之義理對峙。清儒中有一部分一向被慣視爲『漢學』派的考據學家，在展開對考據學『繁瑣餖飣』的反思、並對清初『經世致用』、『通經明道』理想中的義理目的展開實踐以後，建立

阮元等，諸位皆提出義理存於經文之中，必須藉由訓詁方法以證得，此之謂「實事求是」。這是側重考據方法的治經之學。因此如焦循、阮元二者論述「一貫」、「格物」等等命題，皆是有其來歷與證據，並依此證據來批評宋儒溢出經文原意的義理思想，如阮元不滿朱熹「似禪家頓宗……非聖賢行事之道。」即是對後者不合乎經文原意的指控，〔註236〕是以其針對之處主要在於義理。

　　再舉程顥所云的「吾學雖有所受，然天理二字，卻是自家體貼出來。」〔註237〕這一「不假見聞」之道顯然更與訓詁方法脫離，結果就是理學家所得的義理即與主考據者的義理截然不同，前者「自家體悟」；後者「句句有考」。觀方東樹云：「夫所謂義理即存乎訓詁，是也，然訓詁多有不得真者，非義理何以審之？」〔註238〕言下之意，雖其不反對由訓詁方法可證得出義理來，然若沒有一個最高思想作為標準，如何知訓詁之對錯與否？此話之背後意涵即：義理未必僅由訓詁中得，就算訓詁，亦可能有誤，故方氏云：「蓋義理有時實有在語言文字之外者。」〔註239〕此與「自家體貼」的立場可謂是前後呼應的。方氏維護理學的「一貫說」，其批評阮元云：

　　　此譏「一貫」似禪學頓宗，一旦豁然大悟，似也。不知此「一旦」
　　　之前，有多少工夫，……若不用功，固斷無有此「一旦」。……今舉
　　　世無一人臻此境，而反疑曾子臻此境似禪。……則疑朱子為謬，是
　　　亦終於無知而已，徒為戲論譫語，不足與辨矣！〔註240〕

朱熹注「一貫」嘗云曾子應之速，緣於豁然大覺之通，而似禪學之悟，故遭主考據學學者的譏諷，殊不知曾子於悟前下了多少工夫，實是累積歷久。倘

　　　起了『從訓詁進求義理』的經驗領域新義理學。由於他們以漢儒經注為後盾、揚棄理學玄虛思辨，轉而落實在經驗領域、人倫日用間具體實踐的平實路線，使他們所主張的新義理學與理學間有了迥然而異的學術重心與道德進路，因此導致了漢儒義理與宋儒義理尖銳的對峙，也由此進入了『漢宋之爭』的最高峰。」（張麗珠：《清代新義理學——傳統與現代的交會》，臺北，里仁書局，2005年），頁157。

〔註236〕《揅經室一集·《論語》一貫說》，頁45。
〔註237〕朱光庭拾遺：《程氏外書·卷十二》（收錄於《商務四部叢刊廣編程氏外書·眉山堂先生文集·石屏詩集·晦庵先生文集》，臺北，台灣商務印書館，1981年），頁42。
〔註238〕《漢學商兌·卷中之下》，頁353。
〔註239〕《漢學商兌·卷中之下》，頁358。
〔註240〕《漢學商兌·卷中之上》，頁348。

若無此工夫，斷無一旦的可能。方氏以爲不能僅據文字來判定，如朱熹所注「一貫」云云，止遭片面的斷章取義而已，未曾論述其全面，故言外之意終爲主考據學學者所不見。當然，方氏的辯詞不足以解釋宋學所面臨的質疑與困境，基於實事求是的角度言，理學的義理內涵確實是達不到阮元看重的實事求是的要求，尤其方氏所言的末數句已淪爲謾罵，非學術思辨，更不足論述。

由上述可知，漢學陣營與宋學陣營最大的歧異點，的確不在於考據方法中，而是對儒學義理之認定有別。排除只知鑽營考據不談義理的部分迂儒外，揚州諸儒或主漢學爲尚的學者皆以爲「聖人之道在六經」，〔註241〕是以儒學義理須藉由訓詁、考證才得以彰顯，後得以運用於身、家、國、天下。此是確保儒者「實事求是」之一貫途徑。主宋學則不以爲然，其雖不反對經文中蘊含有儒學義理，然義理不限於文字之內，是以義理內涵非古人文字所能盡數囊括，尤以「自家體貼出來」的創發性義理更爲可貴，更何況經文文本之中對於形而上的範疇甚少著墨，是以主宋學者不將考證途徑視爲唯一且必須。因此，漢學與宋學之調和論，實有其思想上之根本歧見，非關涉於方法論上。

總的看來，揚州儒者論「實事求是」，雖說是不能僅將其侷限於所謂的考證方法之下，從以上論述可知，無論是汪中、焦循與阮元，三者對於治經的觀念確實多承繼自戴震，即均強調注疏經文除了要符合原意外，更重要的課題是如何能將經文的義理內涵清楚展現出來，否則如何能強調「實事求是」之態度？換言之，經文與實事求是的契合，即屬於一嚴格索循文本，並參審古訓以求義理之途徑的確立，當然其目的乃是將所得到的義理能寄託於經世，此爲揚州諸儒的理想宗旨。

乾嘉時期乃至於道光前期專主考據的方法蔚爲風尚，學者中誰人不求經文詮釋的精確，若將「實事求是」之態度止於考證方法，則綜觀文中所列舉的汪中、焦循與阮元等諸位，顯然其諸人無不冀望治經能超越經書考證的案上功夫，而亦涉及部分「致事」的層次。當然，審視其諸人的生平經驗，顯然實事求是猶未臻至實際落實於致用的具體層面上。或者說，其諸位對於「實事求是」的具體化與實際操作上仍多見於治學之中，又或者是如汪中雖有照顧孤兒寡婦的理想，然而未嘗眞正施行於社稷。

〔註241〕《戴震集·與方希原書》，頁189。

　　是以可知，對於揚州學者而言，「實事求是」是趨向於由紙上轉向具體落實的理想的初步建構。戴震有所謂「賢人聖人之理義非它，存乎典章制度者是也」，〔註242〕義理須彰顯於典章制度之中，而典章制度又是國家社稷所必須存在的架構，如何能有一落實的方法？即是先講求實事求是的治學考辨功夫與態度，此乃是汪中等人所關注之處，在此一基礎上才有進一步朝向經世致用的可能去發揮。

〔註242〕《戴震全書（6）‧題惠定宇先生授經圖》，頁505。

第三章 揚州三儒——淩廷堪、焦循、阮元之義理內涵分析

　　中國傳統儒學論及「義理」者，可說是圍繞著「道德」作為中心。自孟子明確將道德移轉為人的內在本有之善後，近千年來儒者的論述，多數不脫離此一概念，如宋明理學的核心即是與孟子所言的「性善」論述緊密結合，並參入了佛、道的形而上之抽象思想，藉以架構出一先驗道德體系。直至明中葉，部分儒者開始重視形而下的經驗層面之後，儒學「義理」論述才逐漸展示出迥異於理學思想的不同面貌。換言之，清儒雖亦主張人之性中本有善，但其闡釋的內容與理學系統實是殊途，戴震乃為此新義理學之集大成者。故論述揚州義理思想的內涵，亦需先審視戴震的義理思想。而關於「義理」的層次，並非所有揚州儒者皆有涉入，又，即便涉入也未必有同一趨向或相同立場。〔註1〕本文所分析的對象，乃以認同並能確實闡發戴震所謂「正人心也」的義理的儒者，而當以淩廷堪、焦循與阮元等為代表，而汪中因力主「致用」之學，對於義理的層面涉及得不若前述三者來得深入，故本章就不列入討論。以下就「情」、「欲」與「禮」、「仁」分別述之。

〔註1〕　揚州諸儒所擅長之學術本有不同，有辨偽校勘；有訓詁名物；有義理思想；
　　　　有專經研究等不一，可參閱張舜徽《清代揚州學記》（張舜徽：《清代揚州學
　　　　記》，武漢，華中師範大學出版，2005年），頁17～20。又，關於義理思想上，
　　　　揚州儒者們亦各有所屬，如早期的王懋竑（1668～1741）專研朱子之學，其
　　　　學友朱澤澐（1666～1732）則偏好陸王。至淩廷堪、焦循、阮元、劉寶楠等，
　　　　則吸收戴震義理，並加以闡發。

第一節　三儒論自然人性：「情」、「欲」之合理性

　　欲論「情」、「欲」，則必涉及論「人性」，而「人性」的論述於宋明理學家的文字中，業已討論了數世紀之長，大抵理學家將上述的「情」、「欲」排除於「人性」之外。「存天理，滅人欲」成爲宋代以降理學義理的基調。入清後，雖有反理學的思潮興起，然而不少儒者對於理學的義理內涵卻不加懷疑。

　　據章學誠（1738～1801）〈與陳鑑亭論學〉云：「近人所謂學問，則以《爾雅》名物，六書訓故，謂足盡經世之大業。」〔註2〕如同上一章所提及的，清乾隆以降，多數儒者的目光所及僅在六書九數、文字聲韻之中，故對於義理、文辭之學缺乏關注，若當時的朱筠（1729～1781）、紀昀（1724～1805）均未能識清並給予《孟子字義疏證》適當評價，根據江藩所云：「笥河（即朱筠）師見之，曰：『可不必載，戴氏可傳者不在此。』」〔註3〕因此，乾、嘉乃至道光前半期，揚州儒者能對義理思想發生興趣，並延續戴震的義理思想，並非如同考據學一般在知識階層中取得普遍共識，充其量而言，「義理學只是檯面下的伏流。」〔註4〕不可否認，凌、焦、阮等人於義理學上雖認同戴震，然其諸人對於義理範疇之闡發實未若戴震之廣，此或因學術環境與儒者關注對象的遷變有關。

一、前賢所論義理中之「情」、「欲」與「性」之關係

　　由義理層次論人性中「情」、「欲」如何存在與處理之命題，自兩漢以降的儒者業已多有討論，尤其以宋儒的論述更爲深層，然揚州儒者關注並足以承繼者，多接軌自戴震義理思想而來，與宋儒的義理思想牽涉較少，是以就戴氏論「情」、「欲」之部分作爲主要論述之對象。

　　戴氏義理思想中關於工夫論的層次，概略可分以下兩項來論述，其一

〔註2〕　《文史通義・外篇・與陳鑑亭論學》（章學誠：《文史通義》，新北，史學出版社，1974年），頁311。

〔註3〕　朱筠所云之事見《國朝漢學師承記・洪榜》（江藩：《國朝漢學師承記》，北京，中華書局，2008年），頁98。紀昀之事則見章太炎《文錄一・釋戴》（《續修四庫・別集・章氏叢書》，冊1577，上海，上海古籍出版社，1995年），頁396。

〔註4〕　《清代的義理學轉型・何圖更餘程朱之外，復有論說乎？》（張麗珠：《清代的義理學轉型》，臺北，里仁書局，2006年），頁22。

「以學養智」；其二「以情絜情」。〔註5〕第一項屬於「善」之如何可能的詮解；第二項則是「善」涉及如何實踐的命題。首先，「善」之如何可能？簡言之，人之「善」乃是依據後天學習與涵養而完成，戴氏所云：「德性始乎蒙昧，終乎聖智。」〔註6〕即主張「善」於人性中爲逐漸滋長的模式，其以人體爲喻，人類自幼小資以飲食才可能長大，「德性」亦復如是，非宋儒所言的「復其初」。〔註7〕是以「善」雖爲人性之本有，卻須經由教育的過程才得發揚，而此一教育目的便是強化心智的擇善能力。至此，戴震所言，主要在於強調「學」對於資養「智」以明「善」的首要性。

　　然而明「善」與實踐「善」卻仍屬不同範疇，「善」又如何實踐？戴氏企圖以「情」爲主軸來解決此一問題。其云：「理也者，情之不爽失也。未有情不得而理得也。」〔註8〕前一章已論述「理」被重新詮釋爲事物的條理、規律，故將「理」與「情」繫連亦是據此而來。「情」不可能摒除於人之主體外，因其屬天之性，乃是一必然之存在。因此「情」之不失當，便是人之「理」。戴氏於此不僅駁斥理學將「情」與「理」區隔，〔註9〕並且將兩者的關係賦予新的意義。

　　戴震對於「情之不爽失」的立論點即在於「絜」之涵義上，此可解釋爲衡量，其云：「凡有所責於人，反躬而靜思之，人以此責於我，能盡之乎？」〔註10〕反之，亦復如是。戴氏之所以提出「絜」字，在於要人明白「反躬而靜思」的可貴處，便是將己身之情投射於他人；將他人之情投射於己身，形成雙向可溝通的狀態。戴震冀望社會中眾者暴寡、強者脅弱等諸多不公平的現象能盡可能予以消弭，戴震認爲上述之所以可行的契機，乃在於因人的天性本具有「情」之故，是以可知戴震思想中的「情」與「理」之間不應有所區隔，反倒是因爲「情」而能展示出「理」在其中。即「天理」者，「言乎自

〔註5〕《清代義理學新貌‧戴震「發狂打破宋儒《太極圖》」的重智主義道德觀》（張麗珠：《清代義理學新貌》，臺北，里仁書局，2006年），頁160。

〔註6〕《孟子字義疏證‧卷上‧理》，頁41。

〔註7〕戴震云：「試以人之形體，與人之德性而比論之，形體始乎幼小，終乎長大；德性始乎蒙昧，終乎聖智。其形體之長大也，資於飲食之養，乃長日加益，非『復其初』；德性資於學問，進而聖智，非『復其初』明矣。」同前注。

〔註8〕《孟子字義疏證‧卷上‧理》，頁27。

〔註9〕《朱子語類‧卷第五‧性理二‧性情心意等名義》云：「性只是此理。」頁75。又云：「性無不善，心所發爲情，或有不善。」頁84。（黎靖德編：《朱子語類》，長沙，岳麓書社，1997年）

〔註10〕《孟子字義疏證‧卷上‧理》，頁28。

然之分理也；自然之分理，以我之情，絜人之情，而無不得其平」，〔註11〕戴氏繼而舉《禮記・樂記》中言「天理」涉及人的天性的部分，以做爲論述之根據，其云：

> 〈樂記〉云：「人生而靜，天之性也；感於物而動，性之欲也。物至知知，然後好惡形焉；好惡無節於內，知誘於外，不能反躬，天理滅矣。」〔註12〕

人因外在現象之觸發而有所感動與回應，此爲自然天性，亦屬於人天性中的欲望。外在現象被人所感知後，人會因欲求而對其有喜惡的判斷。倘若對於喜惡之欲無所節制、不能反思，則天理亦隨之隱沒。〈樂記〉中所論及的，就是戴震所主張的「以情絜情」說。自然天性中有「情」，而「情」中有「欲」，「天理」便是衡量「情」和「欲」的條理，而具體的彰顯乃爲「絜」也。

　　由上述顯見戴氏的「情」、「理」分析中，亦將「欲」置入此一範疇，在其思想中，後者在人性中不僅出於自然，更屬於不可割裂的一部分，倘若捨棄「欲」而不談，則無法完整呈現出「情」「理」間的密切性，此已於〈樂記〉中明白點出：要對於一切外在現象或事物之觸發，必定是有「欲」的存在，否則難以有動作進行。大抵而言，儒學的「仁」是一推擴之論述，亦即由己身的好惡判斷而推擴至他人，因此「欲」於其中乃是不可或缺的角色。換言之，若將現象、事物的內容置換爲「情」，即因有「欲」的必然存在，才得以有「以我之情，絜人之情」的可能，即戴震云：「及其感而動，則欲出於性。」〔註13〕可知，無論是「情」抑或是「欲」皆爲人性中之必然，於戴氏的思想中，「天理」所以存在，勢必存於「情」與「欲」之中，而不能自脫於二者之外，故宋代以來言「不出於理則出於欲，不出於欲則出於理」的「理」、「欲」二分法，〔註14〕在此一脈絡下實是無法成立，戴震舉《孟子》「養心莫善於寡欲」說明傳統儒學中論「欲」，只有言其寡而不可論其無。〔註15〕人生於世，不可能達到無「欲」之境界，在戴氏看來，「欲遂其生，亦遂人之生，仁也；至於戕人之生而不顧者，不仁也。」〔註16〕「欲」若不落入偏私，則可謂之

〔註11〕《孟子字義疏證・卷上・理》，頁28。

〔註12〕同前注。

〔註13〕同前注。

〔註14〕《孟子字義疏證・卷上・理》，頁34。

〔註15〕戴震云：「孟子言『養心莫善於寡欲』。明乎欲不可無也，寡之而已。」同前注。

〔註16〕同前注。

「仁」。至於「欲」有無偏私的可能？答案自然是肯定的，然而若據此之肯定而將「欲」摒除，僅僅討論無「欲」之如何，於邏輯上與理論上似乎行得通，然而於實際上卻是無法施行，因對己身之生無「欲」，又如何肯遂他人之生？況且儒學之「仁」主張「親親之殺」，〔註17〕是以理學家主張的無「欲」說，乃與原初儒學互為矛盾，戴震補充：「己不必遂其生，而遂人之生，無是情也。」〔註18〕此即是依循傳統儒學義理所下之結論。簡言之，無「欲」，亦無「情」，則不僅「理」無所依傍，人之「性」亦不是「天之性」。是以「情」與「欲」二者關係，如同「情」與「理」之間一樣密切。

　　藉由分析「情」、「理」與「欲」的關係，戴震做出其認為具一普遍性的結論，即孟子所云的「同然」。〔註19〕戴氏認為人性皆有「欲」，若其不偏於私者則為「天理」，故「一人之欲，天下人之同欲」；〔註20〕若從「情」論，其不爽失者則「在己與人，皆謂之情」，〔註21〕「欲」與「情」在其無偏失的狀態下，便可臻至「心之所同然」，亦即謂之「理」、謂之「義」。此「同然」的立基，根源於「欲」與「情」，古今、凡聖之人皆有此「欲」，有此「情」，是以此「同然」所代表之意，乃是人類群體可共同接受之條理，若以數學分析的概念言，「同然」可類比為「公因數（Common Divisor）」。戴震又云：

> 《詩》曰：「天生蒸民，有物有則；民之秉彝，好是懿德。」孔子曰：「作此詩者，其知道乎！」孟子申之曰：「故有物必有則；民之秉彝也，故好是懿德。」〔註22〕

《詩》作品中有「普天之人，均是依循著常理常規而具體生活，此便是良好的德性。」云云乃是了解「道」的精隨者之所為。不僅孔子讚賞，孟子亦強調人類之德性便是表現在具體的常理、常規之中。戴氏引《詩》句並且強調

〔註17〕《四書章句集注‧中庸章句》云：「仁者，人也，親親為大；義者，宜也，尊賢為大。親親之殺，尊賢之等，禮所生也。」（朱熹：《四書章句集注》，北京，中華書局，2008 年），頁 28。

〔註18〕《孟子字義疏證‧卷上‧理》，頁 34。

〔註19〕戴震云：「心之所同然，始謂之『理』，謂之『義』；則未至於同然，存乎其人之意見，非『理』也，非『義』也。凡一人以為然，天下萬世皆曰『是不可易也』，此之謂『同然』。」見《孟子字義疏證‧卷上‧理》，頁 29。

〔註20〕《孟子字義疏證‧卷上‧理》，頁 28。

〔註21〕同前注。

〔註22〕《孟子字義疏證‧卷上‧理》，頁 28〜29。

的，主要在於能印證不偏不失的「欲」與「情」，在人類社群中乃是具有著常理常規的意義，自屬「同然」之義。其又云：「物者，事也；語其事，不出乎日用飲食而已矣。」〔註 23〕正是標舉儒學所標榜的義理，實則爲人類社群內日常所爲之事而已。於此可見，戴氏將「欲」、「情」、「蒸民」、「理」與「義」，乃至於「道」彼此聯繫起來，意謂戴氏體認到儒學義理與經驗世界的關係。今學者提出戴震此一思想已具有社會學意義論述，〔註 24〕依戴震論儒學義理與經驗世界的關係，確實較理學的形上學視野更進一步貼近所謂的社會學意義，然而儒學義理思想進入了所謂社會學意義或社會學範疇，其實自明中葉王陽明等人提出儒學修正後便已看出端倪，如焦循云：「紫陽之學，所以教天下之君子；陽明之學所以教天下小人。」〔註 25〕所謂「小人」便是指非統治階層的社會群體，不是道德意義上的「小人」。王陽明舉農、工、商與士並列的「新四民觀」，即已涉入社會學意義的論述。

泰州王艮（1483～1541）亦嘗云：「聖人之道，無異於百姓日用。凡有異者，皆謂之異端。」〔註 26〕即將儒學義理與廣大社群的日常生活等同起來。而稍後羅汝芳（1515～1588）於講學之時，在座除知識階層外，農、工、商各業人士亦樂於參與的景況亦可見一斑，〔註 27〕若王學不去關注人類群體與各類事物存在於現實社會中的價值，則不會引發泰州王門論「欲」、重「情」之種種，如何心隱（1517～1579）不諱言「欲」，其云：

欲惟寡則心存，而心不能以無欲也。欲魚、欲熊掌，欲也。舍魚而

〔註23〕 《孟子字義疏證‧卷上‧理》，頁 29。
〔註24〕 戴景賢云：「東原個人論學，彼於涉及『倫理』之部分，深斥宋儒之學，以爲多乃以『意見』爲理，而強調當顧及人自然之情與自然之欲之需求。並於其論說中，展現一種『觀察社會』之視野。此種具有社會學意義之論述，與明人之辨『情』、『理』、『欲』，於議題與思想之方向上，雖不能謂無延續，然在其內裡，實已內涵有一種不同於以往之分析角度；非即是明人舊軌。」（戴景賢：〈市鎮文化背景與中國早期近代智識群體——論清乾隆嘉慶時期吳皖之學之興起及其影響〉，《文與哲》第 13 期，2008 年 12 月，頁 219～270），頁 253～254。
〔註25〕 《雕菰集‧卷 8‧良知論》，頁 123。
〔註26〕 《明儒學案‧卷 32‧泰州學案一》，頁 714。
〔註27〕 〈羅近溪先生告文〉云：「至若牧童樵豎，釣老漁翁，市井少年，公門健將，行商坐賈，織婦耕夫，竊屨名儒，衣冠大盜，此但心至則受，不問所由也。況夫布衣韋帶，水宿岩棲，白面書生，青衿子弟，黃冠白羽，緇衣大士，縉紳先生，象笏朱履者哉？是以車轍所至，奔走逢迎。」（李贄：《焚書‧續焚書》，長沙，岳麓書社，1998 年），頁 124。

　　取熊掌，欲之寡也。欲生、欲義，欲也，舍生取義，欲之寡也。

〔註28〕

「欲」無法自人心排除，僅能求其寡而已。魚與熊掌不能兼得，兩者擇其一即是寡欲。同理，生命與道義亦僅能擇一，如捨生取義更是「寡欲」之展現。泰州王門脫離傳統理學範疇而注意「欲」的存在有其必要性，因此不是滅之至於無欲的境地，而是要適切尋求出「欲」的合宜性、適切性，即彰顯出「寡欲」，可說是還原了孔、孟二人所論述的義理。又，泰州王學重「情」的面相，則可由明哲保身後而愛人的線索來觀察，王艮即云：

　　明哲者，良知也。明哲保身者，良知良能也。知保身者則必愛身，

　　能愛身則不敢不愛人，能愛人則人必愛我，人愛我，則吾身保矣。

〔註29〕

能愛惜己身者，必能愛惜他人，人能自愛亦能愛他人，則保身乃可確立。王艮主張其所以可能，源於此心愛己身而願保護之故，而保己之身的方法可以歸結到以不傷他人之身的部分來說，若人人皆能保己身，則可由此推導出「吾身保，然後能保一家」、「吾身保，然後能保一國」、「吾身保，然後保天下」，〔註30〕每個人以自身爲立基點，向外擴充，皆因有「愛」之故。

　　王艮將此「愛」與「良知良能」繫聯起來，實與孔子「己所不欲勿施於人」或孟子「人皆有不忍人之心」乃具有一致性，是以「情」在王艮的思想中爲一不可或缺的論述。換言之，泰州王學對於「情」之認知與戴震「以情絜情」確實有其相合之處，推究其因恐出於社會經驗的體察。〔註31〕故而關於儒學社會學的意義，不應只以戴震的義理思想爲起始點，然而其在清中葉之際，做爲強化儒學義理的形下層面或經驗層面的論述則屬於事實。

　　換言之，會涉及社會學意義在於一源於人性自然之「情」、自然之「欲」的社群展現上。以戴震的義理視角論之，便是重新審視「倫理」內涵的合理性，其斥責宋儒的「倫理」是悖離「天理（情）（欲）」的「意見」，〔註32〕

〔註28〕《明儒學案・卷32・泰州學案一》，頁705。

〔註29〕《明儒學案・卷32・泰州學案一》，頁715。

〔註30〕同前注。

〔註31〕黃宗羲有云：「王艮……。從父商於山東。」知王艮具有經商經驗。見《明儒學案・卷32・泰州學案一》，頁709。

〔註32〕戴震云：「自宋以來，始相習成俗，則以理爲『如有物焉，得於天而具於心』，因以心之意見當之也。」於是負其氣，挾其勢位，加以口給者，理伸；力弱氣怯，口不能道辭者，理屈。嗚呼，其孰謂以此制事，以此制人之非理哉！

其云:「聖人治天下,體民之情,遂民之欲,而王道備焉。」〔註33〕「天下」者乃指以廣大社群爲主體之國家,既然已「社群」爲主體,則必須包含組成一完整社群的各種階層,非只以統治者或士人階層爲對象,因此儒學不能局限於窮究抽象的「天命之性」,戴震才會強調「民之質矣,日用飲食」、「飲食男女,人之大欲存焉」,〔註34〕諸如此類的「自然之性」才是合乎孔孟之道。

　　人爲血氣形成之實體,必須賴以飲食爲之存養,此一過程即是「欲」,縱使其非要求美食佳餚而僅求基本溫飽,仍不脫「欲」的範疇,戴氏明白主張「飲食男女」與「欲」的關係,亦點出「欲」與「生命存養」的關係,此實與戴震遭遇之經驗有關,〔註35〕在欠缺優渥條件的環境下,人如何「治生」乃是一門重要的課題,傳統農、工、商業無需特別論述,唯士之階層在明末以前對於「治生」的看法相左,〔註36〕而至明末清初的陳確(1604～1677)則對「治生」採肯定立場,其云:「治生尤切於讀書。」〔註37〕與許衡立場一致,皆視生命存養爲第一要務。換言之,經濟獨立乃是士階層必須承擔之責,「仰事俯育,決不可責之他人」,〔註38〕是以其所論之「治生」對象不僅爲自身,乃是以「家」做爲最基本的單位。由陳氏的文字中亦可推知,士人之人格尊嚴乃是建立於治生之上,倘若無治生之爲基,亦無尊嚴可言。

　　對此,錢大昕亦持相同之觀點,其云:「與其不治生產而乞不義之財,毋

即其人廉潔自持,心無私慝,而至於處斷一事,責詰一人,憑在己之意見,是其所是而非其所非,方自信嚴氣正性,嫉惡如讎;而不知事情之難得,是非之易失於偏,往往人受其禍,己且終身不寤,或事後乃明,悔已無及。」見《孟子字義疏證・卷上・理》,頁30。

〔註33〕《孟子字義疏證・卷上・理》,頁36。

〔註34〕同前注。

〔註35〕戴震云:「吾郡少平原曠野,依山而居,商賈東西行營於外,以就口食。」見《戴震全書(6)・戴節婦家傳》,頁440。

〔註36〕王陽明云:「許魯齋謂儒者以治生爲先之說亦誤人。」〔許魯齋,即許衡(1209～1281)〕葉紹鈞註云:「學者稱魯齋先生,……嘗曰:『學者治生最爲先務。苟生理不足,則於爲學之道有所妨。彼旁求妄進,及作官謀利,殆亦窘於生理所致。士君子當以務農爲生,商賈雖逐末,果處之不失義理,或以姑濟一時,亦無不可。』」(徐愛等編;葉紹鈞點註:《傳習錄》,台北,商務印書館,1994年),頁51。

〔註37〕見《陳確集・卷五・學者以治生爲本論》(陳確:《陳確集》,北京,中華書局,1979年),頁158。

〔註38〕同前注。

寧求田問舍而卻非禮之饋。」〔註39〕不僅表明認同以正當途徑欲求生命存養外，亦不諱言求田問舍，即以己之所能來滿足充裕之生活狀態。上述表明出清乾嘉時期如錢大昕這類知名儒者似乎已不被宋明理學「滅人欲」的觀念所羈絆，可知自然之「情」、自然之「欲」之價值已成爲起碼是部分儒者能接受之趨勢，而揚州儒者於此一價值之闡述，基本是爲上述之延續。

二、淩廷堪：「好惡」說

淩廷堪藉由〈大學〉的內容來闡釋關於「情」、「欲」的義理意涵。〈大學〉云：「所謂誠其意者，無自欺也。如惡惡臭，如好好色。」〔註40〕淩氏先舉「誠意」，將其內容定義爲明「好惡」。而「好惡」即「人之性」的外在體現，特別是接觸外物時，舉凡目能見色；耳能聽聲；口食能辨味等等，此乃是自然血氣之性。在正常的狀態下，目喜愛美色；耳喜愛聽美音；口喜愛美味佳餚，均是發自於不刻意造作的自然本性，故謂「無自欺」，謂「誠意」。

而上述的自然人性的種種表現，在淩氏的視角中即爲「先王制禮之大原」。換言之，人與人的進退應對，社會一切制度之所以能成立，皆源自於人性的好惡。而社會禮制與人性的好惡，二者之間如何產生聯繫？首先，〈大學〉於「脩身在其正心」之處云：「身所有憤懥則不得其正，……有所好樂而不得其正，……心不在焉，視而不見，聽而不聞，食而不知其味。」淩氏解釋云：「憤懥，惡也。好樂，好也。此言正心在於好惡而不離乎視聽與食也。」審視〈大學〉引文，似乎與淩氏論「誠意」之內容所有衝突，其論色、聲、味的偏好抑或偏惡，乃是性之自然，乃是不自欺，而不自欺者爲「誠意」，既爲「誠意」，何以有好惡之表現時卻不得其正？

淩氏企圖以「中庸」來解決這一問題，其云：「節其太過不及，則復於性矣。」又云：「過則佚於情，反則失其性矣。先王制禮以節之，懼民失其性也。」是以淩氏對於源於自然之好惡之性，是主張要有所節制的，其認爲性之好惡若是完全放縱，抑或是完全禁絕的話，前者會造成情之過於浮泛；後者則不再屬於自然之性。古聖賢知道：唯有節制，制定禮樂來做爲衡量的準則，淩

〔註39〕見《嘉定錢大昕全集・十駕齋養新錄・卷十八・治生》（錢大昕：《嘉定錢大昕全集》，南京，江蘇古籍出版社，1997年），頁506。

〔註40〕《校禮堂文集・卷十六・好惡說上》（淩廷堪：《校禮堂文集》，北京，中華書局，2006年），頁140。

氏云：

> 〈大學〉言好惡，〈中庸〉申之以喜怒哀樂。蓋好極則生喜，又極則
> 爲樂；惡極則生怒，又極則爲哀。

「好惡」僅爲梗概，可再細分爲「喜怒哀樂」，而與上文「過則侠於情，反則失其性」合看，則可知四者皆須避去過與不及，此即爲淩氏認爲的「中庸」要旨，亦是社會禮制與人性好惡之所以產生聯繫的關鍵。性之好惡不能摒除於人性之外，故導之以「中庸」，而禮制正是「中庸」的具體展現。

然而，再回到〈大學〉論「正心」之處來看，淩廷堪似乎仍未解決在其思想脈絡下論「正心」與〈大學〉文本論「正心」的落差。〈大學〉原文中應是要勉人正其心者須朝著無忿懥、無恐懼、無好樂、無憂患的境界趨近，後「心不在焉，視而不見……」云云，僅是作爲一譬喻之用，而淩氏的詮釋卻將文本中譬喻的內容直接同「正心」連接起來云：「此言正心在於好惡不離視聽與食也。」〔註41〕對照之下，似有與〈大學〉原意不太相符的疑慮，反倒顯示出兩者的偏離。若再審視其處理「誠意」方面的論述，恐亦有相同問題，〔註42〕〈大學〉所言的「誠意」，主旨爲君子於慎獨時亦需心安自足，不可如小人之不善而無所不至，並未申論到好惡之性如何。當然，淩廷堪的意圖甚爲明顯，即是要將「情」、「欲」合理化並且表現在所有儒學的典籍中，是以會出現其有利於自我思想的詮釋取向。

無論是上文的「誠意」、「正心」抑或「修身」、「齊家」，淩氏亦是以「好惡」作歸納，〈大學〉云：「所謂齊其家在脩其身者，人之其所親愛而辟焉，之其所賤惡而辟焉，……故好之其惡、惡而之其美者，天下鮮矣。」〔註43〕原意在說明倘人若有所偏好時，對於其所好者無視其惡，反之亦然，而能達到「超然」的境界，實是非常可貴，故身不修者，家亦不齊。淩氏對於此則僅云：「此言修身齊家在好惡也。」〔註44〕與原文之旨意似乎又有落差。然而

〔註41〕 上列引文皆見《校禮堂文集·卷十六·好惡説上》（淩廷堪：《校禮堂文集》，北京，中華書局，2006 年），頁 140。

〔註42〕 《四書章句集注·大學章句》云：「誠其意者，勿自欺也。如惡惡臭，如好好色。此之謂自謙，故君子必慎其獨也。小人閒居爲不善，無所不至，見君子而後厭然，揜其不善，而著其善。人之視己，如見其肺肝然，則何益矣。此謂誠於中，形於外，故君子必慎其獨也。曾子曰：『十目所視，十手所指，其嚴乎！』富潤屋，德潤身，心廣體胖，君子必誠其意。」頁 7。

〔註43〕 《校禮堂文集·卷 16·好惡説上》，頁 140。

〔註44〕 同前注。

若因此否定凌氏的好惡說乃至於其學術思想的價值，則恐不免又失之於武斷。凌氏處理「性之好惡」的目的，在於為其禮學思想做鋪陳，因而以「好惡」來擯斥宋儒之「理」，其云：

> 《論語》：「子曰，唯仁者能好人，能惡人。」此好惡即〈大學〉之好惡也。宋儒說之曰：「蓋無私心，然後好惡當於理。」考《論語》及〈大學〉皆未嘗有「理」字，徒因釋氏以理事為法界，遂援之而成此新義。〔註45〕

《論語》中標榜的仁者能對人保持自我原則，此忠於己心的原則即是〈大學〉所言的性之好惡。宋儒則認為人擯除私欲後，所展現出來的好惡便是天理。然而「理」字並非《論語》與〈大學〉原文中所出現過的，其乃是佛教教義區分四法界之用語而被宋儒援引。

凌氏的「好惡」說是上溯至《論語》中關於論述仁者的其中一章，並據此來闡釋〈大學〉，在其處理「治國」、「平天下」之處，更可見出此一脈絡，首先，凌氏於「治國必先齊其家」處云：「『其所令反其所好而民不從』，此專言好也。」〔註46〕悖離人民之所喜好者，人民則不從，因此上位者要體恤人民的喜好；後於「平天下在治其國」處又云：「『所惡於上毋以使下，所惡於下毋以事上。』此專言惡也。」〔註47〕即行事之於對象時，必須顧慮己方與對方是否皆能接受，若有任何一方否定，則不要一意孤行。

由上列的先後引文看來，能否符合治國平天下之標準，是以民之好惡作為審視的原則，因此「民之所好好之，民之所惡惡之，此之謂民之父母。」與「好人之所惡，惡人之所好，是謂拂人之性，菑必逮夫身。」〔註48〕二者做為一對比，前者如歷朝之英主；後者則若桀紂之流，在在無非冀望為政者應秉持著「絜矩之道」，〔註49〕回歸人性自然之好惡，並依此為制禮之大原。

以上，凌廷堪舉〈大學〉論述人性的「好惡」，與戴震主張的「情」、「欲」

〔註45〕《校禮堂文集·卷16·好惡說下》，頁142。

〔註46〕《校禮堂文集·卷16·好惡說上》，頁140～141。

〔註47〕《校禮堂文集·卷16·好惡說上》，頁141。

〔註48〕引文皆同前注。

〔註49〕《四書章句集注·大學章句》云：「所惡於上，勿以使下，所惡於下，勿以事上；所惡於前，勿以先後，所惡於後，勿以從前；所惡於右，勿以交於左，所惡於左，勿以交於右；此之謂絜矩之道。」頁10。

說實是一脈相通，凌氏云：

> 人之性不外乎好惡也。愛亦好也。故正心之忿懥、恐懼、好樂、憂
> 患，齊家之親愛、賤惡、畏敬、哀矜、敖惰，皆不離乎人情也。〈大
> 學〉性字祇此一見，即好惡也。〔註50〕

自然之性不離好與惡。喜愛亦屬「好」的範疇。在論「正心」範疇時的怒、
懼、樂、憂等情緒；論「齊家」範疇的愛、惡、畏、哀、傲等情緒，均源
自於人性的自然之情。雖凌氏解釋「誠意」、「正心」時，似乎未能眞正契
合於〈大學〉文本的「誠意」、「正心」之原意，然而卻也由此顯見出以下
二項。

其一，「情」與「欲」在凌廷堪的義理思想中是被視爲不可分離的一體。
人之所以會有忿懥、好樂、親愛、賤惡等等之「情」，實是因「欲」之所趨，
「欲」即是心中的冀望、渴求，而示現於外者則爲「情」。故凌廷堪論「情」
與「欲」，乃以「好惡」予以總括。

其二，凌廷堪欲以「好惡」之說貫通〈大學〉的諸項德目，經分析後得
知，凌氏的論述脈絡仍是有與部分文本契合之處，即在於「齊家」、「治國」、
「平天下」三項。因此其視自然的「情」與「欲」爲不可或缺之下，終是會
落在側重於標舉群體價值之上，亦可說是落在經世的層面上。換言之，凌氏
主張人生而有之的「情」與「欲」的合理性存在，在論述的過程上，的確多
涉及到所謂的社會學意義。此亦是包含凌廷堪在內的揚州學派之所以會重視
「禮制」以及實踐於社群的原因之一。

由上述二項可知，凌氏將自然性之「情」與「欲」總括爲性之「好惡」，
正是著眼於人類社群之範疇，而不再僅僅關注於個人涵養之中。無論個人的
「好惡」，抑或是群體的「好惡」，皆不得過與不及，須持以「中庸」以做爲
節制之衡準但並非一律將「情」與「欲」滅絕。整體而言，凌廷堪的好惡說，
雖然有部分的論述產生偏離文本之疑慮，但在清代義理學的趨向上仍是具有
貢獻並值得肯定。

三、焦循：「欲」之內涵——仁與恕

關乎人的「情」與「欲」之分析上，焦循亦有所發揮，且其承繼戴震義
理之處亦是相當顯著。首先，由其《孟子正義》便得以窺見。焦氏亦引〈樂

〔註50〕《校禮堂文集・卷16・好惡說上》，頁141。

記〉論人之性，因感物後動而彰顯其自然本質，其云：「人欲即人情，與世相通，全是此情。」〔註51〕即知「情」與「欲」乃爲相同，且具有普遍性，是以焦循所論述的「情」與「欲」，與戴震所言的「以情絜情」乃可相互呼應。針對〈樂記〉論性的內容，焦氏引述包括李光地（1642～1718）、戴震等儒者的文字來強調性乃是自然之性，其云：「夫以其稟陰陽五行之全而謂之善，則孟子論性，已兼氣質矣。」又繼云：「有偏全、厚薄、清濁、昏明之不齊，各隨所分而行於一，各成其性也。」〔註52〕既爲具體的血氣之性，則必須以物來存養之，是以有欲求的必然性。

　　焦氏據此作闡釋，認爲人之性中，本即有「欲」存在於內，而「欲」的意義除上文的「情」可與之相等外，尚有「好惡」可進一步論述：性若未感於物，則不顯現「好惡」；一旦感於物，則「好惡」自然而生，其云：「感於物則有好惡，此欲也，即出於性。欲即好惡也。」〔註53〕即是。至此，焦氏對於「情」與「欲」的詮釋與凌廷堪一致。

　　然焦氏又進一步分析「欲」。因人之性得以秉陰陽五行之全，而不同於物之性得陰陽五行之偏，是以人之「欲」亦不同於物之「欲」。〈樂記〉的「物至知知，然後好惡形焉。」〔註54〕說明人之知因感物而得其知，「好惡」則隨之彰顯，故「知」便成爲區隔人與他物之「欲」的關鍵。焦循云：

> 知知者，人能知而又知，禽獸知聲不能知音，一知不能又知。故非
> 不知色，不知好妍而惡醜也；非不知食，不知好精惡疏也；……。
> 惟人知知，故人之欲異於禽獸之欲。〔註55〕

物至而人知知，前者之「知」爲感官之知，後者之「知」爲心之知覺，指的是能進行複雜的思考之意。其他動物有感官知覺，唯心之知覺不如人類，故能聽聲而不能辨別複雜的音色；雖能察覺顏色但不能分美醜；能飲食卻不懂佳餚與粗食之別；諸如此類，均可顯示出人類與其他動物的差異性。因此，只有人類同時具有感官之知與心之知覺，兩者結合後，是以人之「欲」亦不同於其他動物之「欲」，因人之「欲」尚有「好惡」之別，動物之「欲」僅爲基本需求。

〔註51〕《孟子正義・卷22・告子章句上》，頁738。
〔註52〕引文皆見《孟子正義・卷22・告子章句上》，頁739。
〔註53〕同前注。
〔註54〕《孟子正義・卷22・告子章具上》，頁738。
〔註55〕《孟子正義・卷22・告子章句上》，頁739。

顯然焦循將「好惡」、「欲」與心之「知」聯繫起來，其認爲「好惡」之所以稱之爲「好惡」，乃是因爲心之「知」的作用，而此一作用即是人類智能的判斷作用，舉凡所有動物中，並無任何動物具有同等於人類相當的智能判斷，而人之「欲」不同於物之「欲」，即在前者的「欲」中有智能包含其中。

焦氏論人之「欲」雖意在主張「欲」與心「知」的結合，但未曾忽略物質層面而將論述予以抽象化，其云：「飲食男女，人之大欲存焉。欲在是，性即在是。」〔註56〕以及論《孟子》的「口之於味有同耆也」時，云：「孟子此章，特於口味指出性字，可知性即在飲食男女。」〔註57〕故而舉凡生理層面的「欲」，仍被焦氏視爲人性基礎的必然存在。而且不僅「欲」如此，「性」亦如是，均必須根據具體的現象來審視，如焦循引用戴震之言，云：「氣化才質者，性之所呈也。舍才質安覩所謂性哉？」〔註58〕「才質」即是陰陽五行之氣，雖然五行的基質都是氣，但因爲屬性有異，是以萬物之性各殊。亦即「性」與「氣」有直接的相關性，有「氣」才有「性」。以上論述可證明焦氏的「情」與「欲」之觀點，乃是建立於陰陽五行的氣化之上，且其亦將人獨有的「知」導入其自然人性論中。換言之，焦氏的人性論乃是融合了戴震的「以情絜情」與「以學養智」之兩項觀點。

焦氏於自然人性論中強調「知」的不可或缺，是有其義理層面的企圖。上文已言，其所以主張人之「欲」能超越其他物種之「欲」，關鍵在於「知」，是以除了有「好惡」的判斷表現之外，人類更可明白「好惡」的是非價值與意義所在，焦氏即云：「正以所欲所不欲爲仁恕之本。」〔註59〕顯然焦氏將人「欲」提升至道德的境界，故人之「欲」與「不欲」可謂橫跨兩種層次：一是與萬物之「欲」相同的層次，即生理、自然之基本需求；二是人之「欲」中特有的層次，即體現「仁恕」之道。此二項層次，屬於第一層次的「欲」已被先於焦循的清儒們承認並解釋，而焦氏所關注的則是落在第二層的人之「欲」。

人之「所欲與所不欲」，由結果以及表象而論只是「好惡」，然其間卻是有著「仁恕」之道蘊藏於其中，即《論語》中的「己所不欲，勿施於人」、「己

〔註56〕《孟子正義·卷22·告子章句上》，頁743。
〔註57〕《孟子正義·卷22·告子章句上》，頁764。
〔註58〕《孟子正義·卷22·告子章句上》，頁761。
〔註59〕《孟子正義·卷22·告子章句上》，頁739。

欲立而立人，己欲達而達人」。〔註60〕而要使道德層次得以成立，使「仁恕」作用之所以可能，得要從「知」的途徑上建立。清儒與宋儒在義理思想上的差異之一，即在於對道德的認知上，如上文已提過的，戴震主張「德性始乎蒙昧」，焦氏則贊同其論述，是以重「知」，其云：「心之所通曰知，百體皆能覺，而心之知覺爲大。」〔註61〕心之覺爲最大，乃是心除有覺外，更具有學習的智能，故最具關鍵。何以如此？因人的道德須借重經驗與學習方可完備，故「知」必不可缺，焦氏即云：「人則能擴充其知至於神明，仁義禮智無不全也。」〔註62〕人因有「知」，能學習，得以將德性從蒙昧的狀態逐漸擴充到通曉備全，此便是人之「欲」的價值與意義。簡言之，人之「欲」的道德彰顯便是「仁恕」。簡而言之，清代新義理學亦主張性善論，但是須通過外鑠才得以成就之。

　　焦氏的「仁恕」分別從幾個詮釋中予以論述，如於《論語通釋》中，釋「一貫忠恕」、釋「異端」與釋「仁」等等即是。又，焦循引用了孔子告訴子貢的「己所不欲」云云，來揭示何謂「恕」道；而又舉孔子以同樣的內容來告訴仲弓，此爲「仁」道；最後再引《禮記·衛將軍文子》裡的一段，說明「恕則仁也。」〔註63〕如上所示，焦循連引三例，來強調「仁」與「恕」的同質與同義性。焦氏藉由子貢問「博施濟眾」爲仁否，來說明「仁」具體可行的方式，即「立人達人」、「能近取譬」。〔註64〕所謂仁者，在於能以自身言行做爲模範，而何種言行能符合？成就己身與己心，進而能推擴而達到一普遍性的程度即是。然而此一成就的推擴，並非僅僅爲單向的推擴，而是必須包含「好惡」之情，即「民之所好好之」、「民之所惡惡之」，〔註65〕換言之，便是含攝了「將心比心，以情絜情」的主體於其中。是以此一推擴較近似平面式的結構，而非金字塔式的，前者不強調尊卑位階之分。

　　因此，再回顧子貢的問題，焦循則給予否定的答案，其云：「博施濟眾

〔註60〕　《孟子正義·卷22·告子章句上》，頁738～739。

〔註61〕　《孟子正義·卷22·告子章句上》，頁740。

〔註62〕　同前注。

〔註63〕　焦循云：「孔子告子貢以『己所不欲，勿施於人』爲恕；告仲弓又以『己所不欲，勿施於人』爲仁。《記》曰：『恕則仁也』。」見《論語通釋·釋仁》，頁7下。

〔註64〕　焦循云：「子貢問博施濟眾爲仁。孔子曰：『堯舜其猶病諸。夫仁者，己欲立而立人，己欲達而達人，能近取譬，可謂仁之方也。』」同前注，頁8上。

〔註65〕　同前注。

有己之見存也。」〔註66〕意謂「博施濟眾」僅能屬於將自己的意見施諸於他人之上，乃是一單向的行爲，既是爲單向，便可能是戴震所云的「意見」而已，便可能是焦循所云的「近於異端」而已。孔子認爲「博施濟眾」是連堯、舜都難以成就之業，與其如此，不如以「立人達人」做爲解釋仁的內涵，而宋儒於義理思想上似乎仍高舉「博施濟眾」的境界，〔註67〕卻因此而忽略「立人達人」的「恕」道，在忽略「恕」道之下，自然不會顧及他人的「情」與「欲」，無怪乎戴震、焦循與揚州諸儒等人會依據後者來進行批判。

由焦循的視角而言，宋儒之主張所憑藉的是形而上的「理」，而非孔子的「恕」道，前者恃「理」而易生爭端，〔註68〕主要在於執己身之主張，意即是執一端而不能包容他者；後者的「恕」道則不然，即在於不執著於己見，焦氏云：

> 不使天下之學皆從己之學，不使天下之立達皆出於己之施，忠恕之道至此始盡，聖人之仁至此始大，一貫之指至此合內外出處而無不通，以此治己，以此教人，以此平治天下，均是仁，均是恕也。
> 〔註69〕

學術類型、方法有別，故不僅是單一途徑，而「立人達人」亦不能僅出自一人之力，唯有捨棄己見而契合、包容於他人，方是「忠恕」之道，方符合於孔子所謂的「仁」，亦才有通徹「一貫」之道的可能，無論對己抑或對他人，凡處事能如此者，即是達到儒學所揭示的義理內涵。焦循在〈一以貫之解〉

〔註66〕 《論語通釋‧釋仁》，頁8上。

〔註67〕 《論語集注‧卷三》云：「程子曰：『……夫博施者，豈非聖人之所欲？然必五十乃衣帛，七十乃食肉。聖人之心，非不欲少者亦衣帛食肉，顧其養有所不贍爾。此病其失之不博也。濟眾者，豈非聖人之所欲，然治不過九州。聖人非不欲四海之外亦兼濟也，顧其治有所不及爾。此病濟之不眾也。推此以求修己以安百姓，則爲病可知。苟以吾治已足，則便不是聖人。』呂氏曰：『子貢有志於仁，徒事高遠，未知其方。孔子教以於己取之，庶近而可入。是乃爲仁之方，雖博施濟眾，亦由此進。』」頁92。

〔註68〕 焦循〈攻乎異端解上〉云：「程朱之學者，指陸氏爲異端，而王陽明之途，又指程朱爲異端。……各持一理，此以爲異己也而擊之，彼亦以爲異己也而擊之。」見《雕菰集》，頁134。又，〈理說〉云：「明人呂坤有《語錄》一書，論理云：『天地間惟理與勢最尊，理又尊之尊也，廟堂之上言理則天子不得以勢相奪，即相奪，而理常申於天下萬世。』此眞邪說也。」見《雕菰集》，頁151。

〔註69〕 《論語通釋‧釋仁》，頁8下。

中有詳細的論述，其認爲人與物皆有所不齊，既有不齊，則不得以己之性情一概而論天下人物之性情，同樣的道理，亦不得以己之所學、己之所能，來對待他人，尚必須考慮人人各有所欲的問題。聖人之所以能稱之爲聖，在於「盡其性以盡人物之性」，〔註70〕如教人爲學能因材施教以成就個別人之性，便是彰顯「恕」道，彰顯「一貫」之道。

　　倘若凡事只出自於己，依焦氏所云：「則不與人同，而與人異。……執一也，非一以貫之也。」〔註71〕即不通於他人之見而持守己見者，非但不能一以貫之，亦不能臻至「盡性」，〔註72〕因此，欲達到所謂的「絜矩」或「集義」，便是「克己」的功夫。〔註73〕關於「克己」，焦氏云：「在善與人同，由一己之性情推極萬物之性情，而各極其用此一貫之道。」〔註74〕其所言者，仍在於講求「情」的調和推擴之效。然而須注意者，關於「同」的論述，焦循於另一條釋「君子和而不同」時則云：

　　　人各一性，不可彊人以同於己，不可以彊己以同於人。有所同，必
　　　有所不同。此同也而實異也，故君子不同也。〔註75〕

君子不求同，乃因性本即有所不齊，是以不強迫她人要與己一致，亦不強迫自己得一致於他人。此言似與「善與人同」矛盾？蓋焦循所云「和而不同」實際乃是言「調和」之意，而此「調和」即是「善與人同」之「同」。而「和而不同」之「同」爲齊一之意。焦氏引《周易‧同人卦》「天與火，同人」云：「君子以通天下之志。」〔註76〕便是說明「善與人同」的「同」，乃爲君子知不齊之故而謂與天下調和。又「君子以類族辨物」，下云：

　　　曰辨物，則非一物。曰通天下之志，則不一志，不一志，不一物，
　　　而通之，而辨之，如是而爲同人。斯君子所以不同也，惟不同而後
　　　能善與人同。〔註77〕

《易》的〈同人〉卦解釋因各人之志不齊，物之類不同，是以必須調和，必須明辨。倘若人之志統一而無二，物之類亦齊一而無分，則是「同則不繼」，

〔註70〕　《雕菰集‧卷9‧一以貫之解》，頁133。

〔註71〕　同前注。

〔註72〕　焦循云：「盡性者，一貫之效。」見《論語通釋‧一貫忠恕》，頁4上。

〔註73〕　焦循云：「〈大學〉謂之絜矩，孟子謂之集義，其功在克己復禮。」同前注。

〔註74〕　同前注。

〔註75〕　《論語通釋‧釋仁》，頁6上。

〔註76〕　《論語通釋‧釋異端》，頁6上。

〔註77〕　同前注。

〔註78〕便無以創生，無法進一步發展。君子因通曉人之天性皆有所區別，故而不會強迫人人必須齊一，只言調和。簡言之，因深諳天下之人各有所區別，故善於調和萬物的區別性以降低矛盾。以上可謂由外在層次而言。

反之，強迫齊一之「同」者，即爲無法「克己」之人，僅會依據自己之性情（欲）而造成一種強制性，如此忽略性情（欲）上的差異，便會形成無限制的擴充「己」，一旦有如此結果，則顯示心中已無容納他人的空間，業已失去貫通的途徑，如何能再言「絜矩」？如何實踐「仁恕」之道？只剩「執一」，終淪爲「異端」而已，因此必須藉由人之內心（知）予以節制，方可避免不近人情的心態產生。焦氏云：

> 因己之克，知人之克；因己之伐，知人之伐；因己之怨與欲，知人之怨與欲。克伐怨欲，情之私也。因己之情，知人之情，因而通天下之情，不忍人之心由是而達。〔註79〕

「克、伐、怨、欲」意謂著「好強」、「爭功」、「仇恨」與「貪婪」皆屬「情」與「欲」之私，若能知道以同理心貫通彼此情私的部分，則無論彼抑或此，皆能有所節制，以情絜情的恕道便得以彰顯。引文中的「欲」，並非指正常狀態下的人性之「欲」，乃是縱欲無所節制的狀態。「克」字亦然，與「克己」之「克」有別，焦氏於〈釋異端〉中亦云：「克己則無我，無我則有能容天下之量，有容天下之量則仁矣。」〔註80〕「克己」即爲節制，引申爲中庸、一貫的意涵，與朱熹所注的「克己」在層次上有別。〔註81〕焦循的這段文字中，「我」一詞爲負面之意，代表缺乏「通」，是以有「我」的存在，即是持「己見」，既持「己見」乃不容下他人，則亦缺乏了「絜矩」之情，是以焦氏強調「執一而賊道，執一即爲異端」。〔註82〕宋儒的「克己」論，在摒除人性中的「欲」之下求天理，又該如何去實踐「恕」、實踐「一貫」之道？所謂的「恕」只會形成蹈空之談而已。

〔註78〕《國語韋氏解・鄭語》（韋昭：《國語韋氏解》，臺北，世界書局，1975 年），頁 371。

〔註79〕《論語通釋・釋仁》，頁 9 上。

〔註80〕《論語通釋・釋異端》，頁 5 下～6 上。

〔註81〕朱熹云：「克，勝也。己，謂身之私欲也。復，反也。禮者，天理之節文也。爲仁者，所以全其心之德也。蓋心之全德，莫非天理，而亦不能不壞於人欲。故爲仁者必有以勝私欲而復於禮，則事皆天理，而本心之德復全於我矣。」見《論語集注・卷六・顏淵第十二》，頁 131。

〔註82〕《論語通釋・釋異端》，頁 4 下。

　　由焦循論人性之「情」與「欲」、進而推導出其可達到「仁恕」內涵的過程，可知其建構此一途徑的用心，不僅深化了戴震的「以情絜情」架構，亦消弭了理學的「存天理滅人欲」之說。

四、阮元：欲生於情，在性之內

　　關於「性」之義涵，阮元嘗撰寫〈性命古訓〉一篇，企圖藉由經典古籍《尚書》、《詩》、《易》、《論語》、《禮記》與《孟子》等的互為論證，來凸顯出其論述的旨要。

　　阮元所關注的核心在於「性」與「命」二者之間的關係。根據《孟子・盡心下》云：「口之於味也，目之於色也，耳之於聲也，四肢之於安佚也，性也。」〔註83〕即口、目、耳、四肢等感官與好逸惡勞的欲望，乃屬於人天性之中所本有，孟子亦承認此「欲」於人性中的存在，然而孟子又云：「有命焉，君子不謂性也。」〔註84〕亦即：雖感官等等的欲望存於「性」之中，但是否能求得如願，則與「命祿」有關，君子明白此一關連，故而不將感官欲望視為彰顯人性的首要。既然如此，則人性的另一部分為何？《孟子》解釋道：

> 仁之於父子也，義之於君臣也，禮之於賓主也，智之於賢者也，聖
> 人之於天道也，命也。有性焉，君子不謂命也。〔註85〕

仁義禮智等德性能夠被彰顯與否的問題，雖說不免會涉及「命祿」，但仁與義卻屬人的天性之中本即存有的因子，而且可藉由修習而得以成就它，是以君子不會僅將它置於「命祿」之中看待。也因此可知仁義禮智之德性，正是足以彰顯人之性的首要。換言之，孟子所言的人性即是由「欲」與「仁」（包含義、禮、智共四端）所匯聚而成的。

　　基本上阮元依循《孟子》的文本，而將人性範疇區分為「自然性」（即「性」）與「命」而加以論述。首先，阮氏推崇漢趙岐（108～201）的《孟子》注，尤其以〈盡心下〉此一章，〔註86〕其嘗云：「趙氏注，亦甚質實周密，毫

〔註83〕　《孟子集注・卷十四・盡心下》，頁369。
〔註84〕　同前注。
〔註85〕　同前注。
〔註86〕　阮元云：「趙岐注曰：『口之甘美味，目之好美色，耳之樂音聲，鼻之喜芬香。
　　　　　四體謂之四肢，四肢懶倦則思安逸不勞苦。此皆人性之所欲也。得居此樂者，
　　　　　有命祿，人不能皆如願也。凡人責任情從欲而求可樂。君子之道則以仁義為

無虛障。」〔註 87〕正是因爲趙岐將「欲」置於「性」中，且強調其具有個人難掌握的、消極的「命祿」觀。另一方面，卻又積極論述「仁義」能不受「命祿」的擺佈，相對而言，對於「人性」的重要性乃可得證。

然而，對於「性」與「命」，阮元卻云：「性與命相互而爲文。」〔註 88〕亦即在阮元的思想中，「性」與「命」有其不可分割的關係，其關係可由以下幾點分析：先就「性」的部分言，阮元的觀點與清儒前賢、凌廷堪、焦循等人趨於一致，其云：

> 性字從心，即血氣心知也，有血氣，無心知，非性也。有心知，無血氣，非性也。〔註 89〕

「性」爲「血氣」與「心知」二者所組成，缺其一者則不構成完整的「性」，故而又可由此分爲兩層次論。所謂「血氣」者，乃「有形有質」的實體，〔註 90〕即《孟子》所云的「口目耳四肢」，如此則與「欲」相關，阮元云：「欲生於情，在性之內，不能言性內無欲。」〔註 91〕顯然其認爲「欲」由「情」衍生出來，「情」包含於「性」中，不能獨立出來而與「性」相對，即「情括於性，非別有一事與性相分而爲對。」〔註 92〕換言之，「情」就是「性」之內在，做爲「性」之一，是以不可能將「情」屏除在「性」之外。

而「情」的內涵除了「欲」，細分之下則還有其他六項，阮元云：「何謂人情？喜、怒、哀、樂、愛、惡、欲，七者，弗學而能。」〔註 93〕而此「七情」從廣義言之，實皆爲「欲」，對照凌廷堪論「自然人性」的部分，凌氏以「好惡」來統稱，阮元則言「七情」，實際上兩者內容並無太大的差異。阮元

先，禮節爲制，不以性欲而苟求之也，故君子不謂性也。仁者得以恩愛施於父子，義者得以理義施於君臣，好禮者得以禮敬施於賓主，知者得以明智知賢達善，聖人得以天道王於天下。此皆命祿遭遇，乃得居而行之，不遇者不得施行，然亦才性有之，故可用也。凡人則歸之命祿，任天而已，不復治性。以君子之道，則修仁行義，修禮學知，庶幾聖人，亹亹不倦，不但坐而聽命，故曰君子不謂命也。』見《揅經室一集‧卷十‧性命古訓》（阮元：《揅經室集》，臺北，世界書局，1964 年），頁 191～192。

〔註 87〕《揅經室一集‧卷十‧性命古訓》，頁 192。
〔註 88〕同前注。
〔註 89〕《揅經室一集‧卷十‧性命古訓》，頁 196。
〔註 90〕《揅經室一集‧卷十‧性命古訓》，頁 204。
〔註 91〕《揅經室一集‧卷十‧性命古訓》，頁 206。
〔註 92〕《揅經室一集‧卷十‧性命古訓》，頁 199。
〔註 93〕《揅經室一集‧卷十‧性命古訓》，頁 205。

特別點出「七情」中的「惡」，其意涵爲「好惡」之「惡」，其云：「飲食男女，人之大欲存焉；死亡貧苦，人之大惡存焉。故欲惡者，心之大端也。」〔註94〕「飲食男女」等生理的欲求乃是人人之所需，而「死亡貧苦」又是人人所嫌惡之事物，而此嫌惡實萌發於自然之情。可見阮元企圖將上述的「惡」與性之「善惡」的「惡」做一區隔。據此，亦可見阮元的義理思想中，是不認同一味將「性惡」之源歸諸於「欲」的存在的這一觀點，如其云：「欲不是善惡之惡，天既生人以血氣心知，則不能無欲。」〔註95〕其所強調者即「欲」之於人性的合理存在事實。

對於韓愈（768～824）〈原性篇〉中承繼漢董仲舒（前179～前104）所主張的「性三品」論，〔註96〕阮元予以反駁，其以《論語》「爲上智與下愚不移。」〔註97〕爲立論點，云：「而才性必有智愚之別，然愚也，非惡也，智者善，愚者亦善也。」〔註98〕將孔子所云的「智愚」詮釋爲「才性」而非「德性」，即「才性」高低與否皆具不害善人性之善的論述。阮元舉《尚書・召誥》之語來印證韓愈誤解「智愚」說的意涵，其云：

> 《尚書・召誥》曰：「今天命其哲。」此言甚顯。哲與愚相對，哲即
> 智也。有吉必有凶，有智必有愚。周公曰：「既命哲」者，言所命非
> 愚，然則愚亦命之所有，下愚亦命之所有。〔註99〕

「哲」乃爲「智」之意，「智愚」相對，如同「吉凶」相對。雖然〈召誥〉中強調「智」爲天生，然與「智」相對的「愚」亦屬於天生存有，如同有吉則必有凶。阮元藉由古籍與辨證式邏輯來論述人之「性」必定中有「情」有「欲」，有「智」必有「愚」，然而均無損人之性善的本質。

又，韓愈舉叔魚（前580～前531）、楊食我（？～前514）等人爲否定人性本善之例，〔註100〕阮元則將其諸人歸之於「下愚」之列，其云：「以子（叔）

〔註94〕《揅經室一集・卷十・性命古訓》，頁205。
〔註95〕《揅經室一集・卷十・性命古訓》，頁206。
〔註96〕韓愈云：「性之品有上中下三：上焉者，善焉而已矣；中焉者，可導而上下也；下焉者，惡焉而已矣。」（韓愈：《朱文公校昌黎先生集》，上海，上海商務印書館，1929年），頁97。
〔註97〕《論語集注・卷九・陽貨第十七》，頁176。
〔註98〕《揅經室一集・卷十・性命古訓》，頁203。
〔註99〕同前注。
〔註100〕韓愈云：「叔魚之生也，其母視之，知其必以賄死；楊食我之生也，叔向之母聞其號也，知必滅其宗；……人之性果善乎？」見《朱文公校昌黎先生集・

魚楊食我等爲性惡也,然此正是孔子所謂不移之下愚也,非惡也。」〔註101〕即上述者乃屬才性昏瞶之徒,並非「性」中有惡之故。阮元認爲假如「性三品」說得以成立,則「蒸民之詩,物則秉彝之古訓,不足式矣。」〔註102〕所謂五經皆不成垂訓之典範了。是以阮元主張人性之善爲人人皆具有,而善惡的出現,則在於後天的「習」所導致,其云:「子魚楊食我等,天命下愚,而更習惡也。」〔註103〕如子魚、楊食我雖爲天生「下愚」者,然而後天的環境才是導致其諸人爲「惡」之關鍵主因。此亦是呼應《論語》「性相近,習相遠」的「習相遠」之語,〔註104〕也因此阮元將此二章合爲一句,〔註105〕實際上,阮元詮釋《論語》的這一部分與程朱的觀點有一致之處,即皆主張兩章應併作一章看,〔註106〕唯程朱仍主張「性即是理」說,〔註107〕未若阮元關注於「命」與「智愚」等關係。

　　前文已言,阮元關注「命」的部分,如其引《尚書・召誥》云:

　　　　按〈召誥〉所謂命,即天命也。若子初生即祿命福極也。哲與愚,

　　　　吉與凶,歷年長短,皆命也。〔註108〕

「命」即是自然所賦予,是爲「天命」。人之所以爲智爲愚、遭凶逢吉、壽命之長短等等,皆可謂是與「命祿」相關。換言之,涉及「命」者,乃是人無法確切自給與掌握的部分,除引文所述之外,更包含「欲」能否滿足的層面,此亦可歸入「命」的範疇之中。既而如此,阮元爲何要關注於「命」?並且將「命」與「性」合而爲一來論述?如其引《春秋左傳》中的「劉子曰:吾聞之民受天地之中以生,所謂命也。」阮元對此云:「按此中,乃陰陽剛柔之

卷十一・原性》,頁 97。

〔註101〕《揅經室一集・卷十・性命古訓》,頁 203。

〔註102〕同前注。

〔註103〕《揅經室一集・卷十・性命古訓》,頁 204。

〔註104〕《論語集注・卷九・陽貨第十七》,頁 176。

〔註105〕阮元云:「《論語》子曰:『性相近也,習相遠也。』子曰:『唯上智與下愚不移。』」見《揅經室一集・卷十・性命古訓》,頁 203。

〔註106〕「唯上智與下愚不移」章中,朱熹云:「此與上章(即「性相近也,習相遠也」章)當合爲一,『子曰』二字,蓋衍文耳。」見《論語集注・卷九・陽貨第十七》,頁 176。

〔註107〕「性相近也,習相遠也」章中,朱熹引程子曰:「此言氣質之性,非言性之本也,若言其本,則性即是理,理無不善,孟子之言『性善』是也。何相近之有哉?」同前注。

〔註108〕《揅經室一集・卷十・性命古訓》,頁 191。

中，即性也，即所謂命也。」〔註109〕又引《論語》的「性與天道不可得而聞」阮元則云：

> 按《史記・世家》作夫子之言天道與性命不可得而聞。……此乃太
> 史公傳眞孔安國之學以說《論語》，加一命字，更顯明也，此性字連
> 命之爲言，更見性命及關乎天道。

《史記》將「命」置於「性」後，便更突顯出「性」與「命」之間的密切性，且其更與「天道」有關。阮元之所以關注「命」，原來除有自然、命定之義外，尚有「天道」的義理意涵，既然「命」與「性」如此密切又涉及到義理層次，則吾人可由其論「性」的另一範疇——「心知」——來檢視。

前文提過，「心知」的內涵爲「仁義」，亦屬「性」範疇之內，更是阮元堅持性善說之基礎。其主張的「仁義」予以細分後，則有所謂的「十義」，對照前文論「情欲」中有「七情」，而「仁義」中亦有「十義」，意即阮元認爲，完整的人「性」中應包括「七情十義」，而關於「十義」爲何？其云：

> 何謂人義？父慈、子孝、兄良、弟弟、夫義、婦聽、長惠、幼順、
> 君仁、臣忠，十者謂之人義。〔註110〕

此十類身分與行爲乃是依據五倫關係而各有所應當展現之道，故謂之「人義」。換言之，即個人因其在社群中必然存在的關係，而應當展現出的適切之言行。又，因個人無法全然自我決定其在社群中的身分，如此則亦涉及到「命祿」的範疇，即阮元所云：「所謂十義，即包在孟子所說『命』也之中。」〔註111〕因此「性」中的「心知」部分，不僅需關注「仁義」外，亦不可不論「命」。由此可知，阮元看待「心知」之「性」時，著重於群體關係。若再回顧前文，阮元論「血氣」之「性」時，亦不割捨「命祿」影響的可能性。「性」的兩個部分皆有「命祿」，此亦即阮元視「性」與「命」二者不可脫鉤的原因之一。

雖「性」中的「情欲」與「仁義」（即「七情」與「十義」）皆由「天命」之所授，實際上卻是兩股互爲拉扯的力量。也因此，宋明理學家會直截捨棄「情欲」而專論「仁義」的部分，並用以成就「性」。然而此卻不是阮元所能認同的，〔註112〕上文提過，阮元認爲唯「血氣」與「心知」合併才是完整，

〔註109〕以上皆見《揅經室一集・卷十・性命古訓》，頁196。
〔註110〕《揅經室一集・卷十・性命古訓》，頁205。
〔註111〕《揅經室一集・卷十・性命古訓》，頁206。
〔註112〕阮元云：「若以性本光明，受情之昏，必去情而始復性，此李習之（翱，774

因此要處理似互爲衝突的兩個部分，便是其必須面對的課題。阮元即舉「節性」以對，而「節性」一詞，來自於《尚書·召誥》的「君子祈命以節性」一句。〔註113〕阮元云：「惟其味色聲臭安佚爲性，所以性必須節，不節則性中之情欲縱矣。」〔註114〕由此可知，所謂的「節」乃主要針對「情欲」的部分。又「節」有「制」之意，是以阮元繼而提出「禮」，藉由「禮」的特性來成就「性」。阮元云：「七情乃盡人所有，但須治以禮而已，即〈召誥〉所謂節性也。」〔註115〕又云：「聖人之所以治人七情修十義，講信修睦，尚辭讓，去爭奪，舍禮何以治之？」〔註116〕因「禮」的特性在於能去除爭亂，而爭亂之源多與縱肆「情欲」無所節制有關。「節性」之說雖主在治「情欲」，然而阮元尚提及「修十義」，即「節性」或「禮」的另一層面上乃與「仁義」相涉。換言之，「節性」的積極性，在於節制「情欲」之「性」，另一方面卻也是積極彰顯「仁義」之「性」，是以「節性」的內涵，正於此一來一往之中顯露。

因「節性」爲治「情欲」與修「仁義」之雙線，且阮元著重於社群體現，爲此其特重「威儀」，且於〈性命古訓〉中又另撰〈威儀說〉以申論之。阮元根據《詩·大雅》「抑抑威儀，維德之隅」云云，以闡釋如何將「性命」與「威儀」做連繫，其云：

> 威儀乃爲性命所關，乃包言行在內，言行即德之所以修也。……德在內而威儀在外。故鄭氏箋云：「賢者道行心平，可外占而知內，如宮室之制，內有繩直，則外有廉隅。」……是以威儀如宮室之隅包於外，德命在於內，言行亦即在威儀之內。〔註117〕

因「威儀」可藉言行得以彰顯，而言行的內容又與「仁義」修養以及「情欲」節制有關，「仁義」又連繫上「性命」，是以「威儀」藉由這些關係而與「性命」相關。「威儀」乃是「節性」之「德」的外在，有如宮室先有繩墨之直，才有外觀之棱角。簡言之，「威儀」爲「節性」的外在表現。是以「威儀」並非僅是上位者抑或統治者的專屬之詞，「性命」乃人人盡有之，人人得以「節

　　　　～836）惑於釋老之說也。」見《揅經室一集·卷十·性命古訓》，頁204。
〔註113〕　《揅經室一集·卷十·性命古訓》，頁191。
〔註114〕　《揅經室一集·卷十·性命古訓》，頁192。
〔註115〕　《揅經室一集·卷十·性命古訓》，頁204。
〔註116〕　《揅經室一集·卷十·性命古訓》，頁205。
〔註117〕　《揅經室一集·卷十·性命古訓》，頁195～196。

性」，任何身分之人皆有其「威儀」之展現，阮元嘗云：「有威而可畏謂之威，有儀而可象謂之儀。」〔註118〕其意乃是樹立一不可任意輕狎且足以做爲式範的形象，此亦可謂爲「禮」，既是「禮」則自然可貫通五倫，以使各種身分各有其分，如阮元所云：「君臣上下，父子兄弟，內外大小，皆有威儀也。」〔註119〕即是。

又，上述「威儀」雖涉及「可畏」之語，卻不能以森嚴足令人畏懼來理解，應當以敬服之意來看待之，阮元以君子（上位者）爲例，云：

> 君子在位可畏，施舍可愛，進退可度，周旋可則，容止可觀，作事可法，德行可象，聲氣可樂，動作有文，言語有章，以臨其下，謂之有威儀也。〔註120〕

君子之所以令人敬服，在於其彰顯仁愛，進退有節，應對有法度，且儀容舉止、行事、品德、言語等皆可爲臣民之典範，皆可符合領導之位。阮元藉闡釋上位者的「威儀」所言「可畏」之云云，實則在在與「禮」相契合。而做爲一普遍性而言，人的「言行」乃是最能體現出「威儀」之貌，爲此阮元對於「言行」亦有一番解釋，其云：

> 威儀者，言行所自出，故曰愼爾出話，無不柔嘉。淑愼爾止，不愆于儀。此謂之謹愼言行，柔嘉容色之人，即力威儀也。〔註121〕

由人之「言行」中可見其「威儀」。《詩・大雅・蕩之什》中即有：「發言謹愼，無不安寧。舉止謹愼，切莫失儀。」如此展現出溫和的神態者即是。由此更可證明，「威儀」之於「節性」，「節性」之於修「仁義」、治「情欲」，乃是一貫的溫和之「德」，即是前文所云「講信修睦，尚辭讓，去爭奪」之「禮」的內涵。

前文雖然已提及「威儀」與「性命」之間的聯繫，然而仍需進一步分析兩者之間的關係，尤其是與「命」的關係，涉及了阮元的「性命」互攝思想。

阮元云：「以禮義爲威儀，威儀所以定命。」〔註122〕上文已論述過「威儀」之內涵即是「禮」，然何以「威儀」能「定命」？首先，其釋「定命」云：

〔註118〕《揅經室一集・卷十・性命古訓》，頁197。
〔註119〕同前注。
〔註120〕同前注。
〔註121〕《揅經室一集・卷十・性命古訓》，頁198。
〔註122〕《揅經室一集・倦十・性命古訓》，頁196。

「定如《詩》:『天保定爾,亦孔之固』之定。」〔註123〕《詩・小雅・天保》中之「定」是爲「安定」意,因此「定命」即是「安定性命」之謂。其又云:

> 勤於禮樂威儀,以就彌性之福祿不能者。惰於禮樂威儀,以取棄命之禍亂,是以周以前聖經古訓皆言勤威儀以保定性命。〔註124〕

天命所賦予的「福祿」泰半不能令人如願,然而掌握由「節性」(修「仁義」、治「情欲」)而外顯的「威儀」(禮樂),卻是人人皆可致力而達成的。若不勤於「威儀」(禮樂),則恐陷於禍亂。是以致力於「威儀」乃可保「性命」。換言之,阮元認爲,勤於「威儀」者,一方面可以彌補「福祿」的不足之處,另一方面可保「性」。雖然阮元在此處並無說明「性」的內容,然由其論述中可推知,阮元所謂的保「性」,應是側重於「仁義」之「性」。而所謂的「福祿」主要爲生命層次之順善,並非是物質層次的富貴。

於〈威儀說〉一文中,阮元更明確的主張「威儀」足以「保定性命」此一思想,其云:

> 力於威儀者,可祈天命之福。故威儀抑抑,爲四方之綱者,受福無疆也。威儀反反者,降福簡簡,福祿來反也,此能者能養以之福也。反是則威儀不類者,人之云亡矣。威儀卒迷者,喪亂蔑資矣,且定命即所以保性。〔註125〕

勤於「威儀」者,乃可望求得「福祿」。如《詩・小雅・賓之初筵》等詩即中有「擁有謙和美好之言行」,此即爲天下人之準繩,順善之生命自然降臨。反之,則如《詩・大雅・瞻卬》諸篇等,諷刺賢者奔亡,人民遭亂而滅財等惡事。是以「保定性命」與勤於「威儀」,在此一脈絡上確實有其因果關係,也因此阮元繼云:「凡此威儀爲德之隅,性命所以各正也。」〔註126〕意即因爲「威儀」的彰顯,除可以檢視其德外,又可令「性」與「命」兩者得以恰到好處,取其中庸。

分析「威儀」與「性命」兩者的關係後,可知前者可使後者各得其正,此有兩項衍生義,其一爲「知命」與「盡性」,阮元引《周易》云:「天正性命與人,人必正性命以事天,乃所謂知命,乃所謂盡性。」〔註127〕人能令己

〔註123〕 《揅經室一集・卷十・性命古訓》,頁196。
〔註124〕 同前注。
〔註125〕 《揅經室一集・卷十・性命古訓》,頁198。
〔註126〕 《揅經室一集・卷十・性命古訓》,頁199。
〔註127〕 《揅經室一集・卷十・性命古訓》,頁210。

之「性」與「命」取得平衡，此是為「知命」與「盡性」兼顧。雖上文論述彰顯「威儀」時，亦強調「福祿」，亦即「盡性」與「知命」於理論上應屬相輔相成，如武王、周公得以施仁義而流芳百世，可謂是「命也，亦性也」，〔註128〕但在某些時候，甚至是多數的情況下，非「性」與「命」得以相輔相成者，但仍可視之為「知命」與「盡性」之列，阮元以舜為瞽叟之子、邾文公（春秋時邾國國君，生卒年不詳）為民而卒，比干諫死，伯夷、叔齊餓死，孔子、孟子不遇賢君，顏回（前521～481）短命等人事為例，說明諸人「亦正命也，皆盡道者也」。〔註129〕可知「知命」乃是明白「命」不能盡操之在我；「盡性」則為盡己所能盡之仁義。如上述邾文公等人的言行即是。因此，能「盡性」者必是「知命」者，而「知命」即能「正命」。「性命互為文」之奠基即在於此。

　　再者，是為「天道」。由「心知」線索下的「仁義」之「性」，到阮元所側重的「節性」，再到依其外顯的「威儀」或「禮」，所體現的乃是「盡性知命」的生命情操，亦是「性命互攝」的通貫高度，此即為「天道」，即為義理層次的「道」。阮元云：「此天道即孟子所說聖人之於天道之天道也，即孔子五十所知之天命也。」〔註130〕尋常之人在面對「性」與「命」時，多半會趨向於「任情從欲之樂」而以為「任天而已，不復治性」乃是「性」之真，〔註131〕然而儒者卻不以為是，如孟子言「有命焉，君子不謂性；有性焉，君子不謂命。」即是體悟「性」與「命」實則兩者互攝，雖據「天」而有「天道」、「天命」之云云，然而實際上卻是以人之己力「修仁行義，修禮學智」，〔註132〕絕非任天聽命而已，此即〈中庸〉的「率性之謂道」之義理，亦是發

〔註128〕《揅經室一集‧卷十‧性命古訓》，頁212。

〔註129〕阮元云：「保定福祿，固正命也，然邾子利民而卒，亦知正命也，比干諫而死，伯夷叔齊餓而死，亦正命也。顏子短命，曾子啟手足，亦正命也，皆盡道也。」見《揅經室一集‧卷十‧性命古訓》，頁210。又云：「若以舜為瞽叟之子，比干為紂之臣，此處變不得以仁義為施者也，亦命也，然有性焉，仁義存乎性。舜必以底豫而修仁，比干必以諫死而行義。舜與比干，不諉父頑君虐於命也，禮敬施於賓主。如孔孟適各國終無所遇，聖人得天道王天下。如武王滅商有天下，孔子不得為東周，衰不夢周公。此各正其道以盡性也。窮理盡性以至於命，正者正命，即變者亦正命也。」見《揅經室一集‧卷十‧性命古訓》，頁212。

〔註130〕《揅經室一集‧卷十‧性命古訓》，頁202。

〔註131〕《揅經室一集‧卷十‧性命古訓》，頁211。

〔註132〕同前注。

揚「性」之「好仁自然也」的天性。〔註133〕換言之,「性」中原本具有的善端得以被發揚,欲望亦得以被節制,既不失卻自然之本性,又飽含深刻的義理性,是以「天道」稱之。

阮元依據《孟子·盡心下》篇的「君子論性命」說,企圖將原本代表「血氣」的「情欲」與代表「心知」的「仁義」兩種不同層次的「性」做一綰合,以論證其所謂「性命互爲文」的義理思想。吾人由其脈絡審視,可知其論述人性乃是直承了先秦孔孟的義理思想,而且更兼顧了重實際與經驗的層面,故其云:

> 商周人言性命,多在事,在事故實,而易於率循。晉唐人言性命,
> 多在心,在心故虛,而易於傅會。〔註134〕

「性命」的內涵是由日常之事物中經由實踐所體會而得來的,並非晉唐之人所謂在玄虛高妙之處而得之的,阮元認爲後者未經過實際事物的驗證,容易流於穿鑿附會,偏離現實。此直承先秦而彰顯重實斥虛的觀念,一方面是阮元由儒學經典中所考證出的結論,另一方面亦是與明末清初以來,儒學在義理思想上重視經驗實事的趨勢有極其密切之關係。

第二節　揚州三儒的崇禮思想

禮學是清儒所關懷的一項課題,而揚州諸儒在此領域的推展上有一定的成果,尤其是凌廷堪努力推動禮學的成績,在清代學術之中頗具代表性。由諸多研究成果中,吾人可大致歸納出關於清代禮學成果的二條路徑:一是官方的推動;其二是在回歸經學的考證基礎上,儒者們對於「三禮」學的重視。

一、清代禮學發展梗概

禮學並非是清儒所創發的經學新領域,然而清儒卻是再度開啓「經禮」研究的中堅者,尤其是「三禮」(《禮記》、《儀禮》、《周禮》),實則「三禮」乃是由漢儒鄭玄最先提出。在宋代理學興盛後,知識分子的焦點逐漸由文獻的經學範疇轉往抽象的道德形上學來論述,而在禮學的部分,屬於「家禮」

〔註133〕《揅經室一集·卷十·性命古訓》,頁210。
〔註134〕《揅經室一集·卷十·性命古訓》,頁212。

體系的「四禮」受重視的程度亦較經學中的「三禮」尤高，〔註135〕特別是明代，代表冠、婚、喪、祭的「四禮」是明代禮學的特色，〔註136〕因此以考證注疏為主的「三禮學」就得要待樸學逐漸受到儒者青睞後才算復起。

　　此是禮學在明代至清初發展的趨勢：從「四禮」到「三禮」，後者屬國家典制之禮；前者則為風俗規範之禮，兩者於禮學的層次上並不相同，「四禮」於清代則被歸至「雜禮」內，此亦意謂當時儒者們對於禮制的觀點轉變到以回歸經典為主軸，之所以會如此，與以古正今的觀點密切相關，以官方立場為例，於《清通禮》中記載乾隆元年時所頒布的上諭：

> 閭閻車服，宮室飲食，嫁娶喪祭之紀，皆未嘗辨其等威，議其度數，是以爭為侈恣，而耗敗亦由之，將以化民成俗，其道無由。前代儒者雖有《書儀》、《家禮》等書，而儀節繁委，時異制殊，士大夫或可遵循，而難施於黎庶。〔註137〕

顯然明代雖是重視家禮系統，但對於民間日常生活的一切禮節事宜，卻未能真正有一合宜的規範與施行準則，以至於爭議性有之。由引文可知，清儒們以及乾隆本人在內，皆了解明代雖然亦重視禮，以家禮為主流，但卻苦於遭遇到施行的困難，恐怕是除在儀節繁瑣不明以及各地域之風俗有異外，尚有更根本性的問題，其中之一的原因，可能就是對記錄「禮制」的本源──《儀禮》的不熟悉以及未加詳細考辨，〔註138〕導致施行時窒礙難行，即便明代有丘濬（1418～1495）的《家禮儀節》以及黃佐（1490～1566）的《泰泉鄉禮》，此二部改編自《家禮》的禮書，已屬能切合於實用，但仍不掩明代家禮系統的爭議性問題。

　　是以「禮」此一領域需要重新整理其文獻與典籍，才能處理諸多爭議性

〔註135〕《文中子中說・卷十・關朗》云：「正家以四禮，冠婚喪祭。」（王通（584～617）：《文中子中說》，臺北，世界書局，2009年），頁4下。

〔註136〕參見小島毅著、張文朝譯：〈明代禮學的特點〉（林慶彰、蔣秋華：《明代經學國際研討會論文集》，臺北，中央研究院中國文哲研究所，2002年），頁393～409。

〔註137〕《欽定大清通禮・上諭》（來保、李玉鳴等奉敕撰：《景印文淵閣四庫全書・政書類・欽定大清通禮》655，臺北，臺灣商務印書館，1983～1986年），頁655～2。

〔註138〕由小島毅的文字看來，明代可作為禮學代表之一的丘濬（1421～1495），其所著的《家禮儀節》是注朱熹的《家禮》。而《家禮》的取範又來自於《儀禮》。如此推測，則筆者以為明代禮學家對於《家禮》的熟悉程度要高於《儀禮》，頁401～404。

的問題。既然明代儒者所關注的「家禮」無法有效處理禮儀的實踐問題,清儒們自然要回到其源頭——《儀禮》上來解決,儒者間如此,官方亦復如是。首先,審視官方的層面,乾隆十三年欽定《御製三禮義疏》,可視作爲重新整理禮學的官方政策,乾隆云:

> 朕思《五經》乃政教之原,而《禮經》更切於人倫日用,傳所謂經緯萬端、規矩無所不貫也。〔註139〕

《五經》的作用在於序政與教民,而《禮經》之於人倫與生活更是息息相關,凡群體的食衣住行、應對進退等事,皆有「禮」條貫於其中。乾隆此論即是欲開館纂修《禮記》在內的「三禮」,一方面是要禮施於人倫日用上有所依據;另一方面是「三禮」相較《易》、《詩》、《書》與《春秋》四經,較爲冷門,尤其以《儀禮》、《周禮》爲最,其云:「又《儀禮》、《周禮》二經,學者以無關科舉,多未寓目。」〔註140〕可知記載禮儀相關事宜的部分,因爲未列入科考而被一心只想躋身官場的士子所忽略,是以「三禮館」開館的背景之一在於此。當然,以其立場言,能積極介入經學思想,是治統與道統之整合,對於統治者的地位則更加鞏固。

再者,儒者們因明代「家禮」落實的爭議,而意識到對於經書範疇內的文獻與相關資料的辨證,而《儀禮》、《周禮》與《禮記》成爲首要。清初張爾岐(1612～1678)著有《儀禮鄭注句讀》可謂是清代「三禮」學考證之先行者。另外如毛奇齡(1623～1716)、萬斯大(1633～1683)與江永(1680～1762)等諸位儒者亦於「三禮」考證中獲得不錯的成果,〔註141〕如萬斯大的《周官辨非》乃「開清儒以專書考辨《周禮》的風氣之先」,〔註142〕雖其以浙東學派著稱,但對於禮研究戮力極深,尤其是禮制,除上述著作外,亦有《儀禮商》、《禮記偶箋》、《學禮質疑》等專書。

毛奇齡有許多禮學相關著作,故可確定其對「禮」的內容頗爲專精,於清代禮學領域中有其地位,所撰的《郊社禘祫問》以對話形式來闡述禮,被歸入《四庫》「三禮總義之屬」。江永《禮書綱目》更是盡可能搜集所有文獻,

---

〔註139〕 《清實錄·高宗實錄·卷 21》(據中國第一歷史檔案館藏原皇史宬大紅綾本 3388 卷等底本,北京,中華書局,1986 年),頁 501。
〔註140〕 同前注。
〔註141〕 參閱張麗珠:〈清代之三禮學復興暨清初禮學名家〉,《經學研究集刊》第六期 (2009 年 5 月),頁 157～189。
〔註142〕 同前注,頁 170。

除本有《儀禮》十七篇外，其云：「曰軍禮、曰通禮、曰曲禮，皆補《儀禮》
之所不備。」又云：「繫三代以前，禮樂制度散見經傳雜書者，蒐羅略備。」
〔註143〕足見江永對於禮學投入不少工夫。

　　清末曾國藩（1811～1872）《聖哲畫像記》云：「張蒿庵作中庸論，即江
慎修、戴東原輩，尤以禮爲先務。」〔註144〕特別點出江永以及戴震對於禮學
的重視。錢穆（1895～1990）亦提及：「徽學原於述朱而爲格物，其精在《三
禮》。」〔註145〕的確，由戴震的著作中存有諸多關於禮學的文字，如《文集》
中的「十三篇記」、〈周禮太使正歲年解〉、〈明堂考〉、〈樂器考〉、〈三朝三門
考〉等，不少篇幅皆屬考究禮制的內容，戴震即云：「士生千載後，求道於典
章制度。」與「賢人聖人之理義非他，存乎典章制度者是也。」〔註146〕「典
章度制」即包含著禮制，藉由考證古代禮制進而分析出人倫之道，由上述諸
引文可知，戴震對於禮學的重視程度，其亦影響了揚州諸儒對於禮學研究的
承繼。

　　值得一提的是，清代三禮學雖然興盛，然而其過程卻有一番轉折，〔註147〕
即元儒敖繼公（生卒年不詳）的《儀禮集說》原本於清儒間的評價甚高，超
越鄭玄的注解，此情形至乾隆前期猶是如此，直至褚寅亮（1715～1790）的
《儀禮管見》與淩廷堪的《禮經釋例》問世後，清儒方眞正對《儀禮》文本
有所了解，同時敖繼公與鄭玄的禮學地位亦有所轉變，「宗鄭」成爲治禮學者
普遍的認知。

　　會有如此轉變，與清儒於乾嘉時期考證學風開始大盛有直接關係，如徽
州抑或揚州諸儒，皆強調治學需「實事求是」，因此敖氏「多立新意」、「輕詆
漢儒」的文字自是不受當際的考證風潮青睞。總之，禮學回歸到漢儒系統底
下成爲治禮的主軸，並延續至清末。

<hr>

〔註143〕　《禮書綱目・序》（江永：《景印文淵閣四庫全書・禮書綱目》，臺北，臺灣商
　　　　　　務印書館，1983～1986年），頁133～44。
〔註144〕　《曾文正公全集・年譜》（一）（曾國藩：《曾文正公全集》，臺北，世界書局，
　　　　　　2012年），頁122。
〔註145〕　《中國近三百年學術史・第八章・戴東原》（錢穆：《中國近三百年學術史》，
　　　　　　臺北，臺灣商務印書館，1996年），頁357。
〔註146〕　《戴震全書（6）・題惠定宇先生授經圖》（戴震：《戴震全書》，合肥，黃山書
　　　　　　社，1995年），頁505。
〔註147〕　參閱彭林：〈清人學術視野中的敖繼公與鄭玄〉，收錄於《清代經學與文化》
　　　　　　（彭林編：《清代經學與文化》，北京，北京大學出版社，2006年），頁38～
　　　　　　50。

　　乾隆十三年（1748）《三禮義疏》纂輯完成，乾隆云：「言禮者，惟求其修道設教之由，以得夫禮之意而已。」〔註148〕實踐「禮」固是首要，然而學者欲言「禮」，必須進一步將「禮」的本質釐清，而此本質可延伸爲兩階段來審視：其一爲述「禮」的文本，即《三禮》；若無經文文本的存在，便沒有施以政治、教化等具體性層面上的準則與依據。其二則深入至義理層面，「禮」存在的價值爲何？

　　以第一階段而言，無論是官方抑或是儒者，所看重者乃是「禮」的功能性。於第二階段言，則是做爲重視義理的儒者所不能忽視的課題，否則便無法爲禮之何以存在提出合理的解釋。本章首節探討「自然人性」時，已見淩、焦、阮等人提出「禮」可彰顯「絜矩之道」，此乃是人之「性」涉入社會學意義後必須面對的。換言之，「禮」是本具備社會學意義的，在藉由探討「性」時，則亦將「禮」賦予了人性的內化存在性，是以淩廷堪之所以企圖將「復禮」與「復性」畫上等號，而非僅由外在實踐層面來處理。

二、淩廷堪「禮」論

　　淩廷堪重視「禮」，除繼承前儒們禮學重建的時運外，其自身的治學生涯關注到「禮」所能涵蓋的層面由外在儀式到義理精神更有密切關係。以下除以淩氏「禮」學思想爲論述主軸外，亦藉助另一位揚州儒者朱彬（1753～1843）所編撰的《禮記訓纂》爲證，俾使揚州儒者們的「禮」學觀能較爲完整的呈現。

（一）「禮」與社群人倫

　　前一章論述揚州諸儒對於「理」的解構時，已明顯見出諸位儒者對於「禮」的重視。以淩廷堪爲例，其承續著戴震的義理與學術，畢生勤於提倡「禮」學，故有「一代禮宗」之稱譽，〔註149〕所撰寫的〈復禮〉三篇是關於禮學思想的文字，主旨在於闡明儒學之「禮」是源自於「性情」，又其之所以能被譽爲「禮宗」，乃在於不僅建構起其禮學的義理觀，亦投入處理晦澀難懂

〔註148〕　《欽定三禮義疏·御製三禮義疏序》（愛新覺羅弘曆：《欽定三禮義疏》景印摛藻堂四庫全書薈要·經部五七冊·禮類，臺北，世界書局，1986 年），頁58-2。

〔註149〕　如江藩即云：「精於《三禮》，專治十七篇，著《禮經釋例》一書，上紹康成，下接公彥。而〈復禮〉三篇，則由禮而推之於德性，闢蹈空之蔽，探天命之原，豈非一代之禮宗乎！」見《校禮堂文集·序》，頁3。

的《儀禮》而撰寫出《禮經釋例》。

1、以自然人性為基石

首先，分析淩氏的禮學思想，〈復禮上〉篇云：

> 夫人之所受於天者，性也。性之所故有者，善也。所以復其善者，
> 學也。所以貫其學者，禮也。是故聖人之道，一禮而已矣。〔註150〕

人之「性」本源於自然，且其中即有「善」之根，欲彰顯「善」的面向，必須藉由後天的學習而得，而學習的內容即是「禮」。換言之，足以彰顯大道者，亦唯有「禮」而已。據此可見戴震「以學養智」的途徑亦爲淩廷堪所汲取，但後者強調學「禮」得以復善。淩氏對於「禮」的觀念是主張其乃具備儒學所有的內容，因此由義理思想乃至於「六律五音」、「容積周徑」等，皆爲其建構與稽考的對象，〔註151〕而此一切皆屬「禮」學範疇。

由上文可知，傳統學術上的義理思想乃至幾何學中的容積周徑等問題，淩廷堪皆有涉獵，除了可知上述均是禮學範疇，也知「禮」在其學術思想中乃具足了「實」學的內涵，其云：

> 昔河間獻王實事求是。夫實事在前，吾所謂是者，人不能強辭而非
> 之。吾以爲非者，人不能強辭而爲是也，如六書九數及典章制度之
> 學是也。〔註152〕

「實事求是」的治學方法是踏入「實」學之基石。依據具體之事而論，是與非的內容，無法以言辭的詭辯來取代，因爲前者得靠徵實舉證來取得是抑或非的結論。當然，淩氏所謂的「實事」即是指涉考證方法，對象包含了曆法、典制，亦即是經學範疇。吾人知承繼戴震義理的揚州儒者們將「實事求是」由方法學欲擴及到致用理想，而於此一層面上，淩氏藉由「禮」得以實踐外，亦企圖將「實事求是」與「義理」聯繫，但此「義理」並非抽象的思辨，而是具體的內容。淩氏引用了戴震之言：「理義非他，存乎典章制度者也。」〔註153〕是以淩氏承繼戴震思想，認爲「道」的內涵爲「禮」，學「禮」乃以「實事求是」的態度而終得「義理」。

對於淩氏而言，能具體實踐的「禮」學與儒學「義理」二者當是互通的，

〔註150〕《校禮堂文集・卷四・雜著一・復禮上》，頁27。
〔註151〕《校禮堂文集・序》，頁3。
〔註152〕《校禮堂文集・卷三十五・戴東原事略狀》，頁317。
〔註153〕《校禮堂文集・卷三十五・戴東原事略狀》，頁312。

故其云：「理義不存乎典章制度，勢必流入於異學而不自知。」〔註154〕因此，身爲儒者最重要的職志，即在於掌握「禮」。淩氏此觀點恰恰與宋代理學家相左，二程嘗云：「禮者，理也，文也。理者，實也，本也。」〔註155〕此文字透露出理學家如何定義「禮」的地位：「理」爲統攝一切的終極根本，而「禮」僅是外在形式，該掌握的是根本而非形式。「禮」在理學體系中完全被虛化，是以淩廷堪會提出「以禮代理」說，在儒學的義理範疇中呈現出以「禮」作爲主體的內涵。

欲掌握「禮」學則必須了解「禮」之源及其脈絡，方不致於流入形式。淩氏對於人性情之內容以「好惡」說來概括，而此「好惡」亦被淩氏視作爲「禮」之根源，其云：「好惡者，先王治禮之大原也。」〔註156〕因爲人有所欲與所有不欲，倘若放任其恣肆而無節制，則社群乃至於國家易生亂序之事，故必須以禮治之。淩氏於其文字之中，不僅一次強調「禮」的由來，如〈荀卿頌〉首段即是，其云：

> 夫人有性必有情，有情必有欲，故曰「飲食男女，人之大欲存焉」。
> 聖人知其然也，制禮以節之，至少壯以至耆耄，無一日不囿於禮，
> 而莫敢越也。〔註157〕

飲食男女之欲爲人必然存在之本性，聖賢知其不可滅盡，故訂立「禮」以約束、克制，是以凡所有人的日常作息，均統攝於「禮」之範疇內，人人皆依「禮」而行。因爲「禮」乃是「身心之規矩，即性道之所寄焉矣。」〔註158〕是以「禮」的存在絕非僅僅作爲社群的外在儀式與規矩而已，在淩氏的思想中，「禮」除了根源於「自然性」外，同時亦彰顯是「道」的寓所。換言之，「道」過於抽象，「禮」則可以讓它體現出來。

從淩氏對孟、荀二儒的比較亦展現於對「禮」的重視。首先，其認爲孟子所擅長者在於《詩》、《書》之上，至於《禮經》，則顯得略懂而已，此與春秋以降，士大夫普遍不能詳言「禮」有關，無論是「升降襲錫之節」，抑或「鼎俎籩豆之數」均無法詳述，〔註159〕依淩氏的觀點來看，雖孟子亦承繼

〔註154〕《校禮堂文集・卷三十五・戴東原事略狀》，頁312。
〔註155〕《二程集》（程顥、程頤：《二程集》，北京，中華書局，2006年），頁125。
〔註156〕《校禮堂文集・卷十六・好惡説上》，頁140。
〔註157〕《校禮堂文集・卷十・荀卿頌》，頁76。
〔註158〕同前注。
〔註159〕上引皆同前注。

儒學正統，然而「考其父命厥子，已與〈士冠〉相違；往送之門，又與〈士婚〉不合」，[註160] 是以顯示出孟子實際上對於「禮」的嫻熟度與掌握度不高。考察孟子的義理思想，雖其屢言「仁義禮知」爲心之四端，然而最重視者乃是「仁」與「義」，因此，理學家所言之「禮」較能與孟子思想契合，因理學家言「禮」多爲概念形式，對於較爲具體且細膩的儀式與制度，理學家的關注焦點顯然不在於此，[註161] 當然此處所言的「禮」，是以「經禮」爲對象。

而論及荀子時，淩氏則云：「所述者皆禮之逸文，所推者皆禮之精意。」[註162] 乃著重於荀子在「禮」學的保存與闡發之上，即儒學的重心之一──「禮」，因荀子的功勞而得以延續，是以其後才有西漢儒者戴德（生卒年不詳）與戴聖（生卒年不詳）各自所編纂的《禮記》，以及東漢鄭玄的「三禮」之注。淩氏又云：「荀氏言仁，必推本於禮。」[註163] 而揚州諸儒所謂的「仁」，大抵不離「忠恕」之道，除「己所不欲，勿施於人」的精神外，最具體者仍屬「禮」之實踐了，若謂孟子言「義」爲「人之路」，[註164] 則荀子的主張應是「禮」爲「仁」之路。換言之，欲見「仁」必須藉由「禮」方得以見之，此與「道」需藉「禮」來彰顯的觀點一致。

相較於孟子，因爲荀子重視具體的、制度的「禮」的層面，因此在學術上有一明確的「仁」到「禮」之途徑。在孟子思想中，「禮」仍屬於內在心性的一部分，不僅如上文所言的成爲一抽象概念而已，無法呈現出「禮」的面貌與特色，無怪乎淩廷堪會批評孟子。即在淩氏看來，孟子並沒有掌握到「禮」的價值，此是荀子長於孟子之處。

而「禮」經過淩氏的闡釋下成爲一內外兼備之學問，內者與性情相接；外者則與倫理社群相通，且內外又一貫，如其所云：「禮之外，別無所謂學也。」[註165] 即「禮」學的內涵足以囊括一切儒學學術。此觀點爲淩氏自身的治學觀念，其主要凸顯出對於「禮」學的極度重視。淩氏論「禮」之於人

〔註160〕《校禮堂文集・卷十・荀卿頌》，頁76。

〔註161〕今研究者楊治平云：「禮從禮器儀式中解放，被看爲全體的秩序規律，可說是走向了抽象的思辨。」見〈宋代理學「禮即是理」觀念的形成背景〉（《臺大文史哲學報》第82期2015年5月，頁43～82），頁57。

〔註162〕《校禮堂文集・卷十・荀卿頌》，頁77。

〔註163〕同前注。

〔註164〕《孟子集注・告子章句上》，頁166。

〔註165〕《校禮堂文集・卷四・復禮上》，頁27。

性，猶如築氏、栗氏之器之於良金；輪人、輈人之具之於良材，〔註166〕是以從這一層面而言，「禮」的功能在於節制，因人性中因有情而有好惡之故，淩氏云：「性本至中，而情則不能無過不及之偏，非禮以節之，則何以復其性焉。」〔註167〕情有欲而有好惡之偏，然而理想的人性應展現出的狀態是不偏不倚的中庸態度，且不應有所偏離，要達到此一中庸態度者，淩氏認爲唯有「禮」，可令情無過或無不及，而性得以展現出其應有的面貌，此即是復性之大要。

淩氏於〈好惡說〉中已明言情乃制禮之根源，是以與理學家言復其初之性的脈絡有別，理學家「遠尋夫天地之先」、「侈談夫理氣之辨」，皆屬「熟聞釋氏之言心言性極其幽深微眇」的異端之說而非儒學之道，〔註168〕其云：「求諸禮始可以復性也。」〔註169〕「禮」絕非深澳微眇的抽象概念，乃是具體可徵可行之物。淩氏引孟子之語，其云：

孟子曰：「契爲司徒，教以人倫，父子有親，君臣有義，夫婦有別，長幼有序，朋友有信。」此五者皆吾性之所固有者也。〔註170〕

五倫乃是由親屬、婚姻與社群等關係所建立而起的社會秩序及結構，且皆爲人性之自然而產生，因此歷來所有儒者均將五倫關係劃歸爲人性中所本有。亦即孟子所言的「皆吾性之所固有」，其實就是在論自然之情，淩廷堪認爲無論是親、義、別、序、信等等繫聯，均不能脫離於情之外而論，即「必由乎情以達焉者」。〔註171〕換言之，淩氏認爲「禮」之所以成，可以從具體的五倫關係來看，而五倫的建立又根源乎於人之自然性情，是以顯見淩氏欲建構的「禮」學體系其所強調與立基之處，正在於自然人性及其所開展的社群之中。

2、倫理之禮義

乾嘉儒者們除了展現出對復興「三禮」內容的有興趣外，對於禮儀於社群間之探討也有所關注，以下就以倫理的禮義做爲探討，亦以朱熹《家禮》

〔註166〕淩氏云：「良金之在壯也，非築氏之鎔鑄不能爲削焉，非栗氏之模範不能爲量焉。良材之在山也，非輪人之規矩不能爲轂焉，非輈人之繩墨不能爲轅焉。禮之於性也，亦猶是而已矣。」見《校禮堂文集・卷四，復禮上》，頁28。
〔註167〕《校禮堂文集・卷四・復禮上》，頁27。
〔註168〕上引文皆見《校禮堂文集・復禮下》，頁31。
〔註169〕《校禮堂文集・卷四・復禮下》，頁32。
〔註170〕《校禮堂文集・卷四・復禮上》，頁27。
〔註171〕同前注。

中的「冠」、「婚」等禮儀予以對照。

（1）父子之親──冠禮

「禮」以自然人性爲基礎，且於社群上展示出其價值，最切合於生活中的就是五倫──父子、君臣、夫婦、長幼、朋友──關係，先論父子關係，凌廷堪云：

> 知父子之當親也，則爲醴醮祝字之文以達焉，其禮非士冠可賅也，而於士冠焉始之。〔註172〕

依據冠禮來說，冠禮乃是男子跨入成年的儀式，然而父子關係的天性實非士冠儀式可以具足表達的，雖是如此，父子之關係仍需藉由冠禮來呈現。按《禮記訓纂・冠義》云：「凡人之所以爲人者，禮義也。」〔註173〕人類的文明表現在於「禮」，更深一層而論，則是人之所以爲人乃是因爲人類社群必定存有「禮」的本質，據凌氏禮學思想來看，此一本質即是立基於人的自然之情，而人情的諸多關係中，父與子之間的親情乃是根本之一，然而從凌氏文字中並未見到有更深入的解釋，當然凌氏的焦點並非聚焦於探究父子之情的內容與定義，何況父與子之情乃是人類群體的必然條件之一。

若從〈禮運〉篇中的「父慈子孝」來論，應當可理解父子之情何以爲根本？第一、父與子關係一可顯現出次序；第二、父之慈是具體的仁，同時也是盡責；第三、子之孝是和順、不違的態度。「人義」就是從此父子開始論起，它同時也蘊含著「禮義」，所以「人義」與「禮義」疊合，行人之義，便是實踐禮之義。

在儒學中，「禮」之根在於冠禮，有「冠者，禮之始也」之謂，〔註174〕《儀禮》首章即爲〈士冠禮〉，既然冠禮爲眾禮之根，勢必有其價值與意義，因步入成人後，意味更多的責任隨之而來，即：「責成人禮焉者，將責爲人子、爲人弟、爲人臣、爲人少者之禮行焉。」〔註175〕是以分析此冠禮背後的意義，乃是指人邁入多邊倫理關係的實踐之始，故不可不愼重。「冠」之意爲戴帽，乃需縈髮，由此衍生出法制。

由《儀禮・士冠禮》的內容可知，舉行冠禮是重要大事，須於宗廟舉行，

〔註172〕《校禮堂文集・卷四・復禮上》，頁28。
〔註173〕《禮記訓纂・卷四十三・冠義第四十三》（朱彬：《禮記訓纂》，北京，中華書局，2007年），頁874。
〔註174〕同前注。
〔註175〕《禮記訓纂・卷四十三・冠義第四十三》，頁875。

且要問吉日，請示賓客、方位等諸多程序與儀式，待男子行完成人禮後，便被社群視爲成人之列，於言行上必須合於禮，立身處事上均有其群體上的責任與義務，即便是家族之中與家人的日常應對，都得據禮而行。是以，再回顧冠禮與父子關係，約略可以推論出成年後的責任與義務於此一脈絡上，子對於父的孝行實踐應是凌氏所要強調的父子之親。

《儀禮》中的男子冠禮定於二十歲，然則因時代遷易，《家禮‧冠禮》便不再以二十歲爲限，改以十五至二十歲間皆可以行冠禮，朱子云：「男子年十五至二十皆可冠。」又自注云：「自十五以上俟其能通《孝經》、《論語》，粗知禮義，然後冠之。」〔註 176〕而就儀式內容來看，〈士冠禮〉中有「筮日」、「筮賓」、「宿賓」、「三加冠」到「歸賓俎」等一系列次序步驟，〔註 177〕然而在《家禮‧冠禮》中明顯被簡化、約化，原因大抵是：宋代以來，儒者普遍認爲「禮」是普遍適用於所有人，一來是知識階層的擴大；二來是門閥世族的消失。

因爲唐代以前的世族逐漸沒落，取而代之的是知識階層，行「禮」的內容須隨群體階層的轉變而調整。宋儒對於「禮」強調的是普遍適用性，而不著眼於禮儀的完整度，此應脫胎自《論語‧爲政》「禮，與其奢也，寧儉」的思想。宋代官方編修的《崇文總目‧禮類》有云：「禮樂之制盛于三代，而大備於周，上自天子至庶人皆有法度。」〔註 178〕由此可知，宋儒視「禮」爲綱紀法度，是以簡化扼要之結果是一定的趨勢。

事實上，由某種層次而言，凌廷堪的《禮經釋例》亦是有著《家禮》的「約化」觀點，雖然以《儀禮》做爲釋例對象，但其區分出通例、飲食、賓客、射例、變例、祭例、器服、雜例八項，共二百四十六例，目的就是以約御繁，其於序中云：

> 其節文威儀委曲繁重，……乍觀之，如入山而迷，……雖上哲亦苦其難。……例則同也，不會通其例，一以貫之，祇厭其膠葛重複而已耳。〔註 179〕

〔註 176〕 《家禮‧卷二‧冠禮》（朱熹：《家禮》，清光緒刊本），頁 1 上。

〔註 177〕 《儀禮‧士冠禮》（鄭玄注、賈公彥疏：《儀禮注疏》，臺北，廣文書局，1972 年），頁 1～16。

〔註 178〕 《崇文總目‧卷一‧禮類》（王堯臣：《崇文總目》，臺北，臺灣商務印書館，1965 年），頁 10。

〔註 179〕 《禮經釋例‧序》（凌廷堪：《禮經釋例》，臺北，商務印書館，1966 年），頁 1。

歷代多數的知識分子面對《儀禮》中繁重瑣碎的儀式，往往不知所適，在「復禮」即是「復性」的義理思想下，凌氏乃將該書十七卷做會通，統整歸納爲八項，以便於閱讀者能理解其中的異同，目的無非冀望具體的「禮」能落實於社會之中。

（2）君臣之義——聘覲禮

其二，論君臣關係。凌氏指出君主與臣僚是靠「義」來聯繫彼此，其云：「則爲堂廉拜稽之文以達焉，其禮非聘覲可賅也，而於聘覲焉始之。」〔註180〕在君臣關係上，非僅僅由臣僚拜見君主的諸多儀式可涵蓋，然而卻仍可由此見出其義。吾人見《禮記·曲禮下》記載云：「爲人臣之禮，不顯諫，三諫而不聽，則逃之。」〔註181〕可見君與臣的關係並非堅定不移，《禮記訓纂》（以下皆簡稱《訓纂》）注云：「君臣有義則合，無義則離。」〔註182〕即凌氏所言，兩方所建立出的架構乃立於「義」之上，君對臣須以禮遇待之；臣對君以忠敬事之。若君無義於臣，則臣僚當可以求去，此一「離」或「合」的行爲都是合乎在「禮」的範疇之中。君與臣其實亦是一雙向關係，只要有一方不合禮之義，兩者關係可以解除，尤其是君主，吾人可由歷史上諸多事蹟可印證，如：孔子因魯君不依「禮」行事，便周遊列國尋待價而沽之即是一例。

由禮儀的部分來看，君臣之義亦可由〈燕義〉中得以一窺。君臣於宴飲之上，君上舉杯賜爵於臣下，臣下須拜謝，而君則回以答拜，是「禮無不答，明君上之禮」，此之往來以彰顯「臣下竭力盡能以立功於國，君必報之以爵祿」，以及「言上之不虛取於下」，〔註183〕當然，隱藏於此禮儀背後的意義，乃寓意著出君臣之間的道義，《訓纂·燕義》云：

> 上必明正道以道民，民道之而有功，然後取其什一，故上用足而下不匱也。是以上下和親而不相怨也。和寧，禮之用也。……故曰：「燕禮者，所以明君臣之義也。」〔註184〕

君上行以正道則可引導臣下，臣下則當竭誠而盡忠，並且據功封賞，是以上、下之所需均足且和睦，彼此沒有怨懟，此乃是君臣燕禮儀式中所要表達

〔註180〕《校禮堂文集·卷四·復禮上》，頁28。
〔註181〕《禮記訓纂·卷二·曲禮下》，頁68。
〔註182〕同前注。
〔註183〕上皆見《禮記訓鑽·卷四十七·燕義》，頁902。
〔註184〕《禮記訓纂·卷四十七·燕義》，頁903。

的精神。

又「聘禮」爲國與國之間的重大禮儀，爲諸侯間的外交事宜，故其儀式較爲繁雜冗長，此一目的是考驗著統治階層的耐心與毅力，〈聘義〉篇云：「質明而始行事，日幾中而後禮成。非強有力者弗能行。」〔註185〕即便參與者於儀式中面臨飢渴與疲倦，亦不可稍動或懈怠，因爲此一禮儀的目的乃有正風氣、立典範的意義。〔註186〕唯上述亦擴及「射禮」，其繼云：「此是聘義，兼云『射』者。」〔註187〕然而無論爲聘禮抑或是射禮，皆屬於統治階層的禮儀範式，君臣之間的禮儀，代表著公開的範式，《論語》嘗云：「草上之風，必偃。」〔註188〕即指君子（統治者）之德如風，小人（百姓）之德如草，風行而草偃，藉由君臣公開的範式形成一種上行下效的理想狀態，聘射禮儀的意義即是如此。

身爲統治階層的諸君子們，包括帝王，亦包括官僚，必須以超越部分的生理欲求爲前提方可治人，《訓纂》云：「此眾人之所難，而君子行之，故謂之有行。」〔註189〕難以達成的層面，統治階層更必須以身作則，以昭示其能信服於被統治者的德性，即所謂：「有行謂之有義，有義謂之勇敢。」就以聘禮而言，無論出訪的外交使節抑或身爲東道主的國君，其具備膽識與勇氣乃是必須，否則何以稱爲君子？因此君子之德在於勇敢，勇敢在於威儀，威儀則是道的體現，彼此環環相扣。當然，威儀即是禮儀，是以「禮」實與「道」又可緊密結合，《訓纂》云：

> 所以貴於有行者，貴其行禮也。故所貴於勇敢者，貴其敢行禮義也。
>
> 故勇敢強有力者，天下無事則用之於禮義，天下有事則用之於戰勝。
>
> 用之於戰勝則無敵，用之於禮義則順治。〔註190〕

實踐威儀乃是具備著毅力與勇氣方可爲之，君子作爲統治者身分，乃是人民表率，自是禮儀的典範。威儀至少有二種面向：其一，乃是於承平和諧之際展示出過於常人的毅力；其二，倘若遭逢戰事，威儀亦可以勇氣來懾服敵

〔註185〕《禮記訓纂・卷四十八・聘義》，頁908。

〔註186〕《禮記訓纂・卷四十八・聘義》云：「酒清人渴而不敢飲也，肉乾人飢而不敢食也，日莫人倦，齊莊正齊而不敢解惰，已成禮節，以正君臣，以親父子，以和長幼。」頁909。

〔註187〕同前注。

〔註188〕《論語集注・卷六・顏淵第十二》，頁138。

〔註189〕《禮記訓纂・卷四十八・聘義》，頁909。

〔註190〕同前注。

人。是以無論承平抑或戰事，在在涉及毅力與勇氣，此二者乃是一體雙面。此處直接以威儀論述，主要因為毅力、勇氣之於禮儀，所呈現的乃是威儀之象。所謂「外無敵，內順治，此之謂盛德，故聖王之貴勇敢強有力如此也」，〔註191〕足見據禮所示現出的威儀，其對於君子而言是一種必備的美德。儒者理想中的聖人，除孔子之外，其餘多為開國者與帝王之屬，此可以從勇氣、毅力的面向來思考。

但倘若毅力、勇氣與「禮」脫節者，則恐成為亂象之源。《訓纂》云：「勇敢強有力而不用之於禮義戰勝，而用之於爭鬥，則謂之亂人。」〔註192〕「爭鬥」僅是逞於「私爭忿鬥」而無涉及於「禮」，〔註193〕自然是與「禮」範疇中的「讓」、「節」意涵違背，故為「亂」，《訓纂》又云：「刑罰行於國，所誅者亂人也。」〔註194〕可知就某種程度而言，刑罰乃是與「禮」搭配，據「禮」而顯示上至下皆有秩序，悖「禮」則為刑罰之所中。

由此處知，凡是戰爭並非全然歸之於亂象，若是為公利而發動戰爭，或為維護秩序而發動戰爭，即便戰爭本身屬於負面，但仍合乎於「禮」，重點在於「公」抑或「私」的動機？倘若為後者，則是「亂」，有道者得而伐之。是以夏、商、周三代開國之君不乏有靠征伐而得天下者，儒者仍列其至「聖人」之位，即在於此。

因此所謂君子之「禮」所代表的意義，乃須屏除「私」的成分，足以做為典範德行的表率，即凌氏云：「上以禮為教也，下以禮為學也。」〔註195〕是以君臣之義乃可推擴至治人者與被人治者的關係。又，古代常以玉比喻君子的象徵，〈聘義〉末即有論述，其載孔子之語云：

> 君子比德於玉焉：溫潤而澤，仁也。縝密以栗，知也。廉而不劌，義也。垂之如隊，禮也。叩之，其聲清越以長，其終詘然，樂也。瑕不揜瑜，瑜不揜瑕，忠也。孚尹旁達，信也。……圭璋特達，德也。天下莫不貴者，道也。〔註196〕

所以舉美玉類推出君子之德，非在於美玉稀少的緣故，而是玉之色澤溫潤，

〔註191〕《禮記訓纂・卷四十八・聘義》，頁909。
〔註192〕同前注。
〔註193〕同前注。
〔註194〕同前注。
〔註195〕《校禮堂文集・卷四・復禮上》，頁28。
〔註196〕《禮記訓纂・卷四十八・聘義》，頁910～911。

有如君子之仁慈；玉之質地堅密且有條理，有如君子之智慧；玉石有稜有角
卻不至於傷人，有如君子之義。玉墜垂之齊整而不張揚，如君子之謙謙有禮；
玉之聲音清越激昂而無冗長餘音，有如音樂之美；玉之斑點與光澤並呈，有
如君子不欺瞞而顯其忠信，又朝聘中手持的玉製圭璋，其溫潤又有矩度，有
如君子之中庸德性。玉的珍貴即在於能象徵君子的「仁、義、禮、智、忠」
諸項德性。故可知，聘禮一方面鋪陳了君臣倫理，另一方面更是彰顯身爲統
治者該具備的君子之德。

（3）夫婦之別──士昏禮

夫婦關係的產生始於昏禮，之所以稱爲「昏」，乃取「陽往陰來之義」，
此因男爲陽女爲陰，亦即代表兩種不同屬性的人將於日暮之際結合，是以凌
廷堪云：

> 知夫婦之當別也，則爲笄次帨褵之聞以達焉，其禮非士昏可賅也，
> 而於士昏焉始之。〔註197〕

夫婦男女的屬性各自不同，而陰陽交會結合的儀式即是是婚禮。關於此一
陰陽往來之云云，包括凌廷堪在內的經學家幾乎未嘗懷疑其說，實際上，
在今人多方考證下，多認爲取其「昏」字應與上古時代男子趁昏暗之際搶
奪女子的習俗有關，〔註198〕陽往陰來之說云云，應屬先秦以後的附會說法。
然而男女結合之目的爲的終究是「上以事宗廟，而下以繼後世也」，〔註199〕
具承上啓下、繁衍後嗣之樞紐，乃爲家族中重要的儀式，是以「昏禮者，
禮之大本」。〔註200〕不同於士冠爲禮之始，士昏禮所代表者爲三綱之源，《訓
纂》云：「男女有別而后夫婦有義；夫婦有義而后父子有親；父子有親而后
君臣有正。」〔註201〕即先有婚姻關係的確立，爾後的夫妻、父子關係，甚
至是君臣關係，皆由此進行繫聯與推展。《訓纂》引呂大臨（1044～1091）之
言云：

> 人倫之本，始於夫婦，終於君臣。本正而末不治者，未之有也，故

〔註197〕《校禮堂文集‧卷四‧復禮上》，頁28。
〔註198〕以田率：〈從《詩經》中的「束薪」看古代婚俗〉，《寧夏社會科學》第6期
2008年11月，頁158～160）爲例，其云：「這種夜晚娶親、執火明杖的禮儀，
背後隱藏著原始的劫奪婚俗的遺存之風。」頁159。
〔註199〕上引皆見《禮記訓纂‧卷四十四‧昏義》，頁877。
〔註200〕《禮記訓纂‧卷四十四‧昏義》，頁879。
〔註201〕《禮記訓纂‧卷四十四‧昏義》，頁878～879。

曰「昏者禮之本」。〔註202〕

夫婦、父子乃至於君臣，此不僅為兩兩相互繫聯的倫常關係，三者間亦有因果關係，因為夫婦之義確立後，可侍奉家族之長與祭祀宗祠或祖廟外，也同時代表父子之親亦可名正言順的成立，而夫婦有別、父子之親之成立，意謂著尊卑上下關係的確立，由此推擴出，是以君臣的上下尊卑之名得以正、得以順。此一模式的脈絡當然與陰陽之氣的概念產生後相關，由《訓纂》中引鄭玄注：「言子受氣性純則孝，孝則忠也。」〔註203〕即可知若男女婚姻正得其所，則子嗣因陰陽之氣適中且和，長大必能盡孝於親，盡忠於君，是以父子有親，君臣有正，實是藉由稟受純和之氣而得。

既夫婦之別分屬陰陽，雖是有「合體同尊卑」之謂，〔註204〕然實則卻非如此，畢竟男女平等概念為現代才建立起的觀念，包含清代在內的時代則不然，如《子夏易傳‧序卦》云：

> 有男女然後有夫婦，有夫婦然後有父子，有父子然後有君臣，有君臣然後有上下，有上下然後禮儀有所錯。〔註205〕

男女結婚後形成夫婦關係，夫婦又衍生出父子關係，父子關係延伸出君臣關係，而君臣之上下關係，亦可反推回去，是為父尊子卑，夫主婦從，禮儀由是而立。故夫婦的地位實有尊卑差別，〈郊特牲〉云：「男帥女，女從男，夫婦之義由此始也。婦人，從人者也。」〔註206〕即可確定男女乃至夫婦之地位。按〈昏義〉所云：「成婦禮，明婦順，又申之以著代，所以重責婦順焉也。」〔註207〕婦女以順從丈夫為義，是以分際上有外內之別，即夫主外而婦主內。雖婦女經「著代」的儀式而由客更易為主，〔註208〕然仍必須以順從為上，不得逾越婦道，其云：「婦順者，順於舅姑，和於室人。」〔註209〕乃順於夫家長輩以及和於未嫁之女，如此「婦順備而后內和理，內和理而后家可長久也。

〔註202〕《禮記訓纂‧卷四十四‧昏義》，頁879。

〔註203〕同前注。

〔註204〕《禮記訓纂‧卷四十四‧昏義》，頁878。

〔註205〕《子夏易傳‧序卦傳第十》（卜子夏：《子夏易傳》，收錄景印文淵閣四庫全書‧經部一，易類，7，臺北，臺灣商務印書館，1983年），頁7-124。

〔註206〕《禮記訓纂‧卷十一‧郊特牲》，頁405。

〔註207〕《禮記訓纂‧卷四十四‧昏義》，頁880。

〔註208〕「著代」，表明將繼承主人或主婦。《禮記》〈冠義〉與〈昏義〉皆有提及。此章乃是指婦人嫁入後繼承主婦之位。

〔註209〕鄭注云：「室人，謂女妐、女叔、諸婦也。」見《禮記訓纂‧卷四十四‧昏義》，頁880。

故聖王重之。」〔註210〕婦女具備順從之義後，家族便和睦有序，因此可綿延長久。

而「婦順」所包含者有四：「婦德、婦言、婦容、婦功。」〔註211〕這四者須由女師於出嫁三月內教授完成，《訓纂》云：「婦德，貞順也。婦言，辭令也。婦容，婉娩也。婦功，絲麻也。」〔註212〕可知舉凡關於堅定順從、溫柔婉約，並能從事絲麻布帛之工作等等，均是做爲婦女須具備的德行，因爲婦女所代表的形象爲「陰」，故於禮儀中所呈現的皆屬順承的、陰柔的面向，此由「教成之祭」中可證，《訓纂》云：「教成，祭之，牲用魚，芼之以蘋藻，所以成婦順也。」〔註213〕祭禮中所用之魚、蘋藻，在鄭玄注云：「魚、蘋藻，皆水物，陰類也。」王念孫（1744～1832）亦云：「其祭以魚爲俎實，蘋藻爲羹菜，與正祭用牲牢者不同。」〔註214〕是以有別於陽氣的陰氣，祭物亦不同。

又，由天子與其后的分別論述中亦可得知夫婦之義，〈昏義〉云：

> 古者天子后立六宮、三夫人、九嬪、……，以聽天下之內治，以明章婦順，故天下內和而家理。天子立六官、三公、九卿、……，以聽天下之外治，以明章天下之男教，故外和而國治。故曰：「天子聽男教，后聽婦順；天子理陽道；后治陰德；天子聽外治，后聽內職。教順成俗，外內和順，國家理治，此之謂盛德。」〔註215〕

天子后掌管宮廷內之家事，目的即以「敬順」彰顯宮內之和睦有序，而天子掌朝廷之政事，則以「教化」彰顯朝廷之施政有成。以天子爲首之男性主外之政事；以后爲首之女性主內之家事。天子所治理的部分被視爲陽之道；天子后所治理的部分被視爲陰之德。各司其職乃爲盛德。天子與后各代表爲男之陽與女之陰，故於施政必分外治與內治，不得任何逾越之舉。若不治不修，則會反映於天象上，以天子爲例，其云：「男教不修，陽事不得，適見於天，日爲之食。」〔註216〕而后不修之結果則爲「月爲之食」，〔註217〕雖此說於今

〔註210〕《禮記訓纂・卷四十四・昏義》，頁880。
〔註211〕同前注。
〔註212〕同前注。
〔註213〕同前注。
〔註214〕上引皆見《禮記訓纂・卷四十四・昏義》，頁881。
〔註215〕同前注。
〔註216〕《禮記訓纂・卷四十四・昏義》，頁882。
〔註217〕同前注。

日看來當屬無稽，然而以陰陽氣化的宇宙觀來看，天人感應之說卻是有跡可循的，更是令古人深以爲戒，如呂大臨云：

> 男教陽事，上應乎日。婦順陰事，上應乎月。……明后與天子之如日月陰陽，相須而后成之義也。〔註218〕

天子之教化爲陽，對應日；后之敬順爲陰，對應月。當然，吾人不能僅見其荒謬之處即不予探究，其實此一天人感應的比附類推背後所代表的禮之義，正是與夫婦之倫常緊密結合，無非是冀望夫婦能外內相需而完滿，既完滿則德性即顯現於其中。附帶一提，若《禮記》中所記載之「家」乃指同宗族者，故常與宗室相提，如「婦順」之教授，〔註219〕即可依其身份之遠近而擇於大宗或小宗。

至於《家禮》中關於昏禮的部分，朱熹亦是以參考《儀禮·士昏禮》做爲主要依據，《語類》云：

> 問：「冠、昏、喪、祭，何書可用？」曰：「只溫公《書儀》略可行，亦不備。」又曰：「只是《儀禮》。」〔註220〕

溫公《書儀》乃是司馬光（1019～1086）所撰寫的關於古禮之書，《家禮·昏禮》的部分，基本上均與《儀禮·士昏禮》所論述的一致，進而參照《書儀》或予以增補說明，或因時修改，如〈士昏禮〉言「六禮」：納采、問名、納吉、納徵、請期與親迎，《家禮·昏禮》則保留納采、納幣以及親迎。〔註221〕而三月廟見亦縮短爲三日。於夫婦之義上，家禮系統中所呈現的是一種將夫婦關係更爲緊密的納入宗族之內，將「事宗廟、繼後世」的倫理精神更加彰顯出來，此一面向當與時代氛圍有所關係。

（4）長幼之序——鄉飲酒禮

凌廷堪對於長幼的尊卑次序於鄉飲酒禮儀中的論述，與前三項（父子、君臣、夫婦）的論述模式一致，揭示出該儀式雖不能完全體現出敬老尊長的精神，但吾人在《儀禮·鄉飲酒禮》中的文字見到主人、賓客之間來回數次

〔註218〕《禮記訓纂·卷四十四·昏義》，頁882。

〔註219〕其云：「是以古者婦人先嫁三月，祖廟未毀，教於公宮，祖廟既毀，教於宗室。……與大宗近者，於大宗教之，與大宗遠者，於小宗教之。」見《禮記訓纂·卷四十四·昏義》，頁880～881。

〔註220〕《朱子語類·卷第八十九·禮六·冠昏喪》（黎靖德編：《朱子語類》冊三，長沙，岳麓書社，1997年），頁2041。

〔註221〕見《家禮·卷三·昏禮》，頁2上～7上。

的辭讓與敬酒，而主與賓的位置亦各有所定，不可易位，目的就是欲表現出長幼有序的倫理觀念。凌廷堪云：

> 知長幼之當序也，則爲盥洗酬酢之文以達焉，其禮非鄉飲酒可賅也，而於鄉飲酒焉始之。〔註222〕

長幼倫理之次序內容，可由鄉飲酒中的禮儀可一窺其梗概，藉由與會之中所有參與者，其梳洗與交際應酬的應對，可知道長幼次序於飲酒儀式中的安排。此儀式於〈鄉飲酒義〉鄭注的〈目錄〉有云：「以其記大夫飲賓於庠序之禮，尊賢敬老之義。」〔註223〕而「鄉」是行政單位，〔註224〕大夫於此儀式中則是以鄉主人的身分列席。因此可知，鄉飲酒之禮乃屬於接納鄉中賢達與能仁者的宴會活動，同時也是考核學生學習狀況的機會，據《訓纂》所記載的「鄉飲酒禮」似分爲幾種，其云：

> 《周禮·鄉大夫職》云：「三年則大比，攷其德行道藝，而興賢者能者。鄉老及鄉大夫帥其吏與其眾寡，以禮禮賓之。」若州一年，再飲者，是春秋習射，因而飲之，以州長爲主人也。若黨一年一飲者，是歲十二月，國於大蜡祭，而黨中於學飲酒。〔註225〕

首先言鄉中的大夫抑或致仕之士，其爲鄉先生的身分，且於鄉學中擔任教授一職。在鄉學受業的學生經三年學習而學業有成，於每三年正月舉行儀式，而鄉飲酒之禮便是在學生的學業完成前際來舉行，學生須考核德行與道藝，最優者爲賓，次者爲介，又次者爲眾賓。〔註226〕再者，州長每年春秋時所舉行之「射禮」；又，黨正蜡祭時所辦的「飲酒禮」，然《儀禮注疏》所記載的「鄉飲酒禮」則明確分爲四種，〔註227〕互相比對後可知，《儀禮注疏》是將賢者又分爲學生與國中、鄉中之賢者兩類。既然上述都列爲「鄉飲酒禮」乃可推知其儀式內容應屬同一性質，《訓纂》雖云：「此〈鄉飲酒之義〉，……是諸

〔註222〕《校禮堂文集·卷四·復禮上》，頁 28。
〔註223〕《禮記訓纂·卷四十五·鄉飲酒義》，頁 883。
〔註224〕其云：「天子六鄉，諸侯三鄉，卿二鄉，大夫一鄉，各有鄉大夫。」同前注。
〔註225〕同前注。
〔註226〕同前注。
〔註227〕《儀禮讀本·鄉飲酒禮第四》云：「凡鄉飲酒之禮，其名有四：案此賓之賢能謂之鄉飲酒，一也；又案〈鄉飲酒義〉云：『六十者坐，五十者立侍。』是黨正飲酒，亦謂之鄉飲酒，二也；鄉射州長習射於州序，先行鄉飲酒，三也；案〈鄉飲酒義〉，又有卿大夫士飲國中之賢者，用鄉飲酒，四也。」（唐文治編纂：《十三經讀本·周禮·儀禮》（二），臺北，新文豐出版社，1980 年），頁 1228。

侯之鄉大夫三年賓賢能之禮」，然亦適用於其他三種飲酒禮。

「鄉飲酒禮」的儀式中，三揖、三讓的行爲稱之爲「至尊讓」；盥洗完而舉酒器則表「至絜」；一連串拜至、拜洗等是表現出「致敬」。〔註228〕因主、賓介等與會者屬於君子或準君子之列，是以彼此的尊讓行爲，在在表現出君子謙和不爭的態度來做爲儀式的核心，《訓纂》云：

> 尊讓絜敬也者，君子之所以相接也。君子尊讓則不爭，絜敬則不慢。
> 不慢不爭，則遠於鬥辨矣；不鬥辨，則無暴亂之禍矣。斯君子之所
> 以免於人禍也。〔註229〕

君子之間以尊、讓、清、敬做爲彼此往來的憑藉。君子們彼此以敬重、辭讓爲前提，則可免去爭端；以清淨、謹慎爲前提，則不會產生怠慢。無爭端、無怠慢，自然沒有鬥爭與辯駁；亦不因此而衍生出禍事。是以君子能免於人爲的災禍，在於其謹慎執敬且不與人爭之態度。

此不爭不慢的待人態度，亦期望藉由君子階層推擴至一般人民的日常中。《家禮‧通禮》中，顯然亦汲取了敬老尊賢的部分，其論述家族中所有宴席的禮儀時云：

> 卑幼盛服序立如朔望之儀，先再拜。……尊長飲畢，授幼者盞注，
> 反其故處。長者出笏，俛伏興，退，與卑幼皆再拜。家長命諸卑幼
> 坐，皆再拜而坐，家長命侍者遍酢諸卑幼，諸卑幼皆起，序立如前，
> 俱再拜就坐。〔註230〕

家族中的宴會乃是屬於宗族中重要的聚會，因此必須與初一、十五兩日的祭禮一樣盛裝出席，年幼者對於家族中的大家長行禮，而所有步驟均顯示出長尊幼卑的次序與結構，乃是維繫家族、宗族的重要倫理觀念，此一部分的精神亦承襲鄉飲酒禮。

而鄉飲酒禮中出現的「祭薦、祭酒，敬禮也。嚌肺，嘗禮也。卒酒，成禮也。」〔註231〕可分爲三部分來論，「祭薦」與「祭酒」雖有肉醬飲食，然而其卻是在於敬獻於此禮儀中的祭品而非用以飲食，「嚌肺」則取所敬獻的肺臟

〔註228〕其云：「主人迎賓于庠門之外，入三揖而后至階，三讓而后升，所以至尊讓也。
　　　　盥洗揚觶，所以至絜也。拜至、拜洗、拜受、拜送、拜既，所以致敬也。」
　　　　見《禮記訓纂‧卷四十五‧鄉飲酒義》，頁883～884。
〔註229〕同前注。
〔註230〕《家禮‧卷一‧通禮》，頁13下～14上。
〔註231〕《禮記訓纂‧卷四十五‧鄉飲酒義》，頁886。

淺嘗滋味而已。以上，即鄭注所云：「非專爲飲食，言主於相敬以禮也。」朱彬亦云：「賓祭酒之後，取俎上之肺，嚌齒之。」〔註232〕「啐酒」則不同於前二者須設於席中，乃是安排進食的過程，故設之於席末，即：

> 祭薦、祭酒、嚌肺在席中者，敬主人之物，故在席中。啐酒入於己，故在席末也。於席上祭薦祭酒，是貴禮；席末啐酒，是錢財也。〔註233〕

席中所陳列之肉、酒與內臟等雖屬食物，但於其間卻有更重要的意義——敬老尊賢，故可視之爲禮義象徵。而啐酒的食物所代表者是財貨，是以不列入席中。之所以分爲禮與財二項，用意乃是要教化人民重視禮的精神應大於重視財貨，如〈鄉飲酒義〉云：「先禮而後財，則民做敬讓而不爭。」〔註234〕人民能知曉敬讓不爭的道理，如此推擴具體的禮儀也才有其價值與意義。

上述已言，此儀式除了敬重賢能之外，尊老敬長更是體現出維護倫理綱常的重要性，因此長幼順序必是十分嚴謹不苟。〔註235〕若以敬老爲主軸者，則年歲五十以下者須站立以聽役，年歲逾六十以上則可坐於席上，年歲愈長者，其席上的食皿（豆）則愈多，用意即在於「明尊長」、「明養老」。〔註236〕而此敬老的儀式安排，即欲使人民明白「知尊長養老，而后乃能入孝弟」，〔註237〕人民能隨之效法，由知敬老而後推擴到能明孝悌。此敬老的儀式與尊賢的儀式雖形式一致，然敬老之禮訂於春秋二季舉行，不同於正月舉行之尊賢之禮，〈鄉飲酒義〉云：

> 謂春秋二時，合其民於州長鄉射之禮。以教之鄉飲酒之禮，謂十月黨正飲酒。既州長教射，黨正教飲酒，則民知尊長養老，故孝弟之行成立也。〔註238〕

於舉行鄉射禮的同時，亦舉行鄉飲酒禮，一州之長教之以射箭禮儀，地方黨

〔註232〕上皆見《禮記訓纂・卷四十五・鄉飲酒義》，頁886。
〔註233〕同前注。
〔註234〕同前注。
〔註235〕其云：「案〈鄉飲酒禮〉賓賢能，賓介皆以少年者爲之。此正齒位，賓介皆用年老者爲之，其餘爲眾賓。」見《禮記訓纂・卷四十五・鄉飲酒義》，頁887。
〔註236〕其云：「鄉飲酒之禮，六十者坐，五十者立侍以聽政役，所以明尊長也。六十者三豆，七十者四豆，八十者五豆，九十者六豆，所以明養老也。」見《禮記訓纂・卷四十五・鄉飲酒義》，頁886～887。
〔註237〕《禮記訓纂・卷四十五・鄉飲酒義》，頁887。
〔註238〕同前注。

正官則教之以飲酒禮儀,人民知敬老而能奉養,而孝悌之德行亦藉此而得以推行。當然,射禮的表現如《論語》所云:「君子無所爭,必也射乎!揖讓而升,下而飲。」〔註239〕乃與鄉飲酒禮中所欲闡揚的不爭不慢的道理一致,是以所謂的「十月黨正飲酒」實則將互相辭讓以及敬長尊老的禮義、精神,一併教授給人民。

而〈射義〉中「射者,仁之道也。……反求諸己而已矣」,〔註240〕其終旨即在於正己之心,己心能夠正而不偏私,便不怨不爭,仁道則蘊含於其中。射之義如此,鄉飲酒之義亦是如此,〈鄉飲酒義〉云:

> 貴賤明,隆殺辨,和樂而不流,弟長而無遺,安燕而不亂:此五行者,足以正身安國矣。〔註241〕

賓與眾賓等等的尊卑、長幼之順序能透過儀式傳達,而儀式中的歌與樂各三巡表完備而不失禮,又雖無限制飲酒次數卻能不廢朝夕聽政事,故不失序也。如上之教化,則足以表率正己之德而可安定政事。經教成後的人民不僅知禮,亦能行禮,有如此之民,家國社稷自然是呈現出一有節有守的樣貌。

(5)朋友之信──士相見禮

五倫中最後一項乃是朋友關係。朋友間以守信為尚,此由〈士相見禮〉可一窺端倪。凌廷堪云:

> 知朋友之當信也,則為雉腒奠授之文以達焉,其禮非士相見可賅也,而於士相見焉始之。〔註242〕

餽贈雉,或者雁,或者羊羔給與對方,除對應身分不同外,皆可視為象徵君子耿介有守的德性,因此士相見禮的意涵在於敬重彼此有信有義的情誼。然鄭注〈目錄〉云:「相見者,其恩誼較朋友為疏,較相趨、相揖、相問者為厚也。」〔註243〕即知此禮的運用乃屬尚未建立起朋友情誼之程度者。依據凌氏所云的內容,朋友之始可由士相見禮為起點,此說與鄭注內容不悖。據〈士相見禮〉的內容可知,士相見禮實又分為:士與士相見、士見於大夫、大夫間相見,以及士大夫見於君幾類,而〈目錄〉亦提及:「未見及尊長諸儀皆自

〔註239〕《論語集注‧八佾第三》,頁21。
〔註240〕《禮記訓纂‧卷四十六‧射義》,頁898。
〔註241〕《禮記訓纂‧卷四十五‧鄉飲酒義》,頁890。
〔註242〕《校禮堂文集‧卷四‧復禮上》,頁28。
〔註243〕《儀禮讀本‧士相見禮第三》,頁1223。

士相見推之。」〔註244〕可知士相見禮乃是除日後可能作爲朋友身分外，又含括尊卑身分相見時之一切往來的應對禮儀。

以士與士的相見爲例。賓備妥禮物（冬用雉，夏用腒）拜訪主人的目的在於體現出敬重對方之意，即「君子見於所尊敬，必執贄以將其厚意也」。〔註245〕又知，選「雉」則取其耿介的象徵，表示「交有時，別有倫也。雉必用死者爲其不可生服」之意涵，〔註246〕因雉鳥屬性剛猛不爲屈服，而士之精神亦然。腒，仍是雉鳥，爲風乾後之稱謂。〔註247〕用此雉或雉乾餽贈與主人，一方面表達重視對方，另一方面亦展現出剛正能赴死之氣節。經數次之推辭與賜見後，主賓終於相見，而主人必以賓之身分回禮於對方，而且必將禮物歸還，即云：「主人復見之以其贄，曰，曩者吾子辱使某見請還贄於將命者。」〔註248〕如此乃取「禮尚往來」之意。

大夫分爲上、下大夫，上大夫列位國之三卿；下大夫則爲國中五大夫。〔註249〕下大夫與下大夫相見不同於士，不以雉作爲往返之禮，而改以鴈爲贄，其取「知時，飛翔有行列」之意。〔註250〕上大夫相見則以羔羊爲贄，意爲「取其從帥群而不黨」。〔註251〕鴈爲候鳥，跟隨太陽而行動，引申下大夫能跟隨君主之政教，又飛翔有行，則表示其能知尊卑次序。羔羊能聽從領頭羊且樂群而不結黨，代表上大夫謹從君令，正直不阿的態度。

而人臣或庶人見於君上，其態度則更爲恭謹，庶人可不修容而見君，但進退之際要疾走，「臣見於君」項云：「見於君，執贄至下，容彌蹙，庶人見於君不爲容，進退走。」〔註252〕若是他國之人見君，則君必須歸還其禮物。〔註253〕由上述之梗概可知士相見之禮時不限於同輩、同身分而已，亦以包含尊卑於其中。雖相見的過程可謂繁瑣，而送禮之物件乃屬象徵，而非物件本身之價值，因此彼此辭讓再三、禮物往返餽贈之云云，目的仍在於表

〔註244〕 《儀禮讀本・士相見禮第三》，頁1223。
〔註245〕 同前注。
〔註246〕 上皆同前注。
〔註247〕 同前注。
〔註248〕 《儀禮讀本・士相見禮第三》，頁1224。
〔註249〕 同前注。
〔註250〕 同前注。
〔註251〕 《儀禮讀本・士相見禮第三》，頁1225。
〔註252〕 同前注。
〔註253〕 其云：「若他邦之人，則使擯者還其摯。」同前注。

達出謙謙之義，亦可說，五倫之中，所有的對應關係，皆有謙謙之義貫穿於其中。

小結

因爲人類乃爲社群之動物，因此上述父子、夫婦、君臣、長幼、朋友之倫常結構，無論時空環境如何轉變，除其中之君臣關係有所遷異外，其於諸項乃屬人生必定的存在，是以將倫常視爲人本性之一環實屬合理，即凌氏之所以將「習禮」與「復性」聯繫而爲一體的原因。如其云：

> 如曰舍禮而可以復性也，是金之削、爲量不必待鎔鑄模範也，材之
>
> 爲轂、爲轅不必待規矩繩墨也。〔註254〕

因人性中仍有好惡之欲，以朋友關係爲例，若隨喜好之欲而無所節，則恐失去朋友間守信有義的基本道理，故僅僅是言復性而忽視人性與禮的內外一體，則猶如冶金不需鎔鑄灌模；製輪不需尺規器具，如此而欲言人性之所有成，乃僅僅爲抽象不實的觀點。換言之，倫常與禮儀的聯繫乃在於：倫常關係需藉由禮儀來展現；禮儀之意義則是以倫常做爲其核心。倘若無禮，倫常又該如何彰顯？是以凌氏云：「若猶是聖人之道也，舍禮奚由哉！蓋性至隱也，而禮則見焉者也。」〔註255〕倫理剛常即是聖人之道，故聖人制禮以彰顯倫常結構，倫常既張，則人性的良善面向亦得以彰顯，即凌氏所謂的「復」也。

又，倫常屬於人性做爲群體社會的核心範疇，乃是人一生中不可或缺的存在，同理，則「禮」亦爲人在群體一日不可缺之必然存在，是以凌氏云：「天下無一人不囿於禮，無一事不依於禮……是以有動作禮義威儀之則以命定」，〔註256〕實因由傳統儒學社會的視角而言，倫常關係如父子、長幼，甚至君臣、夫婦等皆可被視爲命定不移的關係，而尊卑的關係亦套用於此五倫之中，是以「威儀」亦自此而存在。《禮記・中庸》所云：「天命之謂性，率性之謂道，修道之謂教。」〔註257〕乃可指涉倫常之彰顯即是道，修道之內容則非「禮」莫屬，凌氏云：「上以禮爲教也，下以禮爲學也。」〔註258〕即是將教化的內容以「禮」擴充。而「禮」的主軸便是五倫關係。換言之，「禮」與倫

〔註254〕《校禮堂文集・卷四・復禮上》，頁28。

〔註255〕同前注。

〔註256〕同前注。

〔註257〕《禮記訓纂・卷三十一・中庸》，頁772。

〔註258〕《校禮堂文集・卷四・復禮上》，頁28。

常的關係，乃屬於禮儀與禮義的，此應是清晰可辨的。

（二）淩廷堪之「慎獨」解

淩廷堪從「性」之本有的視角論述五倫與「禮」的關係，乃因其認爲「性」中之善是極其隱微的，必藉助制定禮、並實踐禮後，得以見焉、得以顯焉。倘若純粹就自身的層面而言，則牽涉到「慎獨」說，吾人見《禮記・中庸》云：「莫見乎隱，莫顯乎微，故君子慎其獨也。」〔註259〕即是論述性中之善是如何隱微不彰，故身爲統治階層抑或一以道德自律者必須謹慎面對「獨」的課題。

而「獨」爲何？歷來有幾種解釋。首先，鄭玄於〈禮器〉篇注云：「少其牲物，致誠愨。」孔穎達（574～648）疏云：「獨，少也。既外牽應少，故君子用少而極敬慎也。」〔註260〕所指涉乃爲祭祀用少數牲物，以凸顯內心敬誠之心。而在〈中庸〉篇的鄭注云：

> 慎獨者，慎其閒居之所爲。小人於隱者動作言語，自以爲不見睹，
>
> 不見聞，則必肆盡其情也。〔註261〕

孔穎達疏云：「故君子慎其獨也者，以其隱微之處，恐其罪惡彰顯。」〔註262〕此篇的「慎獨」解釋，乃指君子必須謹慎於獨處時的狀態。再者，〈大學〉篇論及「誠意」提到君子不自欺，不若小人閒居時爲惡，見眾人卻揜其惡而顯其善，是以「君子必慎其獨也」，〔註263〕此處鄭玄、孔穎達等並無加以注疏，應是與〈中庸〉篇的解釋一致，大抵因爲有「小人閒居」之故，是以可對照〈中庸〉的「君子閒居」。因此以《禮記》中三篇言「慎獨」者漢唐以來多有上述二義。

然宋、明以降，朱熹與劉宗周（1578～1645）所詮釋的「慎獨」解各有其立場，亦即理、心二派無法取得共識，如朱熹云：「獨者，人所不知而己所獨知之地也。」〔註264〕朱熹所解釋的「獨」乃指人獨處之際。在此一環境中，

〔註259〕《禮記訓纂・卷三十一・中庸》，頁772。

〔註260〕《禮記注疏・卷二十三・禮器》（鄭玄注，孔穎達等疏：《禮記注疏》，《景印文淵閣四庫全書・經部109・禮類》，臺北，臺灣商務印書館，1983年），頁115-291～115-492。

〔註261〕《禮記注疏・卷五十二・中庸》，頁116-350。

〔註262〕《禮記注疏・卷五十二・中庸》，頁116-351。

〔註263〕《禮記訓纂・卷四十二・大學》，頁871。

〔註264〕《四書章句集注・中庸章句》，頁18。

雖旁人無從得知某人言行舉止爲何，但某人必須持以戒愼的心態，因爲自私
之欲最可能萌發於個人獨處的狀態，唯有戒愼以持，方可「守其本心之正」
而不致悖離大道，〔註265〕而〈中庸〉末章又云：

> 《詩》云：「潛雖伏矣，亦孔之昭！」故君子內省不疚，無惡於志。
> 君子所不可及者，其唯人之所不見乎。《詩》云：「相在爾室，尚不
> 愧于屋漏。」〔註266〕

所謂「莫見乎隱，莫顯乎微」，君子之所以爲君子者，即在於旁人所未察覺之
處猶能持守其本心而不生自私之欲或是惡念。換言之，君子最應關注的，不
在於衆人目光之下的言行，而是在獨處之際能不偏離於正心之「道」。綜合上
述，此「愼獨」之說乃與獨處之境劃上等號。然而須注意的是，朱熹又云：「蓋
有他人所不及知而己獨知之者，故必謹之於此以審其幾焉。」〔註267〕可見朱
熹亦留心到「獨」的內證工夫，其所謂「審其幾」之「幾」者，指細微之處，
便是「天理」，呼應至「道心惟微」，即便「道」在人心之中是難以察見的，
因此理學家強調「人心惟危，道心惟微，惟精微一，允執厥中」十六字，即
爲一操持內省之工夫。〔註268〕

劉宗周則延續王陽明（1472～1529）的義理脈絡，王氏論「致中和只在
謹獨」，〔註269〕謹者即是愼之意，而「中和」者，王氏云：「中和便是復其性
之本體。」〔註270〕當然，所謂的本體即是指「心」，指「良知」，是以「愼獨」
乃是「致良知」的工夫，所關乎者僅在於「心」而非外在的場所、時間，言
「獨」者便是指涉「內在」。可見朱熹與王陽明詮釋「愼獨」仍是有立基上的
差異，朱氏之論尚且涉及獨處之場所。而做爲明末心學之宗的劉宗周，則將
「愼獨」置於學術思想的核心，其云：

> 愼獨是學問第一義。言愼獨，而身、心、意、知、家、國，天下一
> 齊俱到。故在〈大學〉爲格物下手處；在〈中庸〉爲上達天德統宗
> 徹上徹下之道也。〔註271〕

〔註265〕《四書章句集注・中庸章句》，頁14。
〔註266〕《四書章句集注・中庸章句》，頁39。
〔註267〕《四書章句集注・中庸章句》，頁7。
〔註268〕《四書章句集注・中庸章句》，頁14。
〔註269〕《傳習錄・上》（徐愛編：《傳習錄》，臺北，臺灣商務印書館，1994年），頁
39。
〔註270〕《傳習錄・上》，頁100。
〔註271〕《劉宗周全集・第2冊・學言上》（劉宗周：《劉宗周全集》，杭州，浙江古籍

「愼獨」乃是一貫通之義，其做爲第一義的本體外，同時亦是一實踐的工夫。由第一義而論，「愼獨」便是謹愼於良知本體，而良知所對應者乃天下間一切的事物，因此從身心而至於家國、天下，皆可收攝於此第一義之中。又，事物乃須格之，是以牽涉實踐的工夫。在劉氏的義理中，「愼獨」實是據於心的本體義，又同時涵括格物的實踐義。

由上述可知，宋明儒者對於「愼獨」詮釋，多由〈大學〉、〈中庸〉二篇入手，而淩廷堪卻對「愼獨」說提出以《禮記‧禮器》爲詮釋的路徑，冀望其與「禮」以及「格物」結合而有一番新闡發，〈禮器〉篇云：

> 禮之以少爲貴者，以其內心者也。德產之致也精微，觀天下之物無可以稱其德者。如此，則得不以少爲貴乎？是故君子愼其獨也。〔註272〕

若論「禮」以少爲貴者，便是指涉內心之德的層面。因善德乃隱藏於人的本性之中，而本性之德屬於精微又縝密的內在之質，並非顯而易見之物，是以君子必須謹愼以對。由此看來，淩氏所謂「愼獨」似乎與孔穎達所詮釋的方向較爲一致。實際上，〈禮器〉篇中不只提到了「禮以少爲貴者」，尚有以「多爲貴」、「以大爲貴」、「以文爲貴」、「以素爲貴」等諸多項次，〔註273〕因此〈禮器〉的原文旨意，乃是欲彰顯出「禮」的中庸性與多方層面。

而以「以少爲貴」之意，即在於強調因爲內心之「德」是既精微又難顯，是以君子必須對此一部分謹愼再三。淩氏提出〈禮器〉中的文字來主張「愼獨」的關鍵性，乃在於人珍視「德」的態度。換言之，因爲「德」是隱含於內心本性中極其精微的抽象基質，而天下間沒有可與其相稱，故顯其「珍貴」，面對此一珍貴的德性，態度豈能不謹愼？淩氏云：「此即〈學〉、〈庸〉之正義也。「愼獨」指「禮」而言。」〔註274〕可見「愼獨」此一辭彙，對於淩氏而言除了珍視外，同時亦是一種具體實踐的層面，此與前儒的愼獨論述似有重疊的觀點，但較爲特別的是，對於淩廷堪而言，此謹愼的態度屬於禮儀的實踐，以劉宗周爲例，其愼獨的實踐則是發揮「致良知」的心學脈絡，兩者不同。再回到淩氏的論述中，其主張抽象的「道德」可藉由具體的「禮」予以彰顯，而「禮」又是不可違的，所以對淩氏而言，「愼獨」的實踐勢必落

出版社，2007年），頁466。
〔註272〕《禮記訓纂‧卷十‧禮器》，頁367。
〔註273〕《禮記訓纂‧卷十‧禮器》，頁360～366。
〔註274〕《校禮堂文集‧卷十六‧愼獨格物說》，頁144。

於「禮」範疇中。即君子「慎獨」態度的表現，與其所主張的一日不可無的禮儀密切相關。

由〈禮器〉篇來詮釋「慎獨」之義，因而所謂的「獨」不是獨處之意，而是極罕見、少有的「獨」之意，即是引文中「少爲貴」之「少」意。凌氏又云：「〈學〉、〈庸〉的慎獨，皆禮之內心精微可知也。」〔註275〕其又再強調「少」者、「貴」者，乃在於透過「禮」體現出的內心精微之「德」。意即「慎獨」於其思想中是捨棄獨處於室的論述，而必須與「禮」的範疇緊扣。何以如此？因爲凌氏認爲儒學雖主張「誠意、正心」等八德目，然並非一空坐參悟之學說，倘若「慎獨」的詮釋爲獨身處於室云云，則恐有「郢書燕說」之誤，〔註276〕即其所云：

> 今考古人所謂慎獨者，蓋言禮之內心精微，皆若有威儀臨乎其側，
>
> 雖不見禮，如或見之，非人所不知、己所獨知也。〔註277〕

「慎獨」主要在於對內心之「德」持以珍視而戒慎的態度，猶如面對尊長時的態勢，保持縝密而仔細。而「威儀」即是「禮」，雖此行「禮」的對象十分隱微不顯，然「禮」本身的展現卻屬於具體。

由上述可引申出兩層次：一是誠敬之態度；一是具體之禮。首先，面對「德」者須保有誠敬的態度，即「正心、誠意」之謂也。凌氏云：「言正心必先誠意也。」〔註278〕「誠意」、「正心」皆屬內在且針對「精微之德」而言，然而凌氏又以《詩・大雅・思齊》中所云的「不顯亦臨，無射亦保」，來說明誠敬的態度，有若治國般遇事謹慎視察，無厭於安社稷保人民。此比附治國安民，乃在在凸顯出誠敬對於「德」之態度，唯有持誠意、正心，才可能引領出精微之德，但此一態度不在「獨坐觀空」上，〔註279〕而是在展現於實踐上，此即進入第二層次。誠敬的展現又可與臨「威儀」接軌，即是「禮」。凌廷堪的思想脈絡十分清晰地欲將「慎獨」的重點帶至「禮」──此一具體事物上。既屬具體事物，便涉及至「格物」，是以凌廷堪會將其與「慎獨」合併。其引〈禮器〉文字云：

> 君子曰：無節於內者，觀物弗之察矣。欲察物而不由禮，弗之得矣。

〔註275〕《校禮堂文集・卷十六・慎獨格物說》，頁144。

〔註276〕同前注。

〔註277〕《校禮堂文集・卷十六・慎獨格物說》，頁145。

〔註278〕同前注。

〔註279〕同前注。

> 故作事不以禮，弗之敬矣；出言不以禮，弗之信矣。故曰：禮也者，
> 物之致也。〔註280〕

「禮」實源出於性且做爲節性之關鍵者，人無一日不依循「禮」以建立各項次序。因此若捨「禮」而恣意妄爲，則事物乃至於言行，皆無法達到該有之目標，是以「禮」可視爲一切事物的終端，須注意此所謂「物之致也」，出發點是以人爲核心的事物，並非客觀存在的一切事物，否則不通，即待人處事上發揮至極致，仍不可能脫離「禮」的範疇。淩氏藉由〈禮器〉論「禮」對於事物的關鍵處來言「格物」，目的在於強調實踐「禮」之必要性。換言之，「禮」乃是作爲貫通「愼獨」與「格物」的樞紐。

無論是「愼獨」抑或「格物」，所指涉者皆屬於「禮」，而「愼獨」與「格物」亦是不可分割。淩氏云：「仲弓問仁，子曰：『出門如見大賓，使民如承大祭。』」〔註281〕一例，便是「愼獨」與「格物」相聯繫之證。見賓、承祭等，於內須秉持誠敬，誠敬即言「愼獨」；於外則有具體對象，即爲「格物」。如此則印證淩氏所論述的「愼獨」義乃在於具體踐「禮」的工夫，「格物」義亦復如是，其云：

> 又考古人所謂格物者，蓋言禮之器數儀節，皆各有精義存乎其間，
> 既習於禮，則當知之。〔註282〕

「禮」，不能僅僅停留於器數儀節之上，更重要乃是其背後之義理，因此習「禮」、踐「禮」之要，在於知其義理。即淩氏指出「格物」之目的在於與物（器數儀節）意義間產生聯繫，決非止於物表象上做工夫而已。其又云：「格不能知至也，所謂『文勝質則史』是也。」〔註283〕「禮」除有表象之「文」之外，「質」更是不可缺之核心，「質」者可謂爲「禮」之本，倘若「文」勝過本質者，則意味華而不實，過於浮誇，甚而忽略本質，則徒流於形式。換言之，以上可概括爲「知其所以然」，是淩氏定義的「格物」。

淩氏認爲「格物」之關鍵乃在於掌握「禮」之本，而〈禮器〉云：「忠信，禮之本也；義理，禮之文也。」〔註284〕「忠信」誠然爲禮之本，然其云「義理」則應視爲外在規範、次序之意，非指涉義理思想云云。淩氏舉〈郊特牲〉

〔註280〕《禮記訓纂·卷十·禮器》，頁374。
〔註281〕《校禮堂文集·卷十六·愼獨格物說》，頁145。
〔註282〕同前注。
〔註283〕同前注。
〔註284〕《禮記訓纂·卷十·禮器》，頁358。

中「禮之所尊，尊其義也。失其義，陳其數，祝史之事也」爲例，〔註285〕說明「禮」本質之重要。而《訓纂》於該篇引孔穎達正義云：

> 言禮之所以尊重，尊其有義理也。若不解禮之義理，唯知布列籩豆，是祝史之事也。〔註286〕

禮之所以重要，在於其所蘊含的意義，「忠信」乃是恪守本分，有節有度，若非如此，則屬於「文勝質則史」之列。由〈郊特牲〉的本文與注疏可知，凌氏的禮學思想基本上呼應著避免「文勝質」之蔽，其戮力於禮學之處，在於將禮之本質提出。但不可諱言的，凌氏的慎獨主張，恐無法真正涉及到原本屬於慎獨的內在層次，依據其所舉之例以及詮釋，在在側重於外在層面，並設法與「禮」聯繫，以至於無法精準的將「德產之致也精微」的內在部分陳述出來。

　　凌廷堪主張「慎獨」之本意源於〈禮器〉之中，進而〈大學〉、〈中庸〉之「慎獨」、「格物」解亦須由此途徑入手。意即，對其而言，藉由學「禮」即可理解「慎獨格物」之真義。其云：

> 《論語》記孔子之言曰：「恭而無禮則勞，慎而無禮則葸，……。」四者獨不云學而無禮之蔽。又曰：「好仁不好學，其蔽也愚；好知不好學，其蔽也蕩；……。」六者亦不云好禮不好學之蔽。〔註287〕

「學」的內涵即在於「禮」，故孔子未嘗將「學」與「禮」視爲二。凌氏所論述的無非是要凸顯「禮」的兼具性。「禮」一方面指涉「內心者也」；另一方面又涉及「器數儀節」，是以「慎獨」與「格物」不可分而別之，須由「禮」統攝，凌氏藉由此論述以證儒學之「禮」不僅是義理義，更具實踐之義。

　　「慎獨」除出現於《禮記》之〈禮器〉、〈大學〉與〈中庸〉三篇文字外，《馬王堆帛書》、《郭店楚墓竹簡》以及《荀子·不苟篇》中亦有「慎其獨」一辭，然而前兩部直至近年才出土，凌氏所見者應只有《荀子》一部。吾人知荀子最重視「禮」，然其論「慎獨」似乎不見將「慎獨」與「禮」緊緊聯繫，或許值得繼續探究。〈不苟篇〉云：

> 君子養心莫善於誠，至誠則無它事矣。唯仁之爲守，唯義之爲行……
> 天不言而人推高焉，地不言而人推厚焉，四時不言而百姓期焉，夫

〔註285〕《禮記訓纂·卷十一·郊特牲》，頁404。
〔註286〕同前注。
〔註287〕《校禮堂文集·卷十六·慎獨格物說》，頁145〜146。

此有常以至其誠者也。君子至德，嘿然而喻，未施而親，不怒而威。

夫此順命以慎其獨者也。不誠則不獨，不獨則不形。〔註288〕

「誠」者，據王先謙（1842～1917）引劉台拱（1751～1805）所論爲〈大學〉「誠其意」，〈中庸〉「至誠無息」。〔註289〕而至誠者能守仁行義，「仁」能化育，使非善者能遷善；「義」能令條理分明，使人不敢欺且不爲惡，此謂之「德」。君子能據仁義之德，端正自身之言行，無需宣揚而眾人自然曉諭。如天地四時之自行，不言而萬物皆知。

因此《荀子》所謂之「獨」者，乃指君子不經由刻意宣揚之「德」，有若天命之性一般，順其天命之自然性即是，其注云：「人之所以順命如此者，由慎其獨所致也。」〔註290〕因「慎獨」故而「順命」。換言之，無時無刻皆能據仁行義便得以順其命。王先謙又引郝懿行（1757～1825）語云：

> 獨者，人之所不見也。慎者，誠也。誠者，實也。心不篤實，則所謂獨者不可見。〈勸學篇〉云：「無冥冥之志者，無昭昭之明；無惛惛之事者，無赫赫之功，此惟精專沉默，心如槁木死灰而後髴髴遇焉，口不能言，人亦不能傳，故曰獨也。〔註291〕

心篤實，則「獨」可見，然「獨者，人之所不見」又是如何？只憑字面對照，豈不矛盾？蓋「獨」者意謂「專默精誠」的狀態，唯有持「專默精誠」，方有所謂「昭昭之明，赫赫之功」於後，而「專默精誠」並非言說傳授即可促成，必須是心的作爲，即誠其意是也。能誠其意，心便篤實。是以「獨」之所以可見，乃藏之於己心，而旁人所不能見。引文「槁木死灰」自非其字面義，而是指「精專沉默」的狀態，即爲「冥冥之志」、「惛惛之事」云云。心慎而誠，故能精專，此應可通於荀子所謂「虛壹而靜」之「壹」，郝懿行云：「壹者，專壹也。轉寫者亂之，故此作壹，下俱作一。」〔註292〕因此可將「精專沉默」與「虛壹而靜」作聯結，回至上頁「不獨則不形」，則知其所謂「形」乃指「獨」之「形」，非外顯可見之「形」，即郝氏云：「形者，非形於外也（楊

〔註288〕《荀子集解・卷二・不苟篇第三》（王先謙：《荀子集解》，臺北，華正書局，2003年），頁28～29。

〔註289〕劉台拱曰：「誠者，君子所以成始而成終也。以成始則〈大學〉誠其意是也，以成終則〈中庸〉之至誠無息是也。此言養心莫善於誠，即誠意之事，故下文亦言慎獨。」見《荀子集解・卷二・不苟篇第三》，頁28。

〔註290〕《荀子集解・卷二・不苟篇第三》，頁29。

〔註291〕同前注。

〔註292〕《荀子集解・卷十五・解蔽篇第二十一》，頁263～264。

注誤）形即形此獨也。」〔註293〕由上可知郝氏釋〈不苟篇〉之「獨」義，所側重於「德」此一層次，也因此「愼獨」即是誠其內心之德。

上文提及，凌氏論「愼獨」爲「若有威儀臨乎其側」，可知其釋「愼」乃近於戒愼，然郝懿行與王念孫（1744～1832）對「愼」字解釋不同於凌氏。郝氏云：

> 愼當訓誠。據〈釋詁〉云：『愼，誠也。』非愼訓謹之謂。〈中庸〉愼獨與此義別。

「愼」有古今二義。其一是訓爲「誠」義；其二是訓爲「謹」義。前者爲古義，後者爲今義。郝氏認爲楊倞（唐人，生卒年不詳）於〈不苟篇〉所注之「愼」有誤，應據〈釋詁〉來釋「愼」，即以古義之訓爲是。而〈中庸〉之「愼」義則爲今義。是以郝氏認爲「愼」獨之義可分爲二種。而王念孫云：

> 〈中庸〉之愼獨，愼字亦當訓爲誠，……是愼其獨即誠其獨也。愼獨之爲誠獨，鄭於〈禮器〉已釋訖，故〈中庸〉、〈大學〉注皆不復釋。……凡經典中愼字與謹同意者多，與誠同義者少，訓謹、訓誠原無古今之異。唯愼獨之愼當訓誠，……〈禮器〉、〈中庸〉、〈大學〉、《荀子》之愼獨，其義一而已矣。〔註294〕

〈中庸〉之「愼」字與〈禮器〉〈大學〉乃至於《荀子・不苟篇》，其意義應屬相同。王氏認爲包含上述所列之經典在內之「愼」字，原是訓謹爲多者，唯「愼獨」之「愼」須訓爲「誠」義，不可解釋爲「謹」。足見王氏與郝氏不僅對於「愼獨」之「愼」與凌廷堪不同外，二者於「愼」字上亦有明顯的分歧。若依〈不苟篇〉之另一「愼」字解，其云：「公生明，偏生闇；端愨生通，詐僞生塞，……君子愼之。」〔註295〕則似訓爲「謹」義較訓爲「誠」義爲妥。然無論郝氏、王氏所論何者爲是，由〈不苟篇〉中得知，其「愼獨」之釋義，並未與「禮」聯繫。

凌氏之「愼獨」思想於揚州學派抑或乾嘉以降，似未受到儒者之認同，即便是同爲揚州學派的王念孫，其於論述中亦無提及凌氏所論的「愼獨」內容，若欲探究其因，則可能是凌氏將「愼獨」與「禮」合併，恐過於牽強。由經典中涉及的「愼獨」而論，屛除「獨居」的解釋外，應可分做二項。蓋

〔註293〕《荀子集解・卷二・不苟篇第三》，頁29。
〔註294〕兩則引文皆同前注。
〔註295〕《荀子集解・卷二・不苟篇第三》，頁31。

「愼獨」之旨指向內在層次，故「獨居」與否，應非該命題的核心內容。首先，「獨」可視爲內心精微之「德」，此詮釋不僅可通於〈禮器〉，亦可通於〈中庸〉，此二篇章的文意皆指涉一極其隱微之對象，因其隱微之故，是以言「愼獨」者，即有謹愼、戒愼於此一莫見、莫顯之「德」。其次，「獨」亦可釋爲單一、專一之「意」，而〈大學〉與〈不苟篇〉之文較爲符合此詮釋，二者言「愼獨」者，即「誠意」，即專一至致於此「意」，若「誠其意者，毋自欺也，如惡惡臭，如好好色」，〔註296〕抑或「致誠無它事矣，唯仁之爲守，唯義之爲行」，在在顯示出對「意」之專志不二。

雖凌氏將「禮」聯繫於人「性」之根本上，然由〈復禮〉三篇中之論述，如其對「中節」說云：「其中節也，非自能中節也，必有禮以節之。」〔註297〕又云：「三代盛王之時，上以禮爲教，下以禮爲學也。」〔註298〕「性」中本有之喜怒哀樂欲等，因此需節制以致中和，凌氏承認「性」無法自我節制，必據「禮」才得以節制。又，「禮」既需教導、需外學，則意謂其乃人爲之物，是以有「制禮」之稱，換言之，「禮」非「性」本身所能自我俱足。因此凌氏欲將「禮」提升至與「道」同一層次，恐非符合儒學之本意。〈中庸〉云：「親親之殺，尊賢之等，禮所生也。」〔註299〕先有親親，又尊賢，「禮」才能據其所生，凌氏亦云：「義因仁而後生，禮因義而後生。」〔註300〕可知「禮」之存在，實因有「義」，「義」則因「仁」而生，是以「性」中所本有者應屬「仁」，「仁」即「親親」；「義」即「尊賢」。情有等差，有區隔，乃是自然之性也。

回到「愼獨」命題，由上段彙整之內容可知，「愼獨」之釋義無論是「德」抑或爲「意」，所指涉者皆爲性之本善，而其內容實則爲「仁」。嚴格論之，此「仁」與凌氏所謂之「禮」並非落在同一層次上。換言之，於儒學思想中，「禮」之存在是爲彰顯出「仁」之價值，然而「禮」卻無法取代「仁」之地位。因此凌廷勘所標舉的「愼獨指禮而言」云云，應只可列爲聊備一說而已，即便「性」中之「仁」是如此隱微，亦無法將具體之「禮」直接拉升至人性本有的自然層次，即便於《荀子‧不苟篇》中亦不見荀子有「愼獨」即「禮」

〔註296〕 《禮記訓纂‧卷四十二‧大學》，頁866。
〔註297〕 《校禮堂文集‧卷四‧復禮上》，頁27。
〔註298〕 《校禮堂文集‧卷四‧復禮上》，頁28。
〔註299〕 《禮記訓纂‧卷三十一‧中庸》，頁775。
〔註300〕 《校禮堂文集‧卷四‧復禮中》，頁29。

的論述。當然，吾人知凌氏高舉「禮」學，乃是欲從內在層面來提升其地位，令「禮」有內外兼通的高度。然而從「慎獨」內涵的論述中便可證得「仁」、「義」、「禮」三者關係，實際是一序列式的關係，以「仁」為本，次以「義」為方向，最末是「禮」為實踐，是以與「禮」直接連結者應屬「義」，即〈禮運〉中云：「禮也者，義之實也。」〔註301〕「義」有若方向，「禮」則是實踐方向之步驟。

　　又，由其〈論語禮後說〉之內容亦可證「禮」乃是後功之所致。凌氏舉何晏（？～249）《論語集解》中引的鄭注：「凡繪畫，先布眾色，然後以素分布其間，以成其文。」以及引《考工記》云：「凡畫繢之事，後素功。」〔註302〕即指明「禮」非作為「本質」的地位，而是列於「仁」、「義」之性後，再學「禮」、行「禮」以達節制之效，其云：

　　　　故〈曲禮〉曰「道德仁義，非禮不成」也。然則五性必待禮而後有

　　　　節，猶之五色必待素而後成文，故曰「禮後乎」。

「仁」「義」需待「禮」，猶如畫布上眾色具備後施以白色線條，令其色塊分明而更顯清晰。換言之，學「禮」而後行「禮」之目的，乃是要人與人之間更顯出倫常之秩序。由〈論語禮後說〉的內容與〈慎獨格物說〉相對照，可見凌氏的「禮」學思想猶有其不太完滿之處。

　　因此以凌氏論「慎獨」的內容，雖是欲將「禮」內化於自然人性之中並與「慎獨」緊密聯繫，卻未能受到當時知識分子的普遍認同，又更遑論「慎獨」與「格物」並舉，但不代表其「禮」學思想毫無意義。反之，因其企圖之故，反倒明確指出一條：「仁」→「義」→「禮」之途徑，即其云：「於仁外求義，復於義外求禮，是不識仁且不識義矣，烏睹先王制禮之大原哉！」〔註303〕而此一途徑在焦循、阮元等揚州學者之文字中亦可見及相聯繫之內容，亦可謂焦、阮進一步深化「仁」與「禮」關係之論述。

三、「仁」、「禮」兼備之禮義

　　「禮」若只由言行舉止的層次來審視，則恐落入形式而已，必須與「仁」接軌方能顯其精神價值。孔子曰：「人而不仁，如禮何？」以及「林放問禮之

〔註301〕《校禮堂文集・卷四・復禮中》，頁29。
〔註302〕皆見《校禮堂文集・卷十六・論語禮後說》，頁146。
〔註303〕《校禮堂文集・卷四・復禮中》，頁30。

本。子曰：『大哉問！禮，與其奢也，寧儉。』」〔註304〕，由二則引文中可清楚見到「禮」若僅僅是禮儀，則價值性便值得商榷。換言之，孔子所關注的乃是涉及「禮」之內涵──「仁」。當然，孔子並非捨「禮」而就「仁」，其要強調可藉由「禮」之行爲來檢視「仁」是否貫通於其間。即「仁」之彰顯與行爲實有密切關係。以下就焦循與阮元之論「禮」來說明。

（一）焦循論「禮」──恕道、辭讓

焦循對於「禮」學雖無淩廷堪著力之深，然於其文字中仍可發掘關於「禮」之觀點，如《論語通釋》中釋「禮」者即有五條，且皆與其核心──「仁」相契合。先論關於焦氏論「仁」的內容，其〈一以貫之解〉中有云：

> 克己復禮爲仁。惟克己，斯能舍己。人惟自據其所學，不復知有人之善，故不獨逈言之不察，雖明知其善，而必相持而不相下。〔註305〕

孔子所言「克己復禮」之「克己」便是闡揚「禮」之內涵義。爲何需「克己」？乃因人性中有「欲」，若不節制，則紛爭不止。因此能「克己」即是做到節制己之欲。焦循所言的「捨己」、「克己」並非要求將「欲」屏除自人性之外，而是要求符合「己所不欲，勿施於人」的「恕」道，如其云：「孟子稱公劉好貨，太王好色，與百姓同之，使有積倉而無曠怨。」〔註306〕人所同好者好之；人所同惡者惡之，此「恕」者即「成己及物」之道，而「仁」之體現便在於「恕」，若成爲社會普遍規範便是「禮」。

其又以荀子和班固（32～92）所論爲例。荀子主張「人生而有欲」故有求，倘若無度則必起爭端，「爭則亂，亂則窮」，〔註307〕如此倫常秩序必皆淪喪，是以荀子重禮。焦循云：「先王惡其亂也，故治禮義以分之，以養人之欲，給人之求。」〔註308〕乃是明言「禮」與「欲」的關係。換言之，前者是立於供給後者之角色來進行給予並分配，此即節「欲」之意。班固則由「情」處論「禮」，其以爲人有喜怒哀樂之情而不能節制，唯「聖人能爲之節而不能絕也，故象天地而制禮樂」。〔註309〕顯見班固論「情」實則與荀子言「欲」相通，皆歸納出需制「禮」以節制，故焦氏云：「兩家之說禮，可

〔註304〕 皆見《論語集注・八佾第三》，頁20。
〔註305〕 《雕菰集・卷九・一以貫之解》，頁132～133。
〔註306〕 《雕菰集・卷九・格物解二》，頁131。
〔註307〕 《論語通釋・右釋禮》，頁26上。
〔註308〕 同前注。
〔註309〕 同前注。

謂要矣。」〔註310〕然而明白制「禮」之緣由僅是知而已，更重要的層面仍在於行，焦氏引曾子之言學習到廣博到知知等一連貫與「禮」相關的步驟，云：「既知之，患其不能行也。既能行之，貴其能讓也。能讓，復禮之效也。」〔註311〕由學習至廣博；由廣博至溫故；由溫故至通曉脈絡；由通曉至實踐。所謂實踐者，便在於實踐「讓」。簡言之，「禮」於實踐之程度言則以「讓」爲貴。

由上可知，焦氏論「禮」，著重於與人同好同惡的不爭，而關鍵即在於節「欲」而樂於成己亦成人，這其中乃由節「欲」又提煉出「讓」之意涵，其云：

> 君長之設，所以平天下之爭也。故先王立政之要惟在於禮。故曰：
> 「能以禮讓爲國乎？何有？」天下知有禮而恥於無禮。〔註312〕

由政治的視角而言，統治者之職責，乃因弭平紛爭而存在，此則是「禮」制，亦爲治眾人之事。治眾人若能依「禮」而體現「讓」，則治國何難之有？爲政之要乃是將「禮」教導予百姓，使百姓依「禮」而行之，更知依「禮」而能達成己及物的境地，亦即上至君子下至百姓，皆有成己及物的觀念做爲弭平紛爭的範式。焦氏依據孔子所言，將「禮」以「讓」的層次來詮釋，而「禮讓」之事涵蓋甚廣，如「射有禮，軍有禮，訟獄有禮」。〔註313〕於射禮之中所體現的「讓」在於「揖讓而升，下而飲」之中。〔註314〕而治軍之禮除分師、旅、卒、伍等各規制外，更重要的在於征伐之本意，即是「以征不義，詰誅暴慢，以明好惡」，〔註315〕國家武裝之所以存在，目的在於止息亂事以申張公義。而此「義」自是與「宜」相通，亦源於「恕」道。此屬於以強制力展現出「義」，雖似與「讓」無相涉，然而卻是蘊含著「讓」於其中。

關於訟獄之禮，則依執事之位而有所區分，如大、小司寇，各級士、隸等，其終旨與征伐一致，乃欲使國中無訟。焦循〈使無訟解〉一文中指出若要眞達到無紛爭訟事的可能，則途徑應是明白以修身爲本，而修身又可聯繫至格物，其云：「格物者，旁通情也。情與情相通，則自不爭，所以無訟者在

〔註310〕《論語通釋・右釋禮》，頁26上。
〔註311〕同前注。
〔註312〕《論語通釋・右釋禮》，頁24下。
〔註313〕同前注。
〔註314〕《論語集注・八佾第三》，頁21。
〔註315〕《禮記訓纂・卷六・月令》，頁258。

此而已。」〔註316〕情與情互通，即上段所言的「恕」之道。換言之，人人身分的尊卑雖有所不同，然由自然之性而言，「情」卻是相同的；由外在行爲而言，亦是「禮」的實踐；由德性而言，更是「絜矩」之道。焦氏云：

> 既恕則身修，因而喻諸人，則絜矩之道，行於天下。天下之人皆能絜矩，皆能恕，尚何訟之有？

人人能知修己之身，能修己之身，便是體現「恕」道，實踐此道者，則能以己之情度量他人之情，便能不偏於己之私欲而保持中庸，如此即可達到成己成人，既然有成人之意，則訴訟紛爭自是無可產生。焦氏所認知的使人人無訟，可謂是由戴震「以情絜情」的觀點而來，因此對於鄭玄將使無訟解釋爲「使民畏懼之不敢訟」乃存有質疑。〔註317〕所謂「禮之用，和爲貴」，〔註318〕即表明「禮」的作用之一在於體現中庸，「和」便是「絜矩」之道，便是「恕」道。而無訟的境界應是上述之道的具體展現，並非以威逼脅迫或嚴刑峻法的做法使人人不敢興訟。

焦氏由「不爭」的視角解釋無訟，使外在的「禮」與內在的「仁」相聯繫，所謂「禮論辭讓」即是「仁」內「禮」外之謂。〔註319〕其云：

> 知有禮者，雖仇隙之地，不難以揖讓處之。……説以名分，勸以孫讓，置酒相揖，往往和解。〔註320〕

「禮」不僅是知而已，更重要的乃是內化之工夫，即前述的修身。唯有心懷「仁恕」，才有真正的揖讓與謙遜。當然，焦氏所謂的「名分」乃指倫常，如父子關係深具自然之性情，據此，以情彰顯父子名分，其子對父的謙遜行爲自然表露。由父子倫常推擴而出，則夫婦、兄弟、朋友與君臣的關係自然明確。故與父子密切相關的冠禮才列爲「禮」之始。

至於尊卑身分不同然而情卻可通的議題，可分別由「仁」與「禮」的部分來論述，〈中庸〉云：「親親之殺，尊賢之等，禮所生也。」〔註321〕首言「親親之情」乃是人自然之性所展現的常態，所謂「親親之殺」即血緣婚配關係愈近者愈是重要，如父子、夫婦與兄弟等即是，而血緣愈是疏離者則爲輕，

〔註316〕《雕菰集・卷九・使無訟解》，頁138。
〔註317〕同前註。
〔註318〕《四書章句集注・論語集注卷一・學而第一》，頁51。
〔註319〕《論語通釋・右釋禮》，頁25上。
〔註320〕同前註。
〔註321〕《禮記訓纂・卷三十一・中庸》，頁775。

故有「仁者，人也，親親爲大」之論，〔註322〕「仁」是以己爲中心的親疏關係之「情」的推擴，是以「情」必有等差之別，人人皆是如此。子貢嘗問博施濟眾是否爲「仁」，孔子云：「何事於仁，必也聖乎！堯舜其猶病諸！」〔註323〕足見由實際面而言，「仁」乃因源於「情」而有等差之別，是以連堯舜這般聖人亦無法臻至博愛平等之境。

再者，「尊賢之等」則由尊卑身分而論，賢者、長者抑或能者，其社群地位較尊，故有長幼、賢劣與能駑的區隔，此乃是社會趨向「宜」的必然結果，而「宜」者即是「義」，「禮」的制度便是由此而生，〈中庸〉云：「義者，宜也，尊賢爲大。」〔註324〕「禮」由「義」、「宜」衍生而出，正代表群體的秩序與結構。換言之，若以幾何學概念來說明上述：「情」則可擬爲一同心圓，代表各人因「情」之親疏有別而所兼及的範圍大致相同，是爲「情同」；「尊卑」不同，可謂處於一平面上的各人，其所設立的圓心點不同。仁者，親親之殺；禮者，尊卑秩序。

焦循論「禮」，主張關鍵在於「仁恕」，而此一脈絡上承自然人性論的「情」，在「以情絜情」之中，發揮克己之「欲」的修身作爲，並順此實踐出「讓」的具體行爲，「禮」於焉而成，「仁恕」之道即貫通於其中。

（二）阮元論「禮」——相人偶之仁

本文於前一節已提及阮元所言的「威儀」說，其強調「禮樂」與「性命」的關係之密切，而目的乃欲彰顯「德在內而威儀在外」的脈絡，〔註325〕此是儒者期許身爲君子的典範，阮元云：「君子之道，則以仁義爲先，禮節爲制。……仁者得以恩愛施於父子。」〔註326〕此「仁內禮外」正是阮元所認同的，是以推知，「仁」之與否，應是其所關注的層面，應可謂其思想乃是「仁」至，則「禮」亦隨之。

阮元的〈論語論仁〉、〈孟子論仁〉等篇，即對「仁」的意涵提出貼近於「禮」的詮釋，其認爲解釋「仁」的內涵不需朝向抽象、奧妙之處設想，只需在日常之中印證，如此方合乎儒學的本意與中旨。

〔註322〕《禮記訓纂・卷三十一・中庸》，頁775。
〔註323〕《四書集注・論語集注卷三・雍也第六》，頁91～92。
〔註324〕同前註。
〔註325〕《揅經室一集・卷十・性命古訓》，頁195。
〔註326〕《揅經室一集・卷十・性命古訓》，頁191。

　　首先，阮元依據許慎（58～147）《說文》中「仁」字的解釋：「仁，親也。從人二。」〔註327〕顯見「仁」原初之意乃是指具體的形象。阮氏又引段玉裁（1735～1815）文字云：「見部曰親者，密至也。會意。」〔註328〕「親」即是關係最近者，因此「仁」之意亦即是表現在周遭最親近的人之上。又云：「〈中庸〉曰：『仁者，人也。』注人也，讀如相人偶之人，以人意相存問之言。」〔註329〕所謂「仁」者人也，並非單指涉個人而已，段氏強調的是在於「相人偶」、「相存問」中，而此二項揭示出一種人際互動與其衍生出來的禮節。

　　「相人偶」據阮元所言，出自於鄭玄之注，其云：

　　　鄭康成注，讀如相人偶之人。數語足以明之矣。春秋時，孔門所謂
　　　仁也者，以此一人與彼一人相人偶，而盡其敬禮忠恕等事之謂也。

　　　〔註330〕

「盡其敬禮忠恕等事」便是「相人偶」之內涵。換言之，「相敬相愛」即「仁」之謂也。孔門所關注的「仁」，就是互敬互愛。「相存問」之意則有慰問、探訪之意，原則上仍與「相人偶」一致。由親近之人的「相人偶」，到無論上對下、尊對卑，朋友之間的「相存問」，均要以忠恕爲根柢，禮儀則是依附於此一根柢而做爲一文飾。阮元云：「若一人閉戶齊居，瞑目靜坐，雖有德理在心，終不得指爲聖門所謂之仁矣。」〔註331〕人與人相處，彼此存敬互愛，行禮達德，倫理的秩序、社群的秩序於焉在此，而「仁」之精神即彰顯無遺。

　　由上述可知，以「相人偶」做爲內涵的「仁」，其成立條件應該有二項，其一：「凡仁必於身所行者驗之而始見。」其二：「必有二人而仁乃見。」〔註332〕阮元提出此二項，所強調的即是「仁」的價值必須在於實踐的層面上、在於體現於群體之間。也因此得以證明「仁」與「禮」的關係是密切而不得切割，「身所行者」可視作一「威儀」；〔註333〕「有二人」則是群體關係，既是

〔註327〕《揅經室一集・卷八・論語論仁論》，頁159。
〔註328〕同前注。
〔註329〕同前注。
〔註330〕《揅經室一集・卷八・論語論仁論》，頁157。
〔註331〕同前注。
〔註332〕以上皆同前注。
〔註333〕阮元云：「威儀乃性命所關，乃包言行在內。」見《揅經室一集・卷十・性命古訓》，頁195。

群體，必牽涉五倫關係，即便是家族中的長幼，甚至父子，皆有「禮節」貫於其中。是以行「禮」即是見「仁」，由社群角度、五倫關係而言，確實如此，阮元即云：

> 蓋士庶人之仁，見於宗族鄉黨。天子諸侯之卿大夫之仁，見於國家臣民。同一相人偶之道。〔註334〕

每人於倫理關係中所處的角色不同，身分地位亦有所不同。百姓或士人，其實踐「仁」（禮）的對象多在所屬家族與地方；諸侯或天子，其行「仁」（禮）的對象則在於其所統轄的地域。身分與地位的不同，雖會有不同的實踐對象，但無論為何者，均不能離開「相人偶」。

阮元繼而舉曾子「人非人不濟」、〈中庸〉「人者仁也」與《論語》「己立立人己達達人」等，〔註335〕在在指涉出「仁」的內涵在於人與人之間的相關活動，亦欲證明鄭玄言「相人偶」為「仁」的意義，即與上述之例一致，非好高騖遠，亦不是心有所悟而已。

《論語》各章中弟子問「仁」的文字甚多，如「司馬牛問仁，子曰：『仁者，其言也訒。』」〔註336〕阮元對此云：

> 夫言訒於仁何涉？不知浮薄之人，語易侵暴。侵暴則不能與人相人偶，是不訒即不仁矣。所以木訥近仁也。〔註337〕

「訒」原有難言之意，亦即不輕易說出口，然而其與「仁」的聯結點為何？蓋難言者不輕易出口，因此不至於太過輕浮，言說內容若顯得輕浮，則易失去禮節而侵凌到他人，自然無法與人互敬互愛。相較於輕浮者，不任意的言說這一點就顯得質樸且有節，乃是趨近於「仁」的行為。根據朱熹之注，孔子因司馬牛躁言，故勸之以「訒」，即欲弟子謹慎於言說之上。當然，「訒」與「不訒」等於「仁」與「不仁」，似乎是一種過於簡略的二分法，然而從與人相處的視角言，不浮誇的言語，確實為具體務實的「仁內禮外」之例。

又，《論語‧庸也》記載子貢問「仁」，其云：「如有博施於民而能濟眾，何如？」孔子回復：「何事於仁，必也聖乎！」〔註338〕阮元針對此章則云：「子

〔註334〕《揅經室一集‧卷八‧論語論仁論》，頁157。
〔註335〕同前註。
〔註336〕《四書章句集注‧論語集注‧卷六》，頁133。
〔註337〕《揅經室一集‧卷八‧論語論仁論》，頁157～158。
〔註338〕《四書章句集注‧論語集注‧卷三》，頁91。

貢視仁過高，誤入聖域。故孔子分別聖字，將仁字降一等論之。」〔註339〕「聖」
與「仁」在儒家思想中是有差別的，「聖」為一至高境界，孔子認為連堯、舜
如此的統治者都難以企及。「仁」則不然，因「仁」乃由敬愛至親開始，故是
由己身做起，即所謂：「己之身欲立則亦立人，己之身欲達則亦達人。所以必
兩人相人偶而仁始見。」〔註340〕換言之，凡於社群中生活，「仁」便有達成之
可能。

而顏淵（前 521～481）、仲弓（生卒年不詳）與樊遲（生卒年不詳）問
「仁」，孔子分別回答：「克己復禮」、「出門如見大賓，使民如承大祭」以及
「愛人」。阮元認為此三章「皆言王者以仁治天下之道」。〔註341〕首先關於「克
己復禮」，其云：

> 己字即自己之己，與下為仁由己相同。言能克己復禮，即可併人為
> 仁。一日克己復禮，而天下歸仁，此即己欲立而立人，己欲達而達
> 人之道。仁雖由人而成，其實當自己始。若但知有己不知有人，即
> 不仁矣。孔子曰：「勿謂仁者人也。」必待人而後併為仁。〔註342〕

與宋儒不同者，阮元釋「己」不謂「私」，而是回歸其原意，亦即上段所提「仁」
由己身做起。雖言「為仁由己」，然亦有一提前，便是「己」必須要被節制，
不能只有「己」而無他人的存在，若只有「己」則不可稱之為「仁」，因此更
得強調「克己」的工夫，唯有「克」（節制），方可彰顯出「禮」。人雖可成就
「仁」的價值，但不能因此而將人與「仁」視作等同。人要彼此相敬愛（禮）
後，「仁」方可以被提出。由此可見，「己」之於「仁——禮」範疇上乃屬於
關鍵之位，「仁」能否被提出，「克」的行為為第一步驟，而「己」正是被節
制的對象。

又，孔子云：「為仁由己。」此「己」亦是主動闡發「仁」價值的主體，
顯然「己」對於「仁」，既是主動主體又是被動對象的雙重角色，由文字邏輯
上看似有矛盾之處，然實際上「己」始終是立於主動地位，並非真如「克己
復禮」的字面意義，有另外一個主體超越「己」。換言之，「己」就是每個人
自我主體。每個人願節制自我，相對而言便是尊重他人，「禮」的行為即實踐
於其中，若繼續深究其中的意義，則「仁」的價值於焉在此。因此「復」此

〔註339〕《揅經室一集・卷八。論語論仁論》，頁 158。
〔註340〕同前注。
〔註341〕《揅經室一集・卷八・論語論仁論》，頁 161。
〔註342〕同前注。

一動作乃是「克」的另一層作用，「克」的同時，「復」亦生成，而終進入到孔門所重視的核心層次，即歸於「仁」。

顏淵再探問所謂具體的「復禮」做法，孔子的答覆為：「非禮勿視，非禮勿聽，非禮勿言，非禮勿動。」〔註343〕對此，阮元則云：「顏子請問其目，孔子答以四勿。勿即克之謂也。視聽言動，專就己身而言。」〔註344〕「勿」自然有節制之意，能做到「勿」，便是合於「禮」，或換言之，即能敬愛他人，乃「相人偶」即是。阮元以俚言云：「我先自己好，自然要人好。我要人好，人自與我同作好人也。」〔註345〕如此淺白通俗之語，乃強調「仁」的平易可行之處。

據上所述，「仁」由愛出發而涉及視聽言動、敬重他人的言行，乃是兼具內外的態度，而實際上能否明白此人「仁」否？還是以言行的實踐為判斷基準，是以阮元云：「孔子恐學者為仁，專待人而後並為之，故收向內言。」〔註346〕日後孟子將「仁」歸於「心」四端之一之線索便是由此而生，然此卻亦可能導致「仁」、「心」被視為一體，阮元舉《論語》的線索，認為「仁」與「心」不能相混，其云：

> 收至視聽言動亦內之至矣。一部《論語》，孔子絕未嘗於不視不聽不言不動處言仁也。顏子三月不違仁，而孔子向內指之曰：「其心不違。」可見心與仁，究不能使之渾而為一曰：「即仁即心也。」

「心」如何？若未表現於言行之上，則無從可知。因此，視聽言動的體現便可謂是觀察人心最基本之處。依孔子之論「仁」與否，的確未嘗離開視聽言動，而顏回被夫子稱頌其「心不違仁」，亦是可知心不等同於仁。根據上例，則可知「仁」與「心」實不可視為一體。又，孔子嘗云：「仁遠乎哉？我欲仁，斯仁至矣。」〔註347〕亦可說明「仁」與「心」乃是有所分別，然而絕非「仁」與「心」無涉，事實上，前者由「愛」為起源，仍是出自於自然本性，只是儒學將「仁」進一步發揮，使之與社群倫理緊密結合，在其中形成「禮」之規範。是以阮元認為若欲將「仁」與「心」合為一，反不如彰顯「仁」與「禮」的關係。

〔註343〕《四書章句集注・論語集注・卷六》，頁132。
〔註344〕《揅經室一集・卷八・論語論仁論》，頁161～162。
〔註345〕《揅經室一集・卷八・論語論仁論》，頁162。
〔註346〕同前注。
〔註347〕《四書章句集注・論語集注・卷四》，頁100。

再以孔子回應仲弓關乎「仁」的內容爲例，便可證得「仁」的內涵與社群倫理結合的緊密程度。阮元舉古代所謂暴君、不仁的統治者，即是不敬重群臣、視百姓如草芥之人，其云：

> 究其始，不過由不敬不恕充之，以至於此。淺而言之，不愛人，不人偶人而已。若有見大賓承大祭之心，行恕而帥天下以仁者，豈肯少爲輕忽哉？此所以爲孔門之仁也。〔註348〕

殘暴之人乃因缺乏「己所不欲，勿施於人」的實踐而有如此言行。倘若持以時時刻刻敬重對方的態度，在接待人物、參與祭禮的場合中必是愼重行事，何有殘暴不仁之事？換言之，所謂「仁」者，即是愛人、即是協力互助。而展現於社群之中，無論是見大賓抑或是承大祭，在在與禮節相關，阮元嘗考證「大賓、大祭」，其云：「《周禮》凡言大賓客，皆諸侯朝覲之禮。《爾雅》曰：『禘，大祭也。』」〔註349〕先秦時期主持大賓大祭者乃專指天子而言，顯見其禮節的愼重至要，而孔子以如此愼重之禮來回應仲弓之問「仁」，確實可知「仁」之於社群的重要性。

自宋儒將孟子思想闡發後，關乎「仁」的論述便側重於內化，甚至與「天理」直通，如朱熹即云：「仁者，本心之全德。……蓋心之全德，莫非天理。」〔註350〕如此抽象之「仁」，除自身能體悟外，並無強調到「相人偶」，自然也就可與社群無所連繫。當然，宋儒將「仁」發展出一套抽象思辨的領域，且將儒學形而上學之內涵進一步擴充，更將道德先驗論發展至高峰等，對於儒學理論發展而言具有正面意義，然而綜觀《論語》中的「仁」論，則仍以「相人偶」之層面爲砥柱，因此由此角度出發，可知阮元回歸儒學之基本，藉由人與人、人與社群之間的互動實踐來彰顯出「仁」的價值。

又如論管仲（前 725～645）之「仁」否，子路、子貢針對「桓公殺公子糾」，而管仲不死一事請教於孔子，夫子讚管仲「九合諸侯，不以兵車，……如其仁！」；「相桓公，霸諸侯，一匡天下，民到于今受其賜。」而宋儒卻云：「蓋管仲雖未得爲仁人，而其利澤及人，則有仁之功矣。」〔註351〕如此只承認管仲有「仁」之功而無「仁」之實，甚至程子有改動史實之舉，〔註352〕乃

〔註348〕《揅經室一集・卷八・論語論仁論》，頁 164～165。
〔註349〕《揅經室一集・卷八・論語論仁論》，頁 165。
〔註350〕《四書章句集注・論語集注・卷六》，頁 131。
〔註351〕上皆見《四書章句集注・論語集注・卷七》，頁 153。
〔註352〕程子曰：「桓公，兄也。子糾，弟也。仲私於所事，輔之以爭國，非義也。桓

因宋儒將「仁」視之爲絕對至善的天理，是以必須切割出管仲之人與其功爲二，且又欲符合兄弟的尊長幼綱常，而將糾與小白身分對調，追究其因，皆因亟欲維持「天理」所致。阮元對於管仲其人其功則云：

> 論管仲不必以死子糾爲仁，而以匡天下爲仁，蓋管仲不以兵車會諸侯，使天下之民無兵革之災，保全生民性命極多。仁道以愛人爲主，若能保全千萬生民，其仁大矣！故孔子極許管仲之仁，而略其不死公子糾之小節也。〔註353〕

所謂符合「仁」者的基石乃爲互敬互愛，由近親推擴至眾人，管仲輔佐桓公爲春秋霸主，一會盟諸侯而不以武力；二尊周室而攘夷狄。免除武力乃可保全眾人的性命；尊王攘夷的政策乃是維護宗族倫理與禮制。由上述二項可知，管仲之功即在於成就「仁」道，因「仁」爲敬愛他人，「禮」又爲其途徑與規制，以管仲爲相後的成果而論，可謂是竟其全。此「仁」的成就相對於個人殉死之節，後者則顯得不足爲道，亦不免狹隘。

　　事實上，程朱論管仲之處，於清初之際即多爲儒者所摒除，如顧炎武（1613～1682）云：「取其一匡九合之功，蓋權衡大小之間，而以天下爲心也。」〔註354〕揭示出孔子稱許管仲之重點即「以天下爲心」，而所謂「天下」者，包含性命與文化，此兩者可總合爲「仁」道。又，毛奇齡（1623～1716）亦云：「夫子許管仲……以民物爲懷……而程氏無學……並不知聖賢旨趣何在。」〔註355〕此言雖太過，然卻也點出「仁」的實踐，即「以民物爲懷」與「以天下爲心」皆是。阮元所論述的內容，實際上承續顧、毛二氏，僅是更加凸顯「仁」者在於愛人、敬人而已。由上述清儒所持的觀點可知，「仁」被還原至愛的根源上，而以不侷限於宋儒忠君殉節的定義，以顧炎武所云：「夫

公殺之雖過，而糾之死實當。仲始與之同謀，遂與之同死，可也；知輔之爭爲不義，將自免以圖後功亦可也。故聖人不責其死而稱其功。若使桓弟而糾兄，管仲所輔者正，桓奪其國而殺之，則管仲之與桓，不可同世之讎也。若計其後功而與其事桓，聖人之言，無乃害義之甚，啓萬世反覆不忠之亂乎？如唐王珪魏徵，不死建成之難，而從太宗，可謂害於義矣。」見《四書章句集注‧論語集注‧卷七》，頁153～154。宋儒由道德先驗觀來論管仲「仁」否之議題，乃不得不採顛倒史實之方式以立道德形上學之地位不動搖。

〔註353〕《揅經室一集‧卷八‧論語論仁論》，頁169。
〔註354〕《日知錄集釋‧卷七‧管仲不死子糾》（顧炎武著、黃汝成集釋：《日知錄集釋》，臺北，世界書局，1981年），頁158。
〔註355〕《四書改錯‧卷二十》（毛奇齡：《四書改錯》，收於《續修四庫全書‧經部‧四書類165》，上海，上海古籍書版社，2002年），頁194。

以君臣之分，猶不敵夷夏之防。」〔註356〕道出孰大孰小之區隔。倘區區以忠君殉節爲至重，忽略性命綱常的維繫而不顧，令戰亂叢生與人文價值消逝，如何稱得上「仁」？是以清儒普遍將君臣殉節之小事置於維護眾人生命與文化禮制此大事之下，乃因所關懷處與宋儒不同之故，由結果論可謂是清儒論「仁」多採取社群的視角。

另，宰我嘗問孔子「三年之喪」，孔子最終以「不仁」來評價宰我，並云：「予也有三年之愛於其父母乎？」〔註357〕乃因孔子認爲宰我對其父母之愛的體現與實踐，未達一基本的程度。阮元即云：

> 親親而仁民，仁民而愛物之序。孝弟爲仁之本，即孟子所謂未有仁而遺其親者也。所以堯典必由親九族而推至民雍也。博愛平等之說，不必辯而知其誤矣。爲仁爲孝之本，故孔子謂宰我欲短喪爲不仁也。〔註358〕

由親情之愛到敬愛他人，再推及萬物，此「以情絜情」的順序，乃是儒家倡導的「親親之殺」，亦即是「仁」，是以屬於親情中的孝悌乃是「仁」的根基。換言之，無孝悌之愛則是無「仁」。守喪乃爲「禮」之範疇，且三年屬於通禮，如何有「三年不爲禮，三年不爲樂」的可能？又，夫子要宰我反問己之心能安否？此即是「以情絜情」，然而宰我內心並無此情，故於喪期之中猶能安心於食稻衣錦，而無此孝之情，即是無「仁」之明證。故由宰我的答覆可知，其不只不守三年喪之禮，更缺乏仁的孝悌之情。

阮元之論「博愛平等之說，不必辯而知其誤矣」，「博愛」一詞源於韓愈（768～824）〈原道〉首句：「博愛謂之仁。」〔註359〕而其意乃指廣博之愛，抑或對於全體萬物之愛，韓愈提出此一詞彙欲與儒學之「仁」接軌，然而「博愛」之愛實與「仁愛」之愛有別，韓愈的「博愛」可能出自於「博施濟眾」

〔註356〕《日知錄・卷七・管仲不死子糾》，頁 158。

〔註357〕宰我問：「三年之喪，期已久矣。君子三年不爲禮，禮必壞；三年不爲樂，樂必崩。舊穀既沒，新穀既升，鑽燧改火，期可已矣。」子曰：「食夫稻，衣夫錦，於女安乎？」曰：「安。」「女安則爲之！夫君子之居喪，食旨不甘，聞樂不樂，居處不安，故不爲也。今女安，則爲之！」宰我出。子曰：「予之不仁也！子生三年，然後免於父母之懷。夫三年之喪，天下之通喪也。予也有三年之愛於其父母乎？」見《四書章句集注・論語集注・卷九》，頁 180～181。

〔註358〕《揅經室一集・卷八・論語論仁論》，頁 167。

〔註359〕《朱文公校昌黎先生集・卷十一・原道》（韓愈：《朱文公校昌黎先生集》，四部叢刊初編子部，上海，上海商務印書館，1929 年），頁 95。

的理想，若是如此，則據孔子所論，此已超越「仁」而至於「聖」的境地，恐無人能企及。儒學所關注的爲「親親之殺」，承認愛是有所區別，此爲常情常理，如何能將陌生者與父母手足之愛視之爲平等？故韓愈所謂的「博愛」內涵，並非儒學「仁」的內涵，是以阮元才有「知其誤」的結論。

阮元根據漢注以「相人偶」來論「仁」，實則與凌廷堪、焦循的論「禮」內涵互爲相通，皆是由「情」爲其論述的根據，繼而於群體基礎上將「禮」與「仁」賦予不可分割，且爲互爲表裡的義理思想，即孔子所云：「人而不仁，如禮何？」的詮釋，〔註360〕不仁者，心中無愛，對人不尊不敬，縱使表象能行儀，亦是無禮，阮元補充云：「不與不仁者相偶也。一日用力無不足，即一日克己復禮之說。」其認爲若有不仁者，則應當遠離，且要以此做爲警惕。當然，吾人可說阮元此說是消極的面對不仁，缺乏教化的積極性。實際上阮元此說乃在詮釋「惟仁者能好人，能惡人」，〔註361〕主旨在於強調身爲仁者，必能辨析出好與惡之差異。

而對於孟子的「仁」論，阮元指出當時各國征戰不已，且專言「利」而忽視「仁」之精神，孟子一則曰「仁者無敵」；二則曰「國君好仁，天下無敵」，並倡「仁義禮智爲心之四端」以抗衡其他諸子之學說。阮元云：

> 仁具於心，然具心者，仁之端也。必擴而充之著於行事，始可稱仁。孟子雖以惻隱爲仁，然所謂惻隱之心乃仁之端，非謂仁之事實也。〔註362〕

何謂「仁」？必須有具體的行爲方可爲是。孟子將「仁」收攝於心，言人人皆有惻隱之心，若只有惻隱之心而無所作爲，仍然不具備「仁」人的條件。可知阮元的思想受戴震論性善的影響，亦將孟子所主張的惻隱之心視之爲「仁」的因子而已，此因子必須擴充至具體的行爲裡，「仁」方可確立，否則僅是作爲因子的存在，實與「不仁」無異。

以著名的「孺子入井」爲例，阮元即云：「乍見孺子入井而不拯救，……不能充仁之實事，不得謂之爲仁也。」〔註363〕某人或見一令人產生憐憫、同情之事，然而若無具體的行動，由最終結果來論，確實與不仁者無異。該如何能判定其有仁之本心？阮元試圖分析孟子的「仁」，云：

〔註360〕《四書章句集注・論語集注・卷二》，頁61。
〔註361〕引文皆見《揅經室一集・卷八・論語論仁論》，頁171～172。
〔註362〕《揅經室一集・卷九・孟子論仁論》，頁175。
〔註363〕同前注。

> 孟子論良知良能，良知，即心端也，良能，實事也。舍事實而專言
> 心，非孟子本指也。孟子論仁，至顯明，至誠實，未嘗舉心性而空
> 之。〔註364〕

於《孟子‧盡心上》所謂的「良知良能」乃屬本能判斷的認知與行爲，即「人
之所不學而能者，其良能也；所不慮而知者，其良知也。」〔註365〕似與阮元
所詮釋的「良知良能」稍有不同，孟子謂「良知良能」二者皆是從本能之處
來論，是一先驗而不藉由經驗、學習的道德認知與行爲，因此《孟子》論
「仁」鮮少涉及具體之「禮」，與《論語》論「仁」之內涵有所差異，前者偏
向內化層次的路徑較爲明顯，然阮元非道德先驗論主張者，因此面對孟子的
「仁」論，便將「良知良能」解釋爲動機與結果兩端，企圖將其經驗化、具
體化，並與「相人偶」結合，其云：

> 良，實也。見漢書注。無奧旨也。此良知二字，不過孟子偶然及
> 之，……殊非七篇中最關緊要之言。且即爲要言，亦應良能二字重
> 於良知，方是充仁推恩之道。〔註366〕

「良知」由原初本能的認知判斷被推向知「仁」的念頭，與具體言行的「良
能」所代表的涵義已不相同，是以阮元會將「良知」虛化而較推崇與其義理
思想可契合的「良能」，因其認爲「良能」此一具體的實踐方可與「相人偶」
相爲印證。

由上述可知，阮元企圖將《孟子》與《論語》論「仁」的內涵畫上等號，
其云：「孟子之仁與孔子堯舜之仁，無少差異。」〔註367〕又，如《孟子‧盡心
下》云：「仁也者，人也。」〔註368〕阮元即云：「孟子此章人也人字，亦當讀
如相人偶之人。」〔註369〕雖孟子與孔子所重視者皆爲「仁」，然不可諱言，從
《論語》中所論之「仁」多與「禮」通，諸如「克己復禮，天下歸仁」等，
而《孟子》論「仁」則較少涉及「禮」的層面，而多由心之端做闡發，如「仁，
人心也。」是以阮元補充：「分之則習而不察，合之則章指並明。」〔註 370〕

〔註364〕《揅經室一集‧卷九‧孟子論仁論》，頁175～176。
〔註365〕《四書章句集注‧孟子集注‧卷十三》，頁353。
〔註366〕《揅經室一集‧卷九‧孟子論仁論》，頁182。
〔註367〕《揅經室一集‧卷九‧孟子論仁論》，頁176。
〔註368〕《四書章句集注‧孟子集注‧卷十四》，頁367。
〔註369〕《揅經室一集‧卷九‧孟子論仁論》，頁176。
〔註370〕同前注。

換言之，孔子論「仁」乃較爲具體，就事而論；孟子論「仁」皆歸於怵惕惻隱，著重論述其與心性聯繫的部分。然誠如阮元所主張，孟子的義理基本上是承繼孔子思想而來，故「惻隱之心」仍是源自於孝弟之親，即：「惻隱爲仁之端，充此端以行仁則孝，孝弟爲仁之本。」〔註371〕孝弟之行乃屬親親之愛，更是社群和諧的基石，不脫離「相人偶」的範疇。

阮元認爲，「相人偶」乃源自於先秦，至東漢末時已形成一普遍概念，因此鄭玄所注並非冷僻的辭彙，其云：「康成氏所舉相人偶之言，亦是秦漢以來，民間恆言，人人在口。」〔註372〕亦即「仁」乃是日常之中，人與人之間「敬愛執禮」的概括。

〔註371〕《揅經室一集・卷九・孟子論仁論》，頁186。
〔註372〕《揅經室一集・卷八・孔子論仁論》，頁173。

第四章　揚州諸儒於義理學外之表現

　　張舜徽（1911～1992）所撰《清代揚州學記》中嘗提及清代中葉與「漢學」相關之三學派的各別特性，其云：

> 余嘗考論清代學術，以爲吳學最專，徽學最精，揚州之學最通。無吳、皖之專精，則清學不能盛；無揚州之通學，則清學不能大。

〔註 1〕

「通」成爲張氏認爲的揚州學者特性。自宋至明以來，士大夫階層除了對〈大學〉、〈中庸〉、《論語》、《孟子》熟悉的基礎外，便是對傳統史學，抑或是詩詞文類的涉獵。換言之，所謂學術認知乃以道德爲主體的經史類，兼之以文學，較少拓展出其他領域。

　　然而清代中葉，儒者所觸及的領域似乎有逐漸拓展出較爲不同的學術面向，此以揚州儒者較爲鮮明。梁啓超（1873～1929）亦云：「尙有揚州一派，領袖人物是焦里堂循、汪容甫中他們的研究範圍，比較的廣博。」〔註 2〕其所言之要旨，亦同於張舜徽之評論。因此可知，揚州儒者的學術表現確實有其特色。然所謂之「通」，嚴格而論仍是在經學範疇內的「通」，當然，經學範疇涵蓋層面極廣，若要一人通徹所有的面向與領域，無非是強人所難，勢必有其精熟的取向，以下就地理水利、先秦諸子與數學三個面向分別論述。

〔註 1〕　《清代揚州學記》（張舜徽：《清代揚州學記》，武漢，華中師範大學出版社，2005 年），頁 6。
〔註 2〕　《中國近三百年學術史》（梁啓超：《中國近三百年學術史》，北京，東方出版社，1996 年），頁 27。

第一節　阮元對地理與水利理論之成果

　　關於地理、水利一類的論述，揚州儒者中以阮元涉及的較爲顯見，於《揅經室集》中即收錄多篇相關文字：如〈禹貢東陵考〉、〈浙江圖考〉、〈江隄說〉、〈雲南黑水塗考〉等諸篇。雖焦循著有《禹貢鄭氏注》，於自序中亦可見出焦循對阮元在考證上之協助，〔註3〕然焦氏此作主在梳理《漢書・地理志》與鄭玄注，屬輯注之類，不如阮元尚有探勘之舉，故本節仍以阮元的文字爲主要探析對象。

　　由阮元撰寫諸篇相關內容來看，大致可分析出三大特點，其一爲《尚書・禹貢》中所提之區域作地理考察，尤以揚州境內的「三江」說最爲豐碩。其二是阮元利用所學之幾何學知識解釋黃河下游淤積與氾濫之現象。第三爲「黑水」考，亦源自於〈禹貢〉篇之內容。

　　需提及一點，即清代地理撰論的趨勢，因康、雍、乾三朝乃實質統御西北疆域，故該疆域亦爲部分學者所關注，此是由錢大昕（1728～1804）發現《長春眞人西遊記》後開啓研究途徑，其後祁韻士（1751～1815）、徐松（1781～1848）、龔自珍（1792～1841）等學者多有著墨，祁氏與徐氏且遣戍過伊犁，皆有實地考察過新疆地理，如祁氏著有《新疆要略》，徐氏有《西域水道記》等頗受矚目，〔註4〕然揚州諸儒於西北地理、水文上則未嘗見及相關論述，其原因可能是十三經的內容未明顯涉及西北疆域，故可能未關注之外，更重要者可能與揚州諸儒自身的遊歷有著密切關係，基於上述可能原因，是以地理成果多集中於帝國東半壁。

一、梳理〈禹貢〉「三江」說

　　《尚書・禹貢》中論述「三江」時云：「淮海惟揚州。彭蠡既豬，……三江既入，震澤底定。」〔註5〕以及「岷山導江，……過九江，至于東陵，東迆

〔註3〕　焦循云：「（阮）撫軍撰〈浙江考〉宗班固地理志，以鄭康成之說爲非。循曰：『鄭氏未嘗爲非也。』……因詳爲言之，撫軍以爲然。」見焦循：《禹貢鄭注釋・序》（《叢書集成三編　九二・禹貢鄭注釋》，臺北，新文豐出版社，1996年），頁161。

〔註4〕　左宗植（1804～1872）云：「道光中徐君星精於西域輿地水道之學。當時所與往還者多海內高才博聞。」見《愼盦文鈔・卷下・書羅研生所藏徐星伯家書禮》（左宗植：《清代詩文集彙編・愼盦文鈔》，上海，上海古籍出版社，2010年），頁199。

〔註5〕　《尚書・卷三・禹貢第一》（《周易王韓著、尚書孔傳》合刊，臺北，中華書

北，會于匯；東爲中江，入於海」短短幾字，除了知道三江位於揚州之境，其餘的令後世學者產生不少推測，故而向來眾說紛紜，莫衷一是，阮元則撰寫數篇與「三江」相關的文字，分別提出其觀點。

（一）東陵範圍考

阮元考據浙江一地，主張其爲《尚書‧禹貢》中三江中南江的所在，其云：「余昔在浙，已攷浙江即禹貢三江之南江。」〔註6〕而考證方式有二：其一，徵以古籍。關於江自池州石城（今安徽貴池）東行會于震澤（今太湖）至餘姚（今浙江寧波）出海云云，應是阮元主張〈禹貢〉所云的三江之中的南江入海處，即今日的錢塘江口。阮元云：「稽之漢以前古籍，無不合者。漢以後各家之誤，可指諸掌矣。」〔註7〕阮元認爲漢代以前的記載精確，而魏晉之後則多有歧出。其二，實地考察。其云：

> 嘉慶十一二年間，予在墓廬爲卜葬之事，西上冶山，見所謂廣陵者矣。十三年，由汴梁過臨淮，踰清流關嶺，更見所謂廣陵者矣。十八年，由江寧溯江至池州九江，乃曉然于禹貢至于東陵東迤六字，確爲不可易。廣陵即東陵。〔註8〕

阮元於嘉慶十一至十八年間，三次造訪今南京、滁州至池州到九江此一帶的廣闊區域，乃確定廣陵即是東陵，所謂廣陵非指郡名（舊址於今江蘇省淮安一帶），而是一綿延了數百公里長的範圍。由此可見，阮元除在古籍上的考據外，亦具有實地訪察的經驗。藉由墓葬事宜與兩次途經之便，而徵查其現地，又對照漢代以前古籍的記載，因而確立其主張。

阮元繼而以當時的地理知識來駁斥前人之說，其認爲晉以後之人對於〈禹貢〉云「北會於匯」的理解上有誤，阮元云：「誤解北會於匯之匯爲彭蠡，勢不得不在湖口彭澤以上求東迤。」〔註9〕其認爲「北會於匯」之「匯」乃是指震澤，而漢以後之人認爲是彭蠡（漢以後以鄱陽湖爲彭蠡。至清李光地、紀昀延續宋朱熹、蔡沈之考證，主張彭蠡爲巢湖），〔註10〕因此若要對照〈禹

　　　局，2016年），頁3上。
〔註6〕《揅經室一集‧卷四‧禹貢東陵考》（阮元：《揅經室集》，臺北，世界書局，1964年），頁65。
〔註7〕同前註。
〔註8〕同前註。
〔註9〕同前註。
〔註10〕如朱熹有《朱子大全‧卷七十二‧九江彭蠡辨》（朱熹：《朱子大全》冊九，

貢〉記載水文往東行，則必由鄰近彭蠡之湖口、彭澤（今江西九江東北隅）以上推論。阮元云：

> 求東陵，不知大江之勢，自武昌至彭澤，皆正東流。惟過彭澤，由望江向安慶池州蕪湖，以至江寧，皆東北流，此〈禹貢〉所以稱爲北江也。〔註11〕

武昌（今武漢）至彭澤一段的長江水文皆屬正東流向，而彭澤至江寧（今南京）則改爲東北向。換言之，阮元主張長江即是三江中之北江，可知其考證基準之一乃是依據長江之走勢而得。

由今日地理圖觀來，若以經緯線爲正南北向與正東西向之基準，長江位於武漢至湖口（即江西省九江市）一段的走勢，大抵是屬西北朝東南走向，而湖口至南京（江寧）一段，則爲西南朝東北的走勢（附圖一），與阮元所謂「自武昌至彭澤」之正東流向不符，似是受限於當時地理測繪不如今日精確因而有此誤，然而阮元於文中又云：

> 按地球度數，由西南向東北斜角，歷南北經度，將及三度，非比由武昌至彭澤，自正西至正東，緯度平行也。〔註12〕

當時西方的傳教士們已將大地爲球型之說傳入中國，此與中國傳統天圓地方說有所出入。因此，阮元顯然是將西學的知識帶入傳統的經籍之中，利用西方經緯度的知識來解釋長江於彭澤至江寧之流向。實際上，中國古代地理測繪技術的成果頗高，由宋代石刻〈禹迹圖〉即可知（附圖二），顯然已有使用比例尺的觀念。〔註13〕由此〈禹迹圖〉可見長江於武昌至彭澤一段之走勢，確實較接近於正東流向，而與今日的地圖有明顯差異，因此或可推測，阮元所依據的地圖恐近似於此圖，甚至就是〈禹迹圖〉，方有所謂正東流之說。但從歷史事件來看，康熙五十七年，在傳教士主導與中國學者協助繪製的《康

臺北，中華書局，2016 年），頁 5～11。李光地《尚書七篇解義・禹貢》（李光地：《尚書七篇解義》，《景印文淵閣四庫全書・經部六二・書類》冊 68，臺北，台灣商務印書館，1983 年），頁 68～124。

〔註11〕《揅經室一集・卷四・禹貢東陵考》，頁 65。

〔註12〕同前注。

〔註13〕米志強、王衍臻云：「〈禹迹圖〉是南宋紹興六年（1136 年）刻於石板上的地圖，圖上約有 5110 方（橫 70 方，豎 73 方）。方格長約 1.1 釐米，圖名下注有『每方折地百里』，因此該圖比例尺約爲 1：500 方，它是現存最早的帶有製圖網格的地圖。（米志強、王衍臻：〈論中國古代地圖技術的發展〉，收錄於《城建史話》，北京，2002 年第 4 期，頁 41～43），頁 41。

熙皇輿全覽圖》已有極精密的地圖測繪成果，〔註14〕尤其是國境的東半壁，
與今日測繪相差甚微，何以阮元捨棄不用？推測阮元或許無緣親睹《康熙皇
輿全覽圖》外，亦不能排除當時清儒如何看待西學的態度與背後的思維因素，
此於後章再論述。

　　當然，阮元所考證的對象除三江中的南、北江外，其重點仍置於東陵。
上文已言及東陵乃一廣闊地區，阮元云：「計東陵之大，非一二邑所可盡，陵
之爲形，乃長山之形。」顯然其所認定的「東陵」爲山陵之形貌。阮元繼云：
「其脊棱棱然，縣延而行，水分兩地而流。」〔註15〕乃指所謂之「三江」又
與此一山勢走向相關。阮元考定出東陵之範圍，其云：

> 今盧州府舒城縣應即是東陵之首，過此以東爲滁州清流關嶺，嶺脊最
> 高，再東則六合天長，以至揚州甘泉江都，始爲東陵盡處。〔註16〕

舒城（今合肥西南）爲東陵起點，其中以滁州西郊清流關嶺之嶺脊爲全境最
高點，朝東至揚州爲其盡頭處。阮元將東陵範圍界定於長江之北、淮河以南，
因此處山陵多，最是符合〈禹貢〉中所言，即「此陵縣延數百里，其脊分南
北，脊南之水皆入於江，脊北之水皆入於淮」，〔註17〕而阮元亦描述其所見所
聞，云：

> 予出揚州西門，至古井寺，陳家集橫山，見一路皆有嶺脊之形。問
> 之農民，皆言嶺脊雨水，南則入江，北則入湖，再由冶山至棠山
> 以上，直接滁山皆然。滁之清流，其形最顯，此揚州之所以名曰

〔註14〕 康熙四十七～五十七年（1708～1718），由耶穌會傳教士白晉（Joachim
Bouvet，1656～1730）、雷孝思（Jean-Baptiste Regis，1663～1738）爲首與欽
天監學生明安圖（1692～1763）等十多位數學、天文專家歷十餘年，實地測
繪完成之《皇輿全覽圖》。該圖雖爲當時世上最詳細、規模最大之地圖，然並
未眞正受到中國學術界之重視，亦無改變中國知識份子之地理觀。牛汝辰
（1958～）云：「儘管《皇輿全覽圖》以後有過多種版本，但其實際上眞正被
中國地理學者所利用是在 19 世紀初。……自明末以來，除了極個別中國學者，
如李之藻（1571～1630）、方以智（1611～1671）、孫蘭（明末清初，生卒年
不詳）那樣能在地理學的層面上對西方地理做出若干對話外，絕大部分的
學者僅僅只是初步的吸納而已，還談不上對西方地理學的學術應戰。」見〈清
代測繪科技的輝煌及其歷史遺憾〉（牛汝辰：〈清代測繪科技的輝煌及其歷史
遺憾〉，收錄於《測繪軟科學研究》，2001 年 11 月，第 7 卷第 4 期，頁 25～
29），頁 27。

〔註15〕 《揅經室一集・卷四・禹貢東陵考》，頁 66。

〔註16〕 同前注。

〔註17〕 同前注。

廣陵也。〔註18〕

由其論述更可知，阮元對於東陵地區的勘查乃十分具體，如此即能清楚明瞭東陵各脊嶺，如橫山、冶山、棠山、滁山乃至滁州清流關嶺等，皆是串而不輟。雖然山脊之勢有起伏高低，甚或有平坦之處，然「以分水之法測之，則瞭然可見者也」，〔註19〕即脊之南北兩水各有其匯歸之處。

除現地的徵實外，上文亦提及藉由古籍以考證的方法。〈禹貢東陵考〉一文中云：「江都東鄉所以有漢東陵亭廟。」因揚州乃爲古東陵之一隅，是以存有東陵亭，阮元由《後漢書》中尋得證據，其云：「《後漢書·郡國誌》，江都廣陵有東陵亭，即此地也。」〔註20〕再者，阮元考「陵」之意涵，云：「予嘗讀《爾雅》各陵矣，注者唯以西隃雁門爲北陵可攷。」〔註21〕《爾雅·釋地》中云：「東陵阢，南陵息愼，西陵威夷，中陵朱滕，北陵西隃雁門是也。」〔註22〕阮元言，除東陵外，北陵是較爲清楚之地，其餘則渺無所指。其繼云：

> 予于十七年至山西，稽問西隃雁門之陵，橫互塞門數百里，是非一、二邑地所可盡，與東陵同。東陵二字，見于《爾雅》，又見于〈禹貢〉，必非舒廬之間一山所能當此。〔註23〕

阮元不僅是考證東陵一地而已，連同北陵雁門（今山西代縣西北）亦曾有現地考察的經驗，目的乃欲以北陵的範圍證東陵的範圍，因稱古人其爲「陵」者，必有其標準可依。由阮元考證東陵的內容可知，大抵上是延續顧炎武（1613～1682）著重於經驗與古籍考證雙線進行之途徑。

（二）三江位置考

阮元於〈浙江圖考〉一文中運用更多古籍考證的方法，其著重於「三江」位置的梳理，文章開頭便云：「古今水道，變遷極多，小水支流，混淆不免。」〔註24〕〈禹貢〉「三江」的闡釋，自漢代以降就有多種說法，以致於混亂。阮

〔註18〕 《揅經室一集·卷四·禹貢東陵考》，頁66。
〔註19〕 同前注。
〔註20〕 上皆同前注。
〔註21〕 同前注。
〔註22〕 《宋本爾雅·釋地第九·十藪》（郭璞：《宋本爾雅》，臺北，藝文印書館，2013年），頁57。
〔註23〕 《揅經室一集·卷四·禹貢東陵考》，頁66～67。
〔註24〕 《揅經室一集·卷十二·浙江圖考上》，頁239。

元云：

> 江者發源岷山者也，禹貢三江……。北江者，岷江由江寧、鎮江、
> 丹徒、常州之北入海，即今揚州南之大江也。中江者，岷江由高淳
> 過五霸至常州府宜興縣入海者也。南江者，岷江由安徽池州府過寧
> 國府、會太湖，過吳江石門，出仁和縣臨平半山之西南（今塘棲）
> 折而東、而北，由餘姚北入海者也。〔註25〕

岷山（今甘肅南部）為長江上游岷江之發源。阮元主張岷江即是大江，慣稱
為長江，長江至鎮江、常州，由江都一帶入海，此乃是北江。而中江則是自
蕪湖西南方，流經高淳（南京高淳區）、宜興與滆湖之間，於陽羨（即宜興）
入海。南江則由廬江歧出後經池州一路至太湖，轉下吳江（今蘇州吳江區），
過嘉興，錢塘（今杭州），由餘姚入海。

　　阮元繪製的〈禹貢〉「三江」走勢「乃博引群書」而來（見圖三），其根
據文獻考證，除了北江外，中江與南江皆已絕斷。其云：「中江，自楊行密（852
～905）築五堰，其流始絕。」〔註26〕若其所考證正確，即中江自唐末即被楊
行密的水利工程所斷絕，又云：「永樂時設三壩，陸行十八里矣。」足見昔日
中江河道至今早已不復見。南江河道的隱沒，則較中江更早，阮元云：

> 自北魏時石門仁和流塞，唐初築海塘以捍潮，其流始絕。今吳江石
> 門仁和數百里內皆為沃土，惟一線清流自北新關通漕達於吳江。
>
> 〔註27〕

南江最遲至唐初亦因構築海塘而漸涸。觀今吳江一帶的沃土，皆屬於昔日南
江所流經之地。由上所述，筆者以為阮元所考之中江與南江若為正確者，則
應屬小型河道，即河道規模不大，水量與深度無法與北江之水相比，是以於
中古世紀的人為工程便能使其二江逐漸堙沒，雖然阮元批評韋昭等人所認定
的三江規模大小差異過大，但其自身考證出的中江或南江的規模，卻也無法
與長江相擬，詳見下文。阮元繪製出〈禹貢三江總圖〉可清楚見到北、中、
南三江的位置分布，此圖所顯示的，乃是阮元考證的兩漢以前長江中下游的
地理概況，岷江於池州府一帶（今池州市）首先分出南江，而主流至蕪湖西
南又分出中江，北江則流經揚州府南側，繞過常州上方，最後由江都入海。

〔註25〕《揅經室一集・卷十二・浙江圖考上》，頁239。
〔註26〕同前注。
〔註27〕以上引文皆同前注。

（三）辨歷代「三江」說之真偽

基於漢代近於先秦的事實，阮元主張兩漢古籍如《漢書》、《說文》、《水經》與鄭玄（127～200）注等較接近爲眞實的記載，其云：

> 班孟堅（32～92）《漢書》、許叔重（58～147）《說文》、孔（穎達，574～648）疏所引眞鄭康成書注、桑欽（127～200）《水經》，諸說，是也。……以其說之是者，證之〈禹貢〉、《周禮》、《左傳》、《國語》、《越絕》、《史記》諸書，及今各府縣地勢，無不合也。〔註28〕

古籍《漢書》、《說文》與《水經》等所紀錄的三江，兼之阮元自身親至各地考察的實際樣貌，兩者可相爲符合。於實際考察後對照，魏韋昭（204～273）《國語注》、北魏酈道元（？～527）《水經注》與唐徐堅（659～729）《初學記》等所論述者則多有謬誤。〔註29〕而鄭玄所注之〈禹貢〉「三江」（見圖四）由阮元所繪製的〈鄭氏南江東迆圖〉可見梗概，其將此圖與東陵考結合參看，過彭蠡之後至東陵之西端便分出南江入海，即圖中所云：「至于東陵－東迆者」；「東迆者爲南江」。阮元云：

> 鄭氏注「東迆，北會于匯。」云：「東迆者爲南江。」東迆者，則鄭氏讀〈禹貢〉東迆爲句也。三江之中，惟南江之勢，北會于具區，所謂北會于匯也，若彭蠡則在江之南，無所謂北匯矣。〔註30〕

鄭玄解釋東迆乃指南江，因唯有南江流經震澤，即「會于具區（今太湖）」。至於彭蠡位於岷江南岸，其地理位置猶在三江未分之前，自是與「北會于匯」一句無關。即，南江分自石城；中江分自蕪湖，兩者皆在彭蠡東方。而「三孔東入海」阮元補充云：「《爾雅》訓爲閒。與空相通。水之分出，如器之有孔。」〔註31〕乃指三江。

上文提及「三江」歷來說法甚多，阮元認爲漢儒或延續漢儒所說者方爲正確，餘者爲非。首先，以《經典釋文》引韋昭注例，認爲「三江」乃吳松江、錢塘江、浦陽江，《吳地記》謂松江、東江、婁江爲「三江」，而孔穎達《（五經）正義》則主張出自太湖東方的松江等三江爲小江，《周禮》上所載

〔註28〕《揅經室一集・卷十二・浙江圖考上》，頁240。
〔註29〕阮元云：「《初學記》引僞鄭康成書注、韋昭《國語注》、酈道元《水經注》、庾仲初《吳都賦注》，諸說，非也。」同前注。
〔註30〕《揅經室一集・卷十二・浙江圖考上》，頁251～252。
〔註31〕《揅經室一集・卷十二・浙江圖考上》，頁251。

之「三江」，不應是捨棄大江而記載小江。〔註32〕阮元云：

> 韋昭雖分浦陽江於浙江而捨岷江，蓋以岷江不入震澤，且三者大小
> 不配也。……《正義》駁之亦明矣。乃韋昭不以大江為北江，而
> 以松江為北江，浙江為中江。……晉之郭璞（276～324）魏之酈
> 道元，唐之孔穎達，皆本班志，其韋昭庾初仲之異說，則學者所不
> 用耳。〔註33〕

韋昭等人以規模較小之江來印證〈禹貢〉中之「三江」，實不免有捨大取小的
疑慮，是以阮元藉由先秦兩漢典籍的文字紀錄予以質疑，並引郭璞等所注為
對照。

　　另一種說法為「一江三源」說。《初學記》以岷江居其中而為三江之中
江，即岷江至九江一段屬之。另一源合漢水至徐陵為北江。而南江源彭蠡以
南，會於彭蠡後為南江。其梗概為：漢水一段為北江；岷江至九江一段為中
江；南江則為北、中江交匯於彭蠡之後一段即是。又，蘇軾（1037～1101）所
考之「三江」依南、中、北分別為：「自豫章而下，入於彭蠡而東至海」；「自
蜀岷山至於九江彭蠡以入於海」；「自嶓冢導漾，東流為漢，……東匯澤為彭
蠡，以入於海」。上述兩種說法大致相似，即蘇軾云：「漢為北江，岷山之江
為中江，則豫章之江為南江，不言而可知矣。」〔註34〕阮元亦尋找出唐代張
守節（生卒年不詳）所撰的《史記正義》中有此一說。〔註35〕換言之，所謂
「三江」並非集中於長江的中下游處，而是以區段分為三的形式。

　　而《初學記》、蘇軾與《史記正義》等所持的觀點，於清初至清中葉之際
多為學者所認同，阮元云：

> 近世胡朏明（1633～1714）君，用蘇氏之說，……以其說與鄭氏說
> 相近。近百餘年來，學者知守鄭氏之學，……於是以遵鄭者推而尊

〔註32〕 阮元錄：「韋昭云：『謂吳松江、錢塘江、浦陽江也。』《吳地記》云：『松江
東北行七十里，得三江口，東北入海為婁江，東南入海為東江，並松江為三
江。』《正義》曰：『今南人以大江不入震澤，震澤之東別有松江等三江。案
《職方》揚州其川曰三江。宜舉州內大川，其松江等雖出震澤，入海既近。《周
禮》不應舍岷山大江之名，而記松江等小江之說。』」《揅經室一集・卷十二・
浙江圖考上》，頁251。

〔註33〕 《揅經室一集・卷十二・浙江圖考上》，頁252。

〔註34〕 皆見《揅經室一集・卷十二・浙江圖考上》，頁254。

〔註35〕 阮元云：「唐張氏守節《史記正義》曰：『括地志云，禹貢三江，俱會彭蠡，
合為一江，入於海。』」見《揅經室一集・卷十二・浙江圖考上》，頁256。

　　蘇，不復詳其說之眞僞是非。〔註36〕

清初以降，學者因恪守鄭玄的論述，因而包含胡渭等在內之學者，皆對與鄭氏之說相類似的蘇軾「三江」說法持認同態度，然而鄭氏注的眞僞問題卻無人注意，阮元認爲多數學者所認同的「鄭」注實是後人所僞作，並非鄭玄所注，其言鄭玄之注：「三江分於彭蠡爲三孔入於海。」而僞鄭所注則云：「岷江至彭蠡與南北合。」〔註37〕兩句引文可明顯辨別出內容乃是完全不同的，前者是一江而至彭蠡分爲三，各自入海；後者是中江至彭蠡與南、北江匯合後入海。阮元又引鄭玄注：「東池者爲南江。」僞鄭注則云：「會彭蠡爲南江。」〔註38〕差異亦甚爲明確。阮元列舉了五項以茲證明《初學記》、蘇軾等之說不能信服，其中以前二項最爲重要，云：「分於彭蠡與合於彭蠡不同，一也。北會於匯，必非彭蠡，二也。」〔註39〕乃將三江各自入海與三江合一的區別彰顯而出。

　　阮元指出，「一江三源」之說乃「唐初有此說耳，標以鄭元孔安國注」，〔註40〕而鄭元即是指漢儒鄭玄，此由「朏明則專稱鄭康成注，後人不深攷，遂以爲眞鄭注矣」一句可知，〔註41〕而引文中所云的「後人」，包括了乾嘉漢學陣營的王鳴盛（1722～1797）。王氏《尚書後案》中主張「三江」實爲「一江」也，其乃依據僞鄭注、《初學記》以及南宋紹興年間右修職郎建陽縣丞福唐劉本的敘文予以判定。阮元云：「僞鄭注與眞鄭注斷難合一，王氏篤守鄭氏，故不暇辨其僞耳。」〔註42〕而另一乾嘉學者金榜（1735～1801）於其《禮箋》中則企圖爲蘇軾辯護。據〈浙江圖考上〉節錄金氏之語云：「東池者爲南江，……即東出爲南江，此鄭君之說。」足見金氏確切知道眞鄭注的內容，然而其繼而指出蘇軾的說法，云：「合爲一江入於海，如其說，則三江皆在彭蠡西，乖於東爲北江中江之文。」是以金氏云：「子瞻亦知三江之名，不得移之彭蠡上。」〔註43〕金榜意指蘇軾清楚「三江」之說是自彭蠡後分爲三，而非彭蠡上游有三江匯集。阮元則駁斥金榜的辯詞，其云：

〔註36〕　《揅經室一集・卷十二・浙江圖考上》，頁254。
〔註37〕　皆見《揅經室一集・卷十二・浙江圖考上》，頁255。
〔註38〕　同前注。
〔註39〕　《揅經室一集・卷十二・浙江圖考上》，頁256。
〔註40〕　同前注。
〔註41〕　《揅經室一集・卷十二・浙江圖考上》，頁257。
〔註42〕　《揅經室一集・卷十二・浙江圖考上》，頁259。
〔註43〕　皆見《揅經室一集・卷十二・浙江圖考上》，頁258～259。

> 《初學記》自本《括地志》之說，與蘇氏合。今以爲撮述鄭孔二注
> 大意，則非也。《初學記》明言合漢、會彭蠡，與南北合，金氏強解
> 之曰：「此謂南北中分於彭蠡以下。」天下故無以分爲合者矣。徐堅
> 所引，直是詭文，不必牽合。〔註44〕

《初學記》說詞本引自地志，並非蘇軾復申其說，且其論述爲岷江合漢水，再於彭蠡一處與南江匯合爲一江，在在皆與蘇氏之說吻合。因此金榜的解說實在不足徵信。阮元之所以如此申論，在於其考證蘇軾之說亦依據唐人所作之《括地志》，其引《史記正義》：「《括地志》云：『三江俱會於彭蠡，合爲一江，入於海』。」阮元評：「此即蘇氏之所本也，與徐堅《初學記》所引同。」〔註45〕而「一江三源」之圖，可見附圖五所示。

由圖中所繪製的河道即可清楚辨別出圖五與圖三的差異。阮元於圖五右側的河道出海口處註明：「鄭云：『分三孔入海。』此止一孔入海。」是爲最大的差異點。又，「東池者爲南江」，圖五中卻顯示出「會彭蠡爲南江」；而途中彭蠡於江之南方，與「北會」的說法更是不合。

由清儒著作看來，以考證〈禹貢〉內容爲主軸的諸多篇章與文字，亦可稱爲當時的風氣，如上文所提的胡渭，其著有《禹貢錐指》、程瑤田（1725～1814）《禹貢三江考》、焦循（1763～1820）《禹貢鄭注釋》、丁晏（1794～1875）《禹貢集釋》以及魏源（1794～1856）《禹貢說》等，足見經書中的古代地理學受到清儒們的重視。至於阮元所考訂的〈禹貢〉「三江」說是否能還原古代眞實的地理樣貌，則又是見仁見智的問題了。然而其能仔細考核各項前人、先進所留下的文字與資料，而得出「三江原委，莫詳於班志」云云，〔註46〕仍是值得肯定，並亦有其立論的根據。

（四）論浙江與南方沿海水利景況

阮元所撰〈江堤說〉一文，內容仍以上述的三江做爲開頭，其後則論及長江沙泥經年累月的堆積，混濁程度不亞於黃河，其云：「其夏秋間，挾泥帶沙，渾流而下，幾與黃河無異。」於此不斷的沖積下，許多地形地貌隨著時間而有所變異，如其云：「揚州江都縣瓜洲，唐在江心，今連平陸矣。」便可知泥沙淤積的情況，致使許多中世紀的水域逐漸退縮而成爲陸地，而時不時

〔註44〕　《揅經室一集・卷十二・浙江圖考上》，頁258～259。
〔註45〕　皆見《揅經室一集・卷十二・浙江圖考上》，頁255。
〔註46〕　《揅經室一集・卷十二・浙江圖考上》，頁260。

的洪泛更是造成人民生存的威脅，因此築江隄乃是必須的工程。阮元云：「自荆州下至江南，兩岸皆隄，隄內民田，古高於江，今則江高于田者。」〔註47〕文中提示出一重點，即民田由原本高於江面之位置，轉爲已低於江面之情況，是以隄不得不築，目的自是在於防範水患。

然而一味築隄也非治本方法，阮元云：

> 有田之處皆築隄以防水，水所不到，泥沙亦不得而淤之，使不築隄以防之，則隄內之地，歲淤分寸之泥，百年亦必積丈尺之土高於江矣，故江水之所以日高者，三江塞其二，且江南海口之遠也，江愈高，田愈低，隄愈險，誠末如之何矣。〔註48〕

築隄以防洪，是一便捷的方式，然而卻也讓河床累積出可觀的淤泥，致使河面逐年攀高，如此則隄防亦愈形高聳。若不築隄，雖可免去河床淤積，然田地、民宅必會遭受水災之苦。因此有田宅之處，便有江隄，上古時期尚有三江分流，但其中的二江皆因人爲築隄而終至於淤塞消逝。阮元又舉黃河爲例：「故河必使中行，雲梯關尤爲難治。」〔註49〕此關原爲古代的淮河口，在黃河奪淮後（1194～1855），雲梯關一帶的泥沙淤積量迅速增加，屢經水患，河水往北必氾濫於岱北（今山東省泰安）一帶；往南則淮揚一區水漫土積，整治困難，然而〈江隄說〉一文中，阮元並未詳述治水之法，僅就其所目睹的景況加以論述而已。於十八世紀的技術而言，大型的清淤整治工程尚未實現，是以阮元也僅能指出水患之因，卻缺乏新方法予以治本。

阮元於〈海塘擘要序〉中提及嘉慶十二年（1807），浙江海潮北犯海寧州以南四十餘里，官方乃「藉塔山石壩以殺其北衝之勢」，〔註50〕以阻水患。可見阮元亦嘗經手治水歷程，〔註51〕其認爲治河與治海工法不同，然針對後者則多苦於缺乏良策，其云：「元嘗虞治河有書，而治海無書。」〔註52〕而文中所列者，僅有乾隆時期「添設坦水竹簍木櫃，隨時鑲築，遂爲東南永奠之基」，〔註53〕意即海塘經常受潮水所犯，卻屢屢無法根治的問題，僅能隨水患情勢

〔註47〕 皆見《揅經室二集・卷七・江隄說》，頁511。
〔註48〕 《揅經室二集・卷七・江隄說》，頁511～512。
〔註49〕 《揅經室二集・卷七・江隄說》，頁512。
〔註50〕 《揅經室二集・卷八・海塘擘要序》，頁532。
〔註51〕 阮元云：「元自庚申撫浙，捍禦多年，今聖天子廑念要工，月披圖奏，繼先志也。」同前注。
〔註52〕 同前注。
〔註53〕 同前注。

而設法補救。而無論是坦水、竹簍或木櫃等，皆為清代慣用於江浙沿海築隄壩以防潮的工法，因受限於當時的工程技術，一時無法再有更佳的工法。

　　黃淮與長江下游累經水患之苦，而廣東一地亦有水患，其〈新建南海縣桑園圍石工記〉即是為此而記載。南海縣（今廣東佛山市）之田亦為江水淤積而成，日久積成水高田低，故必以隄圍之，然而沖積之地，勢必是地勢平緩、流速不高的情況，一旦遇大水則容易造成潰隄而氾濫，據阮元所云：

　　　　以難速洩之水，抱不復加高之田，水高田低，且以不堅之隄捍之，
　　　　烏能不險而潰哉？〔註54〕

如此的景況，與上文所言的海塘等地相差無幾。阮元自嘉慶廿二年冬（1817）開始於南海縣修築隄防，至嘉慶廿五年（1820）竣工，而所採用的工法以「隄上用條石疊之，隄坡隄根用魂石護之」，〔註55〕仍是採取阻隔水與陸的方法。

二、以幾何學觀念分析黃河淤積

　　阮元另有〈黃河海口日遠運口日高圖說〉（以下簡稱〈黃〉）與〈陝州以東河流合勾股弦說〉（以下簡稱〈陝〉）二篇，其運用到幾何三角的觀念。兩篇文章雖似各自獨立，實則需合為一篇來看。

　　於〈黃〉一文中，阮元提出黃河泥沙淤積於海口處多到難以估量，因此海口愈墊愈遠乃是必然的現象。乾隆初年與康熙初年的海口位置不同；嘉慶初年與乾隆初年的海口亦不相同，其間距已差了數百里之遙，然而「清黃交會通槽之處，則未尺寸移故地」，「清」乃指清口，與黃河交會之運口，因黃河逐日淤積，使得原本高於黃河之清口逐年降低，即「運口昔日，清高於黃，今常黃高於清」，〔註56〕如此不僅使黃河水倒灌入清口，而更令阮元關注的部分，乃是黃河自陝州（河南省三門峽市）以東的河床日漸積高，然獨在下游一帶清除淤沙，出海口處卻未一併處理的問題。其云：

　　　　陝州以東之黃水，自中州至徐淮二府，逐里逐步，無不日加日
　　　　高，……獨在徐淮一帶，獨自刷使深且低，再仰而出於海口，竊憂
　　　　其難矣。〔註57〕

黃河挾帶大量泥沙自高原而下，至河南後水勢趨緩而有所沉積，若只有於徐

〔註54〕　《揅經室三集・卷五・新建南海縣桑園圍石工碑記》，頁652。
〔註55〕　同前注。
〔註56〕　皆見《揅經室續集・卷二・黃河海口日遠運口日高圖說》，頁55。
〔註57〕　同前注。

淮一帶疏濬，形成徐淮一帶河勢低窪，再往下游至出海口處反倒又高於上段，如此不合常理之勢，其後果可想而知。

　　阮元以常見的樓梯爲例，並輔以幾何圖式來說明，其云：「樓梯斜下十三層，梯腳占地一丈。」其底下注：「如乾隆初海口，如戊癸。」（見圖六）此可比擬直角三角形的最斜邊與鄰邊之關係。又云：「第十層離地高三尺。」即於鄰邊之上方再畫一平行線，底下注：「如運口乙。」又云：「今於梯腳接添三層爲十六層，使梯勢不陡必多占二尺餘地。」意即對邊不加高度的話，則鄰邊與斜邊均會增長，相對而言，斜邊坡度乃趨於緩。而底下注：「如今海口，如癸庚。」既然斜邊與鄰邊皆被延伸至另一交會點，則原本設立的第十層位置不移（運口乙）之情況下，勢必亦隨之升高，是以阮元云：「其第十層離地者，必加高尺許。何也？梯腳占地遠也。」與原先位置不符，故其又注明加高之處：「如今運口丁。」此一清晰的三角幾何定理，以圖示之則看起來簡單明瞭，阮元乃云：「今言河者皆未言之，私心惕惕。」〔註58〕恐意謂著阮元擔心治黃河之人員如果未曾思考到此一律則，是以雖有工法，但無法竣其功。

　　於〈陝〉一文中，阮元則一改〈黃〉一文的具體之例，而直接以三角定理來說明黃河中下游的概況，其先以水行於不平之處則必隨地形而塡平或低流，然而若於平原處則其剖面平緩近趨於直線，黃河流經陝州後至海口處即是如此，其云：「數千里之遠，數百年之久，必平無高低如弦之直矣。」〔註59〕若將此一區段設想爲勾股定理中的弦，是爲一直線。阮元認爲縱使黃河幾經決口，又幾經人工引河，仍是不離此一範疇，其云：「屢次決口，屢次挑爲引河，……亦無不平矣。此合乎勾股弦矣。」〔註60〕根據圖六所示，癸庚或壬癸均是指地平線，屬於勾股弦中的股線；甲壬則是弦線；甲癸則是勾線。而圖中的弦線不只一條，一共有三條，分別連接到股線上的戊己庚點，阮元云：

> 股與弦同此日加日長，而欲使丁之弦屈曲低落，如丙乙之舊，使乙
> 水仰出於庚，此斷斷不能之勢也。〔註61〕

股線與弦線的交會處離直角之處漸長漸遠，而若僅是疏通今運口一帶（即

〔註58〕以上引文皆見《揅經室續集・卷二・黃河海口日遠運口日高圖說》，頁55。
〔註59〕《揅經室續集・卷二・陝州以東河流勾股弦說》，頁57。
〔註60〕同前注。
〔註61〕同前注。

丁），使之水位回復至舊時（如乙或丙）高度，如此則極可能造成黃河下游段之水患，因水的特性乃是塡平窪地而後再往低下處流動，難以盡數流往出海口。換言之，疏通丁處的運口河道，並不會妥善處理好黃河長年淤積的問題，反而是會增加水患問題，阮元云：「未有勾股直而弦曲者，亦未有大股已加長改位，而弦不加長改位者。」〔註62〕以合乎勾股定律的直角三角形言，更動任何一邊，勢必會牽涉另外兩邊，不可能有曲線的產生。

　　阮元以幾何學的觀念來論述地理，雖於清代而言並非首例，〔註63〕但在於傳統知識份子之中卻僅屬於少數人所知，此於下一節論述中可有更清楚的輪廓。

三、「黑水」地理考

　　〈雲南黑水圖考〉一文亦是由〈禹貢〉篇中衍生出的地理考證。此文的重點在於阮元企圖解釋古代梁州的範圍以及釐清瀘水與黑水之不同。〈禹貢〉提及的黑水有二處：一處在雍州；一處在梁州。阮元云：

> 蓋黑水亦晦黑之義，非色黑。海，晦也。故四海之稱，皆荒遠晦黑
> 之義。〈禹貢〉之黑水，亦皆荒遠晦黑之水之通名也。〈禹貢〉曰：「華
> 陽黑水惟梁州。」此以東北華山，西南黑水，定梁州之域。〔註64〕

「黑水」除了專有河川之名外，亦有放眼四海偏遠而未知之地的涵義。阮元主要考究的〈禹貢〉「黑水」，乃被其界定在梁州西南邊陲之地，而此一西南之域，歷來的看法多認爲僅止於四川，但阮元不同意此一觀點，其云：「梁州之域，必遠包滇池黑水以南。」〔註65〕之所以會如此斷定梁州之域包含至雲南，乃因爲阮元主張瀘水並非梁州的「黑水」，「黑水」此一河川是另有所指，其云：「瀘水即金沙江，即江水之上游，……岷山以上，禹時未曾別名黑

〔註62〕《揅經室續集·卷二·陝州以東河流勾股弦說》，頁57。

〔註63〕中國大陸學者牛汝辰（1958～）在〈清代測繪科技的輝煌及其歷史遺憾〉中論述1717年西方傳教士主導康熙《皇輿全覽圖》的成就其一：「這次測繪工作是中國第一次採取科學的經緯度測量法繪製地圖。」（頁26）其又云：「在明末至清中期的一個相當長的時期，西方地理學、地圖學知識的傳播僅僅侷限於很小的學者圈子裡，遠遠沒有成爲一般有知識的中國人的地理常識。」（頁27）見牛汝辰〈清代測繪科技的輝煌及其歷史遺憾〉收錄於《測繪軟科學研究》第7卷第4期，2001年11月，頁25～29。

〔註64〕《揅經室續集·卷一·雲南黑水圖考》，頁34。

〔註65〕同前注。

水。」〔註66〕瀘水與導江皆爲長江的上游，阮元考證出上古時代的人未嘗稱岷山一帶的河川爲「黑水」者。

排除熟悉的長江水系後，阮元將「荒遠晦黑」線索帶入「黑水」考證之中。在阮元認知上，雲南一地的河川若非流往華中，便是流往南海，而南海即符合上古時代「荒遠晦黑」的範疇，加上〈禹貢〉又云：「導黑水至於三危，入於南海。」阮元認爲「此經文三句，朗如日星」，是以其考察流入南海的河川，在文中所列出的有三條：南盤江、禮社江與瀾滄江。阮元云：「此三大水既入南海，安得不謂之黑水而反以不入南海之瀘水當之乎？」〔註67〕由阮元所繪製之黑水圖（見圖七）可清楚看出瀘水會合導江流入湖北境內，而與南盤江等三江屬不同水系外，流向亦是有別。

而〈禹貢〉中所提及的「三危」，阮元亦有一番見解，其云：「今滇南入南海三水上游之間，非所謂三危歟？」其小注云：「廣南、開化、臨安、普洱、順寧、永昌，六府。」〔註68〕此六府均位在今廣西西部與雲南境內，阮元之所以如此判定，其根據大抵出自《尚書・舜典》的「竄三苗於三危。」之故，歷代考證者多以「三危」與苗族的關係來處理。

爲了強化考證的立論點，阮元又舉《漢書・地理志》中提及滇池旁有黑水祠，其認爲黑水祠即可能是清代的龍王廟，其云：

> 滇省城東北十餘里，有黑龍潭，潭上有龍王廟，此潭廟甚古，莫知其始，《漢書・地理志》滇池縣有黑水池，余謂今滇池上之黑龍潭廟，非即古華陽黑水之黑水祠歟？或潭東……今之三清道宮，即漢祠故址，而潭北龍王廟，即神祠所遷降者歟？〔註69〕

阮元指出，此一黑龍潭龍王廟的存在歷史甚爲久遠，當地人已經不知其始建之年代，是以推測黑龍潭廟應即是漢人所記載的黑水祠，然而潭水之東的三清道觀或東北方龍王廟，均有可能是漢人之黑水祠所遷變而來的。阮元根據黑龍潭的所在位置，其距離南盤江、禮社江僅有百里之遙，是以於滇池旁立祠以祭之，尚屬合理之推測。

撇除阮元因官方立場所需的地理與地志的彙編，如嘉慶廿三年（1818）纂修的《廣東通志》，道光十五年（1835）編成的《雲南通志》外，其於地理

〔註66〕《揅經室續集・卷一・雲南黑水圖考》，頁34。
〔註67〕上皆同前注。
〔註68〕同前注。
〔註69〕同前注。

上的論述顯然有其風格，即或多或少皆與〈禹貢〉相關，由此亦可知，除了吸收西方幾何學的觀念外，阮元考究地理、水文等相關領域，其出發點仍源自於經學，於思想上仍是以傳統學術爲主體。

第二節　汪中、淩廷堪的子學考辨

清代以前，儒者留心於先秦之著作者，除儒學《論》、《孟》外，其餘多落在《老》、《莊》，而其他諸子的文字向來著墨甚少，然而至清代乾嘉以降，此一現象則有所變化。如揚州儒者之中已經有人注意儒、道外的先秦諸子之學，如張舜徽即云：「他（汪中）自己卻把精力去整理周秦諸子。」〔註70〕故本節以汪中、淩廷堪所關注先秦諸子的文字做爲論述對象予以審視。前章已提過汪中治學除考證之外，其更大之目的乃在於經世，即其所謂「用世」，凡能符合此一原則者，則汪中均悉心留意。於〈年譜〉中云：「先君撰述學一書，博攷先秦古籍三代以上學制廢興。」〔註71〕由其子汪喜孫（1786～1847）所撰，足見汪中的學術視野之廣，是以有整理先秦諸子之舉。

一、尊荀

汪中與淩廷堪各有篇章專論荀子，內容上均是以肯定荀子的學術思想爲主軸，尤其是汪中，不僅肯定荀子之貢獻，更對荀子生平做過考證，以下分別論述。

（一）汪中考辨荀子生平

歷代儒者皆知荀子亦爲儒林之列，然卻少有著墨其師承，《史記》亦對荀子師承無所交代。汪中乃據《荀子》一書進行考察，首先云：「今考其書，始於〈勸學〉，終於〈堯問〉。」底下附注云：

> 劉向所編〈堯問〉第三十，其下仍有〈君子〉、〈賦〉二篇，然〈堯問〉末附荀卿弟子之詞，則爲末篇無疑，當以楊倞改訂爲是。〔註72〕

〈堯問〉篇之排序部分，應是以楊倞所審訂的版本較爲正確。汪中藉由與《論

〔註70〕《清代揚州學記・緒論》，頁15。

〔註71〕《述學・副鈔・年譜》（汪中：《述學・容甫遺詩》，臺北，世界書局，1972年），頁11上。

〔註72〕同前注。

語》之比對，得出《荀子》「篇次實仿《論語》」的結論。〔註73〕審視《論語》篇章是由〈學而〉到〈堯曰〉，《荀子》的篇名確實與之相仿，似乎刻意爲之，汪中所論仿《論語》云云應是有其立論點。

漢鄭玄所撰的《六藝論》，雖然已散佚而難見全貌，然由殘餘的篇章裡，汪中試圖釐清荀子師承的線索，其謂：「《六藝論》云：『《論語》，子夏、仲弓合撰。』」其之所以會注意此一訊息，乃源自於應劭（東漢人，生卒年不詳）《風俗通義》以及《荀子》內容，前者嘗提及：「穀梁爲子夏門人。」而後者〈非相〉、〈非十二子〉與〈儒效〉三篇中均以「子弓」稱「仲弓」，汪中云：「子弓之爲仲弓，猶子路之爲季路，知荀卿之學實出於子夏、仲弓也。」依汪中所考，《荀子》文中與孔子並列爲聖者之「子弓」即是《論語》中的仲弓，是以〈宥坐〉、〈子道〉、〈法行〉、〈哀公〉與〈堯問〉紀錄孔子與弟子們的言行，「蓋據其平日之聞於師友者，亦由淵源所漸，傳習有素而然」。〔註74〕縱觀汪中所列之證，可得出一條關乎荀子師承之脈絡，即子夏、仲弓之學問乃爲荀子所繼承，此乃與子思到孟子之途徑可謂是分庭抗禮。

然而亦需留意另一說，清儒朱彝尊（1629～1709）《曝書亭集・卷五十七》有云：「應劭曰：『子弓是子夏門人。』」〔註75〕而此「子弓」應是馯臂子弓（楚人，生卒年不詳），是受業於孔子弟子卜商與商瞿的門生，專精於《易》，顯然與孔子弟子仲弓不同一人。今研究者林桂榛〈大儒子弓身分與學說考——兼議儒家弓荀學派天道論之眞相〉中有較爲詳細的論述，或可做爲參考。〔註76〕然而支持仲弓即是《荀子》書中的子弓者，仍有唐代楊倞、清代汪中與俞樾（1821～1907）等學者，因此被荀子視爲與孔子地位相當的「子弓」，究竟是孔子親授學生抑或是第二代學生，則尚有許多討論空間。然無論爲何者，「子弓」人物之探究於古代已是一個議題。

若依汪中撰寫的〈荀卿子通論〉一文，其末處所云：「荀卿之學出於孔氏，而尤有功於諸經。」〔註77〕顯見其欲彰顯荀子地位重要的態度，因此以仲弓

〔註73〕《述學・副鈔・年譜》（汪中：《述學・容甫遺詩》，臺北，世界書局，1972年），頁 11 上。
〔註74〕上引文皆同前注。
〔註75〕《曝書亭集・卷五十七・孔子門人考》冊三（朱彝尊：《曝書亭集》，臺北，中華書局，2016 年），頁 1 上。
〔註76〕林桂榛：〈大儒子弓身分與學說考——兼議儒家弓荀學派天道論之眞相〉，收錄於《齊魯學刊》2011 年第 6 期，頁 16～21。
〔註77〕《述學・卷四・補遺・荀卿子通論》，頁 9 下。

為「子弓」的脈絡，實較馯臂子弓為「子弓」的繫聯來得受人矚目，畢竟仲弓不僅是孔門親授的七十二位高徒之一，更因其德行之高而列位十哲之林中，其說服力自是高出二代弟子，故汪中藉由仲弓──荀子二人的連結來強化並有別於思孟學派的另一系儒學學派，乃是有其考量。

　　而汪中撰寫的〈荀卿子年表〉，目的便是整理出荀子的活動軌跡，此乃是汪中基於認定荀子為儒學重要傳人的立場而寫。該篇先出示表格，即以荀子曾入住與到訪過的國家以及「本書（即《荀子》）、列傳（乃《史記・孟子荀卿列傳》）」所舉的一切相關事件為緯，以該國統治者在位年度為經，列出由趙惠文王元年至趙悼襄王七年間的荀子重要事蹟。根據漢人所傳的文獻，汪中考定荀子出生於趙國，一生當中嘗遊學於齊國，亦曾入秦國，而後被延請至楚國，最後卒於楚國。汪中云：「荀子，趙人，名況，年五十始游學來齊，當湣王之季。」〔註78〕若荀子年五十時是趙文惠王元年，亦正值齊湣王（約前323～前284）廿六年，而湣王在位四十年，即表示此數年間荀子應停多留於齊稷下（今山東輜博），才有所謂司祭酒之事，汪中云：「及襄王時，而荀卿最為老師，蓋復國之後康莊舊人唯卿在也。」〔註79〕表示齊稷下諸子中，荀子的資歷最長久。

　　在汪中所列表格中，齊湣王四十年（前284），燕、秦、趙、魏與韓聯軍攻齊，湣王逃離至莒後被楚將淖齒（？～前283）所殺，爾後田單（生卒年不詳）復國，襄王（？～前265）繼位，荀子是為稷下先生中輩分最高者，而在表格中則見齊襄王元年有記載：「齊尚修列大夫之缺而荀卿三為祭酒焉。」〔註80〕然再比對表格後的文字云：「則當王建初乍，荀卿復自趙來齊，故曰三為祭酒。」〔註81〕其「乍」理應是「祚」之訛字。齊王建繼位乃在襄王十九年之後，中間落差甚鉅，究竟何種說法為是？

　　由〈儒效〉篇內容記錄著秦昭王嘗與荀子答問；〈彊國〉篇中則有應侯與荀子的對話；此一應侯即是范雎（？～前255），范雎於秦昭王四十一年官拜秦國之相，封為應侯，正是齊襄王十八年，汪中云：「自齊襄王十八年以後，荀卿去齊游秦也。」〔註82〕而翌年，即襄王十九年、趙孝成王元年，〈議兵〉

〔註78〕《述學・卷四・補遺・荀卿子年表》，頁17上。
〔註79〕同前注。
〔註80〕《述學・卷四・補遺・荀卿子年表》，頁12下。
〔註81〕《述學・卷四・補遺・荀卿子年表》，頁17上。
〔註82〕同前注。

篇卻載「荀卿與臨武君議兵趙孝成王前」，汪中解釋云：「則荀子入秦不遇，復歸趙也。」〔註83〕再隔年，荀子似乎又由趙國返回齊國，此即是上段所言「三爲祭酒」云云。汪中〈荀卿子年表〉中出現的矛盾點即在於此，究竟是齊襄王元年抑或齊王建元年爲止，荀子總共經歷三次祭酒？汪中在此並未提出解釋。

　　而荀子入楚國爲蘭陵令又爲何時？汪中認爲是在齊王建十年、楚考烈王八年、春申君黃歇（前314～前238）官拜楚相之際，因淮北爲黃歇的封地，是以請來荀子擔任蘭陵縣令。《史記・孟子荀卿列傳》載有此事的起因，汪中引云：「齊人或讒荀卿，荀卿乃適楚，而春申君以爲蘭陵令。」〔註84〕應有一定的可信度，否則荀子久居於齊，何以會入楚國擔任官吏？必有其因，極有可能受到讒言而離開齊國，而直至終老，荀子均居於蘭陵且葬於該地。

　　歷來對荀子生卒年與經歷的論述與研究頗多，且多有不同意見。〔註85〕汪中則同意荀子相當長壽，其針對《史記》稱荀子「年五十始游齊」提出看法，云：

> 晁公武《郡齋讀書志》謂：「《史記》所云年五十爲年十五之譌。」然顏之推《家訓・勉學篇》：「荀卿五十始來游學。」之推所見《史記》古本已如此，未可遽以爲譌字也，且漢之張蒼，唐之曹憲皆百有餘歲，何獨於卿而疑之？〔註86〕

由顏之推（531～591）所見的古本《史記》來反駁荀子五十歲始游於齊國應非是傳抄的誤字，又百歲之人史亦有記載，如張蒼（前253～前152）、曹憲（541～645）皆是百餘歲的長壽之人，是以汪中認定荀子之壽亦達百餘歲應無爭議，其不只一次在文中提出佐證，如舉《鹽鐵論・毀學篇》中提及荀子目睹李斯相秦後遭不測之禍，汪中云：「秦併天下之後，距春申君之死十八年。……是時荀卿蓋百餘歲矣。」〔註87〕案年表表格而論，齊王建廿七年，黃歇被殺，而秦併天下時又過十八年。汪中謂此表格「始于趙惠文王、楚頃

〔註83〕引文皆見《述學・卷四・補遺・荀卿子年表》，頁17上。

〔註84〕同前注。

〔註85〕可參看林桂榛：〈荀子生卒年問題新證——以《鹽鐵論》兩則記載爲中心〉（《邯鄲學院學報》第24卷第1期，2014年3月，頁19～25）。

〔註86〕《述學・卷四・補遺・荀卿子年表》，頁18上。

〔註87〕《述學・卷四・補遺・荀卿子年表》，頁17下。

襄王之元，終于春申君之死，凡六十年」，〔註88〕若以五十歲始游齊爲表格的開端，即是五十加六十再加十八，則荀子至少有一百廿八歲。

　　但此歲似乎不太合常理，然誠如上段引文所呈現的內容所示，汪中卻認爲無不妥，主因出於《荀子・堯問》與《鹽鐵論・毀學》兩篇內容。首先，〈堯問〉云：「孫卿迫于亂世，鰌（遒）于嚴刑，上無賢主，下遇暴秦。」而〈毀學〉云：「方李斯之相秦也，……而荀卿爲之不食，覩其罹不測之禍也。」〔註89〕若據兩篇的字面意以及歷史流變來看，似說明荀子乃經歷過秦國統一後的局勢，然而長壽至此實有商榷的必要，筆者以爲此兩篇文字恐非如汪中所以爲，反倒是今研究者林桂榛所論述之內容較爲合理。〔註90〕是以汪中論及荀子歲數的部分，在考證上恐有偏離史實之疑慮。

（二）汪中推崇荀子傳經之功

　　相較於孟子思想，荀子顯然對於實質「禮」的關注明顯爲多，汪中云：「周公作之，孔子述之，荀卿子傳之，其揆一也。」〔註91〕乃是指經學傳承的過程，荀子居功厥偉接續經學傳遞的偉業，其功不下於周公與孔子，假如經學文獻歷經秦代禁書焚毀，抑或是易代之亂後而佚失殆盡，則後人難以一窺先秦學術之究竟，是以汪中會將荀子與周、孔並列。其繼而列舉《荀子》中諸篇與五經之關係：〈大略〉篇出現《詩》、《穀梁》、《公羊》、《易》等文字；〈儒效〉、〈解蔽〉篇中亦論及《詩》之質；〈禮論〉篇則寓有《穀梁》之義，即汪

〔註88〕《述學・卷四・補遺・荀卿子年表》，頁17下。
〔註89〕引文皆同前注。
〔註90〕林桂榛〈荀子生卒年問題新證——以《鹽鐵論》兩則爲記載中心〉云：「《荀子・堯問》末章所錄荀子弟子讚詞曰：……（此是韻文，當時語言裡刑秦成冥傾數字同韻）這條文獻實際上並不是荀子活至秦始皇統一六國時的證據——今人如李峻嶺等《荀子年壽行踪考》就有此誤，因爲此『暴秦』不指統一六國的秦始皇時代（廖名春《荀子新探》已辨及此），此前的秦昭王亦大肆用兵侵略，至秦始皇之父莊襄王（在位僅三年）時『秦地已併巴、蜀、漢中，……』（《秦始皇本紀》）。……至於『上無賢主』則或指荀子在趙、齊、楚等皆不遇明君（荀子壯年起多居於趙齊楚），或指周王室衰微、天下凶亂。」（頁21～22）而關於《鹽鐵論・毀學》篇，林氏考證云：「荀子在李斯『人臣無二』時爲了李斯不食是因爲目睹李斯遭殺禍之類，此在語意上及事件上是不通的。其實，『爲之不食』確實應當從王利器《鹽鐵論校注》定本作『謂之不食。……若校成『荀卿謂之不食』，則表達荀子早就告誡、勸告過德命如何的李斯不仕秦而已。」（頁23）
〔註91〕《述學・卷四・補遺・荀卿子通論》，頁9上。

中云：

> 霜降逆女與《毛》同義。〈禮論〉、〈大略〉二篇，《穀梁》義具在。
> 又〈解蔽〉篇說〈卷耳〉。〈儒效〉篇說風雅頌。……又〈大略〉篇
> 春秋賢穆公善胥命，則爲《公羊春秋》之學。〔註92〕

汪中指出於《荀子》一書中飽含儒學思想的主旨。換言之，《荀子》諸多篇章實以禮制併以諸經爲其立論的基礎，此乃是與周公、孔子所竭力維護的倫理傳統具有一貫性的思想，故不僅「荀卿於諸經無不通」，〔註93〕更可肯定其學是「出於孔氏，而尤有功於諸經」，〔註94〕是爲正統儒學。

汪中整理《荀子》文本乃根據楊倞（唐人，生卒年不詳）《荀子注》一書，主要貢獻在於考訂各篇章文字等。〔註95〕汪中於《述學》中關於荀子之文有〈荀卿子通論〉（以下簡稱〈通論〉）與〈荀卿子年表〉（以下簡稱〈年表〉），藉由此二篇文字的內容可一窺汪中對於荀子的評價。〈通論〉首句云：「荀卿之學諸於孔氏，而尤有功於諸經。」開宗明義便將荀子有功於經學之處點出。

首先，荀子傳《詩》的部分，汪氏引《經典釋文・敘錄》所記載徐整（三國吳人，生卒年不詳）的《毛詩錄》其中一說，云：

> 子夏傳曾申；申傳魏人李克；克傳魯人孟仲子；孟仲子傳牟子根；
> 牟子傳趙人孫卿子；孫卿子傳魯人大毛公。由是言之，《毛詩》荀卿
> 子之傳也。〔註96〕

子夏（前507？～前420？）爲孔門高徒，其學問傳授與曾申（孔子之徒曾參之子，生卒年不詳），曾申再輾轉傳至孫卿子，即是荀卿，而荀卿之徒毛亨（一說魯人，一說河間人，生卒年不詳）便是秦漢之際傳授《毛詩》的儒者。汪中繼引《漢書・楚元王傳》佐證云：「（劉交）少時嘗與魯穆生、白生、申公同受詩於浮邱伯，伯者，孫卿門人也。」浮邱伯（齊人，戰國至漢初，生卒年不詳）乃先秦至漢初代表性儒者，亦是專研《詩》。

汪氏引《鹽鐵論》：「包邱子與李斯俱事荀卿。」而注云：「包邱子即浮邱

〔註92〕《述學・卷四・補遺・荀卿子通論》，頁9上。
〔註93〕同前註。
〔註94〕《述學・卷四・補遺・荀卿子通論》，頁9下。
〔註95〕《汪中思想研究》（溫航亮：《汪中思想研究》，蘇州大學博士論文，2008年），頁53～54。
〔註96〕上皆見《述學・卷四・補遺・荀卿子通論》，頁8上。

伯。」〔註97〕此注是汪中參考〈毀學篇〉中辯論李斯（前280～前208）與包邱子之比較而知。〔註98〕其再引劉向（前77～前6）《荀卿新書敘錄》與《漢書‧儒林傳》云：

> 劉向《敘》云：「浮邱伯受業爲名儒。」《漢書‧儒林傳》：「申公，魯人也。少與楚元王交，俱事齊人浮邱伯受《詩》。」又云：「申公卒，以《詩》、《春秋》授而瑕邱江公盡能傳之。」由是言之，魯《詩》，荀卿子之傳也。

《漢書》論及魯《詩》學派始於申培（約前 219～約前 135），申氏之《詩》學皆來自於浮邱伯，而劉向（前 77～前 6）亦記載浮邱伯乃師承於名儒，此一名儒即是荀子。劉向爲西漢儒者，雖年代稍晚於申培、浮邱伯等人，然差距並未過大，是以其記載應具高度可信。又，汪中續云：

> 韓《詩》之存者，外傳而已。其引荀卿子以說《詩》者四十有四。
> 由是言之，韓《詩》荀卿子之別子也。〔註99〕

現存《韓詩外傳》十卷的內容形式與先秦的語錄體著作相似，基本上是引《詩》經中的詩句來做爲各條目內容的總結，共計有三百餘條，其中引《荀子》的文字最多，計有四十四條，亦有採其他家如《莊子》、《韓非子》、《呂氏春秋》等，汪中稱其爲「荀卿子之別子」，乃是有其根據，綜觀《韓詩外傳》內容以比重而言，的確是以儒家視角論述倫理道德相關之事爲多。由上述汪中所羅列的諸項例證可知，傳至今且列爲五經之一的《詩》與荀子具有

〔註97〕　《述學‧卷四‧補遺‧荀卿子通論》，頁8上。
〔註98〕　《鹽鐵論‧毀學篇》云：「大夫曰：『夫懷枉而言正，自託於無欲而實不從，此非士之情也？昔李斯與包丘子俱事荀卿，既而李斯入秦，遂取三公，據萬乘之權以制海內，切倅伊、望，名巨泰山；而包丘子不免於甕牖蒿廬，如潦歲之蛙，口非不眾也，卒死於溝壑而已。今內無以養，外無以稱，貧賤而好義，雖言仁義，亦不足貴者也！』文學曰：『方李斯之相秦也，始皇任之，人臣無二，然而荀卿謂之不食，睹其罹不測之禍也。包丘子飯麻蓬藜，修道白屋之下，樂其志，安之於廣廈芻豢，無赫赫之勢，亦無戚戚之憂。夫晉獻垂棘，非不美也，宮之奇見之而歎，知荀息之圖之也。智伯富有三晉，非不盛也，然不知襄子之謀之也。季孫之狐貉，非不麗也，而不知魯君之患之也。故晉獻以寶馬釣虞、虢，襄子以城壞誘智伯。故智伯身禽於趙，而虞、虢卒并於晉，以其務得不顧其後，貪土地而利寶馬也。孔子曰：『人無遠慮，必有近憂。』今之在位者，見利不虞害，貪得不顧恥，以利易身，以財易死。無仁義之德，而有富貴之祿，若蹈坎阱，食於懸門之下，此李斯之所以伏五刑也。』」（桓寬：《鹽鐵論》，上海，上海商務印書館，1929 年），頁 29～30。
〔註99〕　含上引文皆見《述學‧卷四‧補遺‧荀卿子通論》，頁 8 上、下。

密切的關係。

除了《詩》爲荀子所傳之外，汪中繼而指出「《春秋》三傳」亦不離荀子所授。其引《經典釋文》云：「左邱明作傳以授曾申，……，椒傳趙人虞卿，卿傳同郡荀卿名況。」〈敍錄〉篇所記載《左傳》經曾申一路而傳至荀子，而又經荀子傳至賈誼（前 200～前 168），汪中引〈敍錄〉並論云：「況傳武威張蒼，蒼傳洛陽賈誼。由是言之，《左氏春秋》荀卿子之傳也。」〔註 100〕再者，《春秋》三傳之一的《穀梁傳》亦是如此，汪中引《漢書‧儒林傳》云：

> 瑕邱江公受《穀梁春秋》及《詩》于魯申公，傳子至孫爲博士。由是言之，《穀梁春秋》荀卿子之傳也。〔註 101〕

申培傳《穀梁傳》與《詩》予江生，而後西漢宣帝黃龍元年（前 49）《穀梁傳》列爲漢代今文經之林，與《公羊傳》並置，此一脈絡即歸於荀子方所成。

其三，則是荀子傳《禮記》。汪中先考證荀子與蘭陵一地的關係，其指出西漢蘭陵出身的經學家孟喜（生卒年不詳），其字長卿之「卿」字，即是源自於荀卿之故，汪中云：「荀卿所學，本長于禮。」而孟卿擅於《禮》、《春秋》，此即與荀子有關，汪中引《漢書‧儒林傳》與《荀卿新書敍錄》云：

> 東海蘭陵孟卿善爲《禮》、《春秋》授后蒼、疏廣。……蘭陵多善爲學，蓋以荀卿也，長老至今稱之曰蘭陵人喜，字爲卿，蓋以法荀卿。〔註 102〕

足見荀子之於蘭陵一地學風，影響蘭陵人實屬明顯。且大、小戴《禮記》又爲孟喜所傳，汪中舉《大戴禮記‧曾子立事》中載有〈修身〉、〈大略〉二篇出自於《荀子》之文；《小戴禮記》的〈樂記〉、〈三年問〉與〈鄉飲酒義〉則有《荀子》得的〈禮論〉、〈樂論〉，因此汪中云：「由是言之，曲臺之《禮》，荀卿之支與餘裔也。」〔註 103〕所謂「曲臺之《禮》」即是后蒼的《后氏曲臺記》，亦即是傳與大戴、小戴後各自所刪訂之《禮記》的前身。

就本文所示，荀子維護儒學地位的偉功實無庸置疑，汪中的研究成果確實是值得肯定。而實值禮學復興，荀子之重禮、尊孔之特點，亦是荀子地位能被重新定義的原因之一，故要說汪中欲建構出以「孔荀」爲主軸的儒學體系來抗衡宋儒的「孔孟」說，此一觀點應屬成立。

〔註 100〕皆見《述學‧卷四‧補遺‧荀卿子通論》，頁 8 下。
〔註 101〕同前注。
〔註 102〕皆同前注。
〔註 103〕同前注。

（三）淩廷堪重禮而頌荀

　　由淩廷堪重「禮」的學術途徑而言，其尊崇荀子實有脈絡可循。淩氏所撰〈荀卿頌序〉首段便是以「人有性必有情，有情必有欲」為開頭，再導引至「禮」來切入主題，其云：「至少壯以至於耆耄，無一日不囿於禮。」因情欲須被節制，而此等節制的作用便是「禮」，即「周公作之，孔子述之，別無所謂性道也。」〔註104〕簡言之，淩氏認定儒家之核心只在「禮」字，捨棄「禮」而論「性」、「道」，均是無所依附、無所遵從的空泛之談。

　　淩氏論及東周面對禮樂崩壞，倫理失序的景況，導致士大夫以上階級對於「升降襲裼之節，鼎俎籩豆之數，……以漸不能詳言」，歷經春秋乃至戰國，「七雄竝爭，六籍皆闕，而禮尤為甚」，綱常崩毀後，各學派乃因應時勢而起，維護者、革新者，或欲成就功業者，無不在此亂世中欲一展其能、發揮其長，即淩氏所謂的「從橫捭闔之說，堅白異同之辨，殽然而不可紀，雜出而不可窮」，在各家爭鳴的情況下，儒家乃是欲維護綱常之中堅，待孔子歿後，儒學代表者是孟、荀二人，即淩氏云：「守聖人之道者，孟、荀二子而已。」〔註105〕然而其中又以荀子護「禮」為最，淩氏云：

> 孟子長於《詩》《書》，七篇之中，稱引甚廣。至於《禮經》，第曰「嘗聞其略」。考其父命厥子，已與〈士冠〉相違；往送之門，又與〈士昏〉不合。蓋僅得禮之大端焉耳。若夫荀卿氏之書也，所述者皆禮之逸文，所推者皆禮之精意。〔註106〕

顯然淩氏對於孟、荀二人評價有顯著的差異，其雖稱頌孟子能持守聖道，然卻也批評孟子對於禮內涵與儀式的陌生，未能如荀子一般嫻熟於禮意。事實上，《孟子》一書的內容確實鮮少涉及到「禮」的探討，孟子擅長的層面在於內化於心的道德論述上，與荀子多談及具體的禮截然有別。而儒者所注重的經典，如《詩》、《書》、《禮》等多與實際的體制或儀式結合，因此荀子的學術途徑乃是可與之相扣且易於傳承。若依孟子學術途徑，則因其著重於內化道德之故，可做為抽象之思辨。是以若是著眼於「禮」，則荀子的成就確實較孟子為顯著且重要。

　　淩氏舉孔子與其弟子之言行，以印證荀子於儒學的地位至少不遜於孟

〔註104〕引文皆自《校禮堂文集・卷十・荀卿頌并序》（淩廷勘：《校禮堂文集》，北京，中華書局，2006年），頁76。

〔註105〕上引文皆同前注。

〔註106〕《校禮堂文集・卷十・荀卿頌　并序》，頁76～77。

子。其云：

> 孔子之論仁，曰：「克己復禮。」又曰：「非禮勿視，非禮勿聽，非
> 禮勿言，非禮勿動。」顏淵曰：「夫子循循然善誘人，博我以文，約
> 我以禮。」然則荀氏之學，其不戾於聖人可知也。〔註107〕

孔子論仁，是由己之日常上而言，而「禮」是客觀檢視的準則，顏淵的博之
以文約之以禮云云，正是點出孔子傳授仁學內涵的進程，最終仍需表現於
「禮」之中，而非溺於空虛抽象的思辨層次。淩氏認為荀子能深諳孔子重「仁」
之道，所以致力發揚「禮」之精意，完全符合儒學的核心價值與宗旨。

而序文末云：「後人尊孟而抑荀，無乃放於禮法之外乎！」〔註108〕前句
屬陳述歷史現象，說明孟、荀二儒於唐宋以降之排序；後句則是淩廷堪出於
自身崇禮尊荀之角度而發聲。持平論孟子與荀子，其治學途徑實是各側重儒
學之半，孟子重內化的仁性；荀子關注外在的禮法，立論點不同。

二、重墨

汪中雖是一位儒者，但並未將治學範圍侷限於孔門之中，上文提過，除
儒學考證外，對於其他先秦諸子亦有涉獵，其嘗云：「中既治墨子。」〔註109〕
即是汪中關注《墨子》之自述。於汪中文字中，涉及墨子者現存兩篇，其一
為〈墨子序〉，另一為〈墨子後序〉，據其云：「涉於墨子者，別為《表微》一
卷而為之敘。」〔註110〕一句來看，至少汪中撰有另一部關於《墨子》的文字，
然而今已亡佚。

由〈墨子序〉的內容可知，《墨子》在清代之前並未有大量研究成果，即
便有論述者，則多以維護儒學立場而批判墨學見世，〔註111〕此一情況至乾嘉
時期則有所鬆動，治墨學者有顯著的增加。乾隆時，畢沅（1730～1797）、盧
文弨（1717～1796）、孫星衍（1758～1818）對《墨子》現存五十八篇進行校
注，編成《墨子注》，汪中即云：

> 友人陽湖孫季仇星衍以刊本示余，則巡撫畢侍郎、盧學士咸有事焉，

〔註107〕《校禮堂文集・卷十・荀卿頌　并序》，頁77。
〔註108〕同前註。
〔註109〕《述學・卷三・內篇・墨子後序》，頁4下。
〔註110〕《述學・卷三・內篇・墨子序》，頁1上。
〔註111〕可參見《20世紀墨學研究史・引言》（鄭杰文：《20世紀墨學研究史》，北京，
　　　　清華大學出版社，2002年），頁1～5。

出入羣籍以是正文字。……舊文孤學，得二三好古君子與我同志於

是。〔註112〕

而於此之前，汪中研究《墨子》似以為孤軍奮鬥，殊不知畢沅等人亦嘗試投
身校注《墨子》，是以「有三喜焉」，〔註113〕並為之作〈後序〉。

（一）《墨子》源流與墨子生平考

關於墨學源流，汪中似有前後期不同的看法，撰〈墨子序〉時，其認為
墨學之淵源與史佚（西周初，生卒年不詳）、史角（東周初，生卒年不詳）有
關，而史佚、史角均屬周代太史，因此墨學可能源自於史官一職。汪中從《呂
氏春秋・當染》篇尋得相關的資料，其云：「魯惠公請郊廟之禮於天子，桓王
使史角往，惠公止之，其後在於魯，墨子學焉。」〔註114〕史角教導魯惠公
（？～前723）郊廟之禮，因而被留居於魯，而墨子從其後代學。又，文中亦
列出劉向的觀點：「劉向以為出於清廟之守。」汪中則補充云：

夫有事於廟者，非巫則史，史佚、史角皆其人也。史佚之書至漢具

存。而夏之禮在周已不足徵。則莊周、禽滑釐傅之禹者，非也。

〔註115〕

於氏族部落時代，掌管祭祀、天文、問卜、紀錄等一職者，不是巫，便是史，
而更多時候更是由一人兼任。巫史於周代的地位高，其所記錄的資料，乃具
重要價值。史佚為西周初期的史官，其所紀載的內容是為西周禮制，而更古
老的夏朝禮制，即便有如孔子這般好學之人亦無法印證。因此，莊子（前369
～前286）、禽滑釐（春秋魏人，傳為墨子弟子，生卒年不詳）等將墨學與夏
禮作聯繫，汪中認為其有失真，因為其認為夏制已經不可考。

由引文可知，汪中此時認為墨學應源於西周初年的巫史一職，換言之，
汪中傾向支持劉向的主張，或劉向考證過周初史料的可能性較高。雖然汪中
不同意莊周（實是《莊子》）所云：「不能如此，非禹之道也，不足謂墨。」
〔註116〕然而卻認同其指出的墨學特點，即：

不侈於後世，不靡於萬物，不暉於數度，以繩墨自矯，而備世之急。

〔註112〕　《述學・卷三・內篇・墨子後序》，頁4下。
〔註113〕　同前注。
〔註114〕　《述學・卷三・內篇・墨子序》，頁1下。
〔註115〕　上引文皆同前注。
〔註116〕　《莊子纂箋・天下》（錢穆：《莊子纂箋》，臺北，東大圖書有限公司，1993
　　　　　年），頁272。

> 古之道術有在於是者。可謂知言矣。〔註117〕

墨學中禁奢侈、絕浪費，不流於炫耀，以刻苦自勵的精神，謀解決諸多問題為尚，所謂治國之方，於古代即是如此。汪中認同〈天下〉篇對於墨學的評價，然而汪中緊接云：「古之史官實秉禮經以成國典，其學皆有所受。」〔註118〕其卻是將墨學與周初史官相聯，實非〈天下〉篇的原意。

雖汪中並無撰寫墨子年表，但仍從幾個方面來考證墨子活躍時代。首先，由《墨子》中〈耕柱〉、〈魯問〉篇中墨子與魯陽文子（即公孫寬，楚平王之孫，司馬子期之子，春秋楚國司馬，約西元前五世紀人）之對話，以及〈貴義〉篇作為線索，導出墨子之年代，汪中云：

> 楚惠王以梁與魯陽文子。……墨子南游於楚，見獻惠王，……獻惠王之為惠王，猶頃襄王之為襄王。由是言之，墨子實與楚惠王同時。〔註119〕

魯陽文子、楚惠王（？～前432）與墨子同處一同時代，且均見過彼此。史書載，楚惠王在位長達五十七年，與其相關事件與人物有吳夫差（？～前473）、越勾踐（生卒年不詳）相爭，以及命公輸般（約前507～前444）造雲梯攻宋，是以墨子的生卒年限，應在春秋末期至戰國初期。

既界定出墨子生卒之梗概後，《漢書‧藝文志》中提及「以為（墨子）在孔子後者」，汪中認為乃是符合史實。其又舉〈非攻中〉篇有謂智伯（即荀瑤，前506～前453）亡於好戰，「事在春秋後二十七年」。又，同篇亦言蔡國之亡（前447），「則為楚惠王四十二年」。汪中云：「墨子並當時及見其事。」〔註120〕墨子活躍於春秋末年至戰國初期，則對於當時各諸侯國之事件必有所聞所見。

汪中將《墨子》中言及之事件、人物羅列而出，如〈非攻下〉篇有：「今天下好戰之國，齊、晉、楚、越。」；又云：「唐叔、呂尚邦齊、晉，今與楚、越四分天下。」唐叔（周武王第三子，生卒年不詳）所建立之晉國，與呂尚（殷末周初人，生卒年不詳）所建立的齊國，加上南方的楚國與越國，在春秋末年是主導國際關係的要角，亦是墨子眼中好啟戰端以至時局紛亂之國。汪中再以〈節葬下〉、〈魯問〉、〈公輸〉等諸篇進行考證，其云：

〔註117〕《述學‧卷三‧內篇‧墨子序》，頁1下。
〔註118〕引文皆同前注。
〔註119〕《述學‧卷三‧內篇‧墨子序》，頁1下～頁2上。
〔註120〕上引文皆見《述學‧卷三‧內篇‧墨子序》，頁2上。

明在勾踐稱伯之後，（注：〈魯問〉篇越王請裂吳故地，方五百里以
封墨子亦一證。）秦獻公未得志之前。全晉之時，三家未分，齊未
爲陳氏也。〈檀弓下〉季康子之母死，公輸般請以機封，此事不得其
年。季康子之卒在哀公二十七年。楚惠王以哀公七年即位，般固逮
事惠王。〈公輸篇〉楚人與越人舟戰於江，公輸子自魯南游。楚做鉤
強以備越亦吳亡後，楚與越爲鄰國事。惠王在位五十七年，本書既
載其以老辭墨子。則墨子亦壽考人與？〔註121〕

上文已列公輸般生卒的時代，然考楚越舟戰其說法有二：其一是《資治通
鑑》主張在前334年；其二是當代研究者楊寬（1914～2005）考訂出在前306
年，〔註122〕無論何者爲是，均在吳國滅亡以及公輸般歿後，是以公輸般不可
能爲此參與設計楚越戰爭的器械。而越滅吳乃在秦獻公（前424～前362）即
位之前，此時晉、齊兩國仍未被大夫所篡。又，魯國季康子（？～前468）母
喪時，公輸般曾獻計未果，則表示季康子與公輸般生卒年重疊，而後公輸般
南游侍奉楚惠王。至此，可知由越王勾踐被封爲霸主之後（前473），至楚越
舟戰（前334或306？）差距最大達一百六十餘年，是以汪中認爲墨子不可能
皆能親眼目睹所有事件，最可能的推測乃是吳越之爭到楚惠王此一段時間，
且楚惠王尙以墨子垂垂老矣的理由而辭退墨子，更難以令人信服墨子能有異
於常人的歲數。

汪中認爲，至少有一部分的事件乃是墨家後學者所附會於墨子本人，其
云：「似七十子後學者所述。」唯有如此，才能解釋《墨子》部分篇章中的
疑點，即墨子弟子抑或再傳弟子所撰寫，尤其是被稱爲《墨經》的諸篇，
汪中云：「〈經上〉至〈小取〉六篇，當時謂之《墨經》。」此《墨經》六篇
問世的年代是墨家分裂爲三後才有，汪中引《莊子‧天下》中「相里勤之弟
子，……以堅白異同之辨相訾，以觭偶不仵之辭相應者」以證墨子離世已
久，其云：

公孫龍爲平原君客，當趙惠文孝成二王之世；惠施相魏，當惠襄二
王之世。二子實始爲是學，是時墨子之沒久矣。……〈所染〉篇亦
見《呂氏春秋》，其言宋康染於唐鞅、田不禮。宋康之滅在楚惠王卒

〔註121〕《述學‧卷三‧內篇‧墨子序》，頁2上～頁2下。
〔註122〕《戰國史‧第八章　合縱、連橫和兼并戰爭的變化》（楊寬：《戰國史》，上海，
　　　　上海人民出版社，2003年），頁364。

後一百五十七年，墨子盍嘗見染絲者而歎之？爲墨之學者增成其說
耳。〔註123〕

惠施（約前370～前310）、公孫龍（約前320～前250），已是進入戰國時代
的人物，其二人於墨學的輩分遠遜於墨子之徒禽滑釐。而宋康王（？～前286）
因任用唐鞅（生卒年不詳）、田不禮（？～前295）失當而導致亡國，距墨子
年代亦是久遠，〈所染〉篇開頭「子墨子言見染絲者而歎」實屬文章之手法耳，
並非史實，況文中有提及「禽子」，〔註124〕應是指墨子弟子禽滑釐，倘若由墨
子親撰，則斷不可能以「子」置於後之方式稱呼弟子。

另，《呂氏春秋》中亦有文意相同的篇章，然易名爲〈當染〉，論述上稍
有修改，如最末段：「禽滑釐學於墨子，許犯學於禽滑釐。」〔註125〕云云，顯
然與〈所染〉篇中之稱謂不同，汪中云：「《呂氏春秋》並稱墨子。」〔註126〕
應是〈當染〉篇作者以非墨學後者的角度論述所成。

雖汪中有提及〈親士〉篇「其言淳實」，但仍指出缺失，其云：「〈親士〉
篇錯入道家，言二條與前後不類。」〔註127〕而所謂不類是指〈親士〉篇有云：
「今有五錐，此其銛，銛者必先挫。……故曰：『太盛，難守也。』」〔註128〕
文意明顯有道家「明哲保身」的風格，與墨家捨身爲民之典範相悖。又，同
篇亦云：「君必有弗弗之臣，上必有詻詻之下。分議者延延，而支苟者詻詻。」
〔註129〕顯然又鼓吹臣下必須能直言進諫，不畏禍難。如此矛盾之意竟會出現

〔註123〕 上引文皆見《述學・卷三・內篇・墨子序》，頁2下～頁3上。
〔註124〕 《墨子閒詁・卷一・所染第三》云：「其友皆好仁義，淳謹畏令，則家日益，
身日安，名日榮，處官得其理矣，則段干木、禽子、傅說之徒是也。」（孫詒
讓注：《墨子閒詁》，臺北，臺灣商務印書館，1965年），頁11。
〔註125〕 《呂氏春秋・當染》（呂不韋：《呂氏春秋》，四部叢刊初編子部，上海，上海
商務印書館，1929年），頁16。
〔註126〕 《述學・卷三・內篇・墨子序》，頁3上。
〔註127〕 同前注。
〔註128〕 《墨子閒詁・卷一・親士第一》云：「今有五錐，此其銛，銛者必先挫。有五
刀，此其錯，錯者必先靡，是以甘井近竭，招木近伐，靈龜近灼，神蛇近暴。
是故比干１之殪，其抗也；孟賁之殺，其勇也；西施之沈，其美也；吳起之
裂，其事也。故彼人者，寡不死其所長，故曰：『太盛難守也。』」頁3。
〔註129〕 《墨子閒詁・卷一・親士第一》云：「吾聞之曰：『非無安居也，我無安心也。
非無足財也，我無足心也。』是故君子自難而易彼，眾人自易而難彼，君子
進不敗其志，內究其情，雖雜庸民，終無怨心，彼有自信者也。是故爲其所
難者，必得其所欲焉，未聞爲其所欲，而免其所惡者也。是故偪臣傷君，諂
下傷上。君必有弗弗之臣，上必有詻詻之下。分議者延延，而支苟者詻詻，

於同篇文章之中，必然是收錄上有其謬誤之處。汪中亦留意到此具道家思想的文字同樣出現墨子身歿後的事件，即「吳起之裂」，其云：「起之裂以楚悼王二十一年，亦非墨子之所知也。」〔註130〕無論是楚悼王（？～前381）二十一年抑或吳起（前440～前381）被車裂而亡，墨子應已離世。是以《墨子》內容，確定有一部份爲後世的墨者所增附，而如〈親士〉中所誤植者即有所見，此乃需了解墨子歷史與其思想者方能辨析。

（二）梳理墨學思想

　　關於墨學的思想，汪中分析出幾個面向：尚賢、尚同；節用、節葬；非樂、非命；尊天、事鬼；兼愛、非攻。其云：

> 國家昏亂，則語之尚賢、尚同；國家貧，則語之節用、節葬；國家
> 喜音沉湎，則語之非樂、非命；國家淫僻無禮，則語之尊天、事鬼；
> 國家務奪侵陵，則語之兼愛、非攻。〔註131〕

國家昏亂之際，需待賢良者號令；若財政貧困，則應施行撙節；若好節慶、事鬼神，則應禁靡靡之音，鼓吹事在人爲；若舉政不當而僭越禮制，應效法天之規律，賞罰分明；若好生戰端者，則以無等差之情予以感召，以戰爭無利而止其征伐。汪中所列舉墨家思想的要旨，總括爲五個面向，都是墨子積極主張與力行的特點，亦符合國家可能面臨困境時所應改變的方向。

　　汪中爲《墨子》下評語云：「此其救世亦多術矣。」誠然如其所言，墨子的思想目的乃在於解決問題，因此會有諸多方式與對策，若「備城門以下臨敵應變」，〔註132〕此便是「救世」之策。當然，「救世」亦是「經世」，本質上與儒學思想並無二致。換言之，墨子的「經世」方針便是尚同、尚賢、兼愛、非攻等十項要旨。可注意的是，汪中將墨子思想的要旨分類，一來凸顯出墨學的「多術」；二來可阻止反對者的批判。

　　墨學十項要旨，從尚賢至非攻，乃是針對不同的局勢而所有應對，並非不分對象的均一實行，如汪中所云：「備城門以下，臨敵應變。」其以爲世上對墨學多所批評，即是因爲不知墨學具多術而主應變的緣故。其引《史記·老子韓非列傳》「世之學老子者則絀儒學，儒學亦絀老子。」後文補充云：「惟

　　　　爲可以長生保國。」頁1～2。
〔註130〕《述學·卷三·內篇·墨子序》，頁3上。
〔註131〕同前注。
〔註132〕上引皆同前注。

儒墨亦然。儒之紃墨子者，孟氏荀氏。」〔註133〕儒學理想之社稷在於重禮樂，與墨學思想中之節葬、非樂相違，是以儒者會排斥，然汪中卻持不同觀點，其云：

> 荀之禮論樂論，爲王者治定功成盛德之事，而墨之節葬非樂，所以救衰世之弊。其意相反而相成也。〔註134〕

無論是禮樂或綱常的彰顯，皆屬承平盛世之產物，若遭逢戰亂之衰世，是否能一味執守於禮樂、綱常的維持，而不講求隨時應變？汪中以爲，儒者固然是維護禮樂之綱常，然而面對衰世之際，卻不得不求應對之良策，於亂世之際，所謂節葬、非樂之說，亦是解決亂世繼續延續之可能。換言之，是在失序中尋求有意義的解決方法。墨子的思想正是因應衰世之弊而產生。因此，汪中才會以荀子的禮樂思想與墨子的節葬非樂思想做一互補，主張在不同之局勢中，各有其功效。

而關於「兼愛」，汪中亦有其看法，首先言「兼」之意，其云：「欲國家愼其封守，而無虐其鄰之人民畜產。」以謹愼於己國的疆域邊防，無侵擾鄰國家園爲其釋義，即因凡是統治者皆不願轄域內之人民財產受外邦掠奪，故須謹愼看待，同理擴展，則亦不會去他邦孳生事端，如此之「兼」經由汪中的詮釋，則可謂將「兼」具有的同時涉及之意義解釋出來，與〈兼愛〉三篇之梗概相符。

汪中又云：「雖昔先王制爲聘問弔恤之禮，以睦諸侯之邦交者，豈有異哉？」由成效而論，無論是推行「兼愛」抑或制定「禮節」，其目的皆是相同，乃欲維持諸侯間的平和。國與國之間可推行「兼愛」，若將其置於於倫理中施行亦無矛盾，其云：「彼且以兼愛教天下之爲人子者，使以孝其親而謂之無父斯已過矣。」〔註135〕顯見汪中認爲「兼愛」與儒學論孝道並無違背。而批評墨子兼愛思想者，正是孟子，《孟子・滕文公》云：「墨氏兼愛，是無父也。無父無君，是禽獸也。」〔註136〕是以汪中批評孟子的言論不實。雖儒者講求愛有等差，由家族推擴而出，然墨者之兼愛亦是推擴，只後者將家族的藩籬破除，以另一角度言，則更是強調「心同此情，心同此理」。換言之，

〔註133〕上引皆見《述學・卷三・內篇・墨子序》，頁3上。
〔註134〕《述學・卷三・內篇・墨子序》，頁3下。
〔註135〕上引文皆同前注。
〔註136〕《孟子集注卷六・滕文公下》（朱熹：《四書章句集注》，北京，中華書局，2008年），頁272。

墨子的兼愛實則比孟子的仁愛更具超越自然性。汪中便是由此一觀點讚揚墨學。

　　荀子亦批評墨子，且散見於《荀子》各篇之中。若〈非十二子〉中云：「不知壹天下、建國家之權稱，上功用、大儉約而僈差等。」〔註137〕便是抨擊墨學破壞封建階級之禮制。〈富國〉則云：「墨子之非樂也，則使天下亂；墨子之節用也，則使天下貧。」〔註138〕其批評角度仍是以禮制作為權衡準則，以為墨子的思想為亂與貧之根源。又如〈王霸〉云：「大有天下，小有一國，必自為之然後可，則勞苦耗顇莫甚焉。」〔註139〕乃是將墨子的節用等思想視為等同勞役之作，如此則統治階層勢必事事躬親，無異於平民而勞頓不已，此一批評依舊以階級制度為考量，且偏離墨子原意。上文已言，汪中認為墨、儒二學之立場不一，所應對之情況亦不可並陳。

　　墨者自西漢後湮沒無聞，其思想亦逐漸為世人所陌生，關於墨學思想之云云多半由轉述得知，汪中云：「後之君子日習孟子之說，而未覩墨子之本書，眾口交攻抑又甚焉。」〔註140〕換言之，後世儒者僅是憑藉《孟子》中的批判性文字，便據此詆毀墨學，實失之於公允。

　　而《墨子》中〈非儒下〉篇，其內容顯然是對儒學的批判，其中諸段落尤是直指孔子，如藉齊景公與晏子之對話彰顯孔子非賢、非義與非仁的態度。〔註141〕汪中云：「世莫不以其誣孔子為墨子辠。」〔註142〕以墨學的立場言，

〔註137〕　《荀子集解・卷三・非十二子》（王先謙：《荀子集解》，臺北，華正書局，2003年），頁57。

〔註138〕　《荀子集解・卷六・富國》，頁120。

〔註139〕　《荀子集解・卷七・王霸》，頁138～139。

〔註140〕　《述學・卷三・內篇・墨子序》，頁3下。

〔註141〕　《墨子閒詁・卷九・非儒下第三十九》云：「齊景公問晏子曰：『孔子為人何如？』晏子不對，公又復問，不對。景公曰：『以孔丘語寡人者眾矣，俱以賢人也。今寡人問之，而子不對，何也？』晏子對曰：『嬰不肖，不足以知賢人。雖然，嬰聞所謂賢人者，入人之國必務合其君臣之親，而弭其上下之怨。孔某之荊，知白公之謀，而奉之以石乞，君身幾滅，而白公僇。嬰聞賢人得上不虛，得下不危，言聽於君必利人，教行下必於上，是以言明而易知也，行明而易從也，行義可明乎民，謀慮可通乎君臣。今孔某深慮同謀以奉賊，勞思盡知以行邪，勸下亂上，教臣殺君，非賢人之行也；入人之國而與人之賊，非義之類也；知人不忠，趣之為亂，非仁義之也。逃人而後謀，避人而後言，行義不可明於民，謀慮不可通於君臣，嬰不知孔丘之有異於白公也，是以不對。』」頁189～190。

〔註142〕　《述學・卷三・內篇・墨子序》，頁3下。

儒學維護禮制、階級的思想於亂世中已失去意義，是以會批判儒者。況基於
史實而言，春秋抑或戰國時代，無論孔子、七十二弟子，乃至於孟、荀等儒
者，多數仕途皆未能順遂。事實上，儒者於當際與墨、道、法等學派相較，
並無優勢，故若還原於當時景況，學派相互批評實屬常理，汪中即云：

> 自儒者言之，孔子之尊故生民以來所未有矣。自墨者言之，則孔子
> 魯之大夫也，而墨子宋之大夫也，其位相埒，其年又相近，其操術
> 不同而立言務以求勝。此在諸子百家莫不如是，是故墨子之誣孔子，
> 猶老子之絀儒學也，歸於不相爲謀而已。〔註143〕

立於維護儒學的立場，孔子固然偉大，然由第三者之視角言，孔子乃當時一
魯國官員，而墨子乃當時一宋國官員，其地位一致，年代亦相差不遠。於東
周百家爭鳴之時代，儒、墨相斥本一如道斥儒，蓋因其學說立論途徑皆不相
同，是以有其必然之因。考汪中所言墨子爲宋之大夫，此說應源於《史記·
孟子荀卿列傳》末尾所云：「蓋墨翟，宋之大夫。」〔註144〕至於此說法根據與
眞僞爲何？仍有待今研究者考證，然無論結果，汪中將墨子之地位提升至與
孔子相當，部分儒者如方東樹（1772～1851）對此即有所抨擊，〔註145〕可見
稱頌墨學於嘉道之際，在某些儒者眼中有背叛儒門之嫌。

　　而汪中對於墨學思想中不合理之處亦提出反對，云：「吾讀其書，惟以三
年之喪爲敗男女之交，有悖於道。」〔註146〕汪中認爲守三年之喪乃合於倫常，
既合倫常，則《墨子》所謂的「敗男女之交」自是不成立。顯見汪中對於墨
子倡節葬之說並不認同。關於汪中所提，即〈節葬下〉中所云：

> 上士操喪也，必扶而能起，杖而能行，以此共三年。若法若言，行
> 若道，苟其飢約，又若此矣，是故百姓冬不仞寒，夏不仞暑，作疾
> 病死者，不可勝計也。此其爲敗男女之交多矣。〔註147〕

士階層之守喪期間，須有人攙扶、拄杖行動，又必不食而飢；單衣而寒，一

〔註143〕《述學·卷三·內篇·墨子序》，頁 3 下。
〔註144〕《史記·卷七十四·孟子荀卿列傳第十四》（司馬遷：《史記》，長沙，岳麓書
　　　　社，2001 年），頁 449。
〔註145〕《漢學商兌·卷中之上》云：「汪氏既斥〈大學〉，欲廢四子書之名而作〈墨
　　　　子表微序〉，顧及尊墨子，眞顚倒邪見也。……又稱墨子與孔子位相埒。」（方
　　　　東樹：《漢學商兌》，叢書集成序編冊 42，臺北，新文豐出版社，1989 年），
　　　　頁 342。
〔註146〕《述學·卷三·內篇·墨子序》，頁 3 下～頁 4 上。
〔註147〕《墨子閒詁·卷六·節葬下第二十五》，頁 114。

共三年。倘全部百姓皆據此而效行，則冬日不耐寒；夏日不耐暑，生病而亡者恐甚多，此足以危害至人類繁衍後嗣之事，因此墨子反對厚葬併守喪三年。

　　〈節葬下〉篇中所論及守喪三年之害處甚多，除人口減少外，尚有貧窮、政亂等事，然總括而言，節葬之目的乃不離現實利弊之考量，即「死則既以葬矣，生者必無久哭，而疾而從事，人為其所能，以交相利也。」〔註148〕以興家國之利換取厚葬守喪之害，乃是墨子認為的一種變通之策，既然權衡之下，節葬明顯有利，何必取弊之一端？然此亦是汪中所謂之「悖道」。其著眼點，主要在於守喪三年之本身實源自於「道」，此「道」便是儒者主張之「孝」。

　　「孝」作為人倫之根基，身為儒者如汪中，自是不可能忽視侍親之禮（包括守喪），是以會批判墨子所主張的反對守喪。須留意，汪中並未全然反對墨學節葬之說，其所反對者在於：不守喪的主張。此乃屬悖離孝道之事。而歷來有學者主張墨學出於夏禮，因此其喪禮之制不能同周禮視之，汪中則提出論點云：「雖謂墨子之學出於禹未害也，謂禹制三月之喪則《尸子》之誤也。」〔註149〕《尸子》成書應為戰國之際，然考證諸文獻記載，所謂「三月之喪」並無根據。汪中引云：「夏后氏三年之喪既殯而致事，則夏之為父三年矣。」〔註150〕從《孔子家語・曲禮子夏問第四十三》中顯示，夏之喪禮亦是同儒者所言。因此汪中認為將墨者不主張守喪之源頭推向夏禮，並不妥當。然而其撰寫〈墨子後序〉時，早先反對墨學與夏禮聯繫之態度已不復見，其甚至云：「季仇謂墨子之學出於禹，其論偉矣。」〔註151〕對於孫星衍之主張反倒是認同。對照前後兩篇序文，明顯見其之轉變。

　　除對喪禮之歧見外，汪中認為墨學與儒學仍有諸多相通之處，尤其墨者愛人、弭戰的思想。汪中云：

　　　　其述堯舜、陳仁義、禁攻暴、止淫用，感王者之不作而哀人生知長勤，百世之下如見其心焉。詩所謂民有喪，匍匐救之之仁人也。其在九流之中，惟儒足與之相抗。〔註152〕

〔註148〕《墨子閒詁・卷六・節葬下第二十五》，頁116。
〔註149〕《述學・卷三・內篇・墨子後序》，頁5上。
〔註150〕同前注。
〔註151〕《述學・卷三・內篇・墨子後序》，頁4下。
〔註152〕《述學・卷三・內篇・墨子序》，頁4上。

與儒學一致之處，即墨學亦主張仁義，然而對戰亂紛仍的局勢，後者卻是採積極投入且亟欲回復社會秩序。換言之，墨者對於拯救社稷亂象的積極性乃是儒者所不及的，而且墨者所具備之具體辦法與技能亦是儒者難以達成。當然，儒學相較於墨學，既廣且長，汪中並不會因墨學之積極性而就此屏除儒學。於論述中，清楚可見其將墨學與儒學共同提舉於其他先秦諸子學之上。

三、汪中的老子其人其書考

《老子》思想歷代多有學者研究，且可謂與儒學並爲千年之顯學，然「老子」身世與年代之種種，自《史記》立傳以來，便有諸多之說法。〈老子韓非列傳〉中提出幾個可能人物：其一是李耳（生卒年不詳），周之官吏；其二是老萊子（生卒年不詳），與孔子同時；其三是秦獻公時的周太史儋（生卒年不詳）。〔註153〕汪中對上述內容分別提出其觀點，企圖釐清歷史上的老子其生平與時代問題。

其所撰〈老子考異〉中提出三項疑點。首先，孔子嘗問禮於老子，此事於《呂氏春秋》、《白虎通》、《潛夫論》等皆有所載，如此推測，則老子必嫻熟於周禮，汪中據《禮記・曾子問》篇孔子與曾子之對話，而云：「助葬而遇日食，然且以見星爲嫌，止柩以聽其變，其謹於禮也。」〔註154〕誠然如汪中所言，〈曾子問〉中之老耼乃是一恪守禮制之人，故孔子信服其言。然《老子》卻言「禮者，忠信之薄而亂之首也」；〔註155〕而〈曾子問〉中又有「下殤之葬」云云，〔註156〕如此之老子則可謂是「稱引周召史佚，其尊信前哲也」，〔註157〕然《老子》中又云：「聖人不死，大盜不止。」如此矛盾之例在汪中看來是「彼

〔註153〕 《史記・卷六十三・老子韓非列傳第三》云：「老子者，楚苦縣厲鄉曲仁里人也，姓李氏，名耳，字耼，周守藏室之史也。……或曰：老萊子亦楚人也，著書十五篇，言道家之用，與孔子同時云。……自孔子死之後百二十九年，而史記周太史儋見秦獻公曰：『始秦與周合，合五百歲而離，離七十歲而霸王者出焉。』或曰儋即老子，或曰非也，世莫知其然否。老子，隱君子也。」頁388。

〔註154〕 《述學・卷四・補遺・老子考異》，頁37下～頁38上。

〔註155〕 《述學・卷四・補遺・老子考異》，頁38上。

〔註156〕 《禮記訓纂卷七・曾子問第七》云：「孔子曰：『吾聞諸老耼曰：昔者史佚有子而死，下殤也。墓遠，召公謂之曰：『何以不棺斂於宮中？』史佚曰：『吾敢乎哉？』召公言於周公，周公曰：『豈不可？』史佚行之。下殤用棺衣棺，自史佚始也。』」（朱彬：《禮記訓纂》，北京，中華書局，2007年），頁311。

〔註157〕 《述學・卷四・補遺・老子考異》，頁38上。

此乖違甚矣」。〔註158〕同爲「老子」，兩處記載之思想內涵卻截然有別，是否爲同一人？此乃疑點之一。

再者，〈老子韓非列傳〉提及老子「楚苦縣厲鄉曲仁里人」，並指出其「周守藏室之史也」。〔註159〕汪中則考證春秋之際楚國與周王廷之關係，其云：

> 周室既東，辛有入晉（左傳昭二十年），司馬適秦（太史公自序），史角（呂氏春秋當染篇）在魯，王官之族或流播於四方，列國之產，惟晉悼嘗仕於周，其他固無聞焉，況楚之子周，聲教中阻，又非魯鄭之比。〔註160〕

周至平王東遷後，不少官吏四散於各諸侯國，如太史辛有（生卒年不詳）、司馬錯（生卒年不詳，秦惠王時將領）、史角等皆是，而諸侯國中只有晉悼公久居成周，其餘則未聞。而楚國於東周初期猶被中原視爲南蠻，稱做荊楚，是以推知禮制之於楚，其普及率應不足與中原諸國相比。是以汪中認爲周守藏之史出身於楚國乃是一不合理之疑點二。

其三，〈老子韓非列傳〉又云：「老子，隱君子也。」汪中則繼提出反駁，其云：「身爲王官不可謂隱。」〔註161〕王官代表學術之源，尤其是周平王東遷以後，掌握官學者流落四方之際，理應備受諸侯國注意，如何能隱身？況學術之傳遞需要有繼承者，試看東周顯學之儒、墨、道、法，乃至兵、農、陰陽、縱橫、雜家，皆有講學、有授徒，而沒有真隱居而沒沒無聞之宗師，因此汪中會質疑老子爲隱君子之說。

而《老子》之作者究竟爲何人？其時代又處於何時？汪中先藉《列子》中〈黃帝〉與〈說符〉兩篇資料來處理，此二篇「凡三載列子與關尹子答問之語」，其云：

> 列子與鄭子陽同時，……鄭殺其相駟子陽在韓列侯二年，上距孔子之沒凡八十二年，關尹子之年世既可攷而知。則爲關尹子著書之老子其年世亦從可知矣。〔註162〕

鄭子陽（？～前398）即是駟子陽，爲鄭國之相，其被害之年距孔子歿有八十二年之遠，而汪中認爲列子與駟子陽同時代，亦與關尹子（關喜，周昭王時

〔註158〕《述學・卷四・補遺・老子考異》，頁38上。
〔註159〕引文皆同前注。
〔註160〕同前注。
〔註161〕引文皆同前注。
〔註162〕含上引文皆見《述學・卷四・補遺・老子考異》，頁38下。

人）同時，如此則離周往西行之老子，其時代亦可由此而推得。

《文子》一部，歸爲先秦道家學派之典籍之一。汪中由其〈精誠〉篇內容「故秦楚燕魏之歌，異傳而皆樂」中分析燕國與中原諸國之往來，其云：「燕終春秋之世，不通盟會。〈精誠篇〉稱燕自文侯之後，始與冠帶之國。」汪中稱《文子・精誠》中言燕文侯既位後始有禮儀、教化，此應是指與中原各國往來。然筆者未查詢到該篇有此一敘述。汪中解釋：燕國有兩文公，一是遷都至易（今河北省保定）的前文公（生卒年不詳），史料上不見其記載；一是後文公（？～前 333），據司馬遷考證，其與中原六國等有所往來，因此較符合所謂「始與冠帶之國」中的燕文侯。〔註163〕汪中云：

> 文公元年，上距孔子之歿，凡百二十六年。老子以燕與秦楚魏并稱，
> 則老子已見及文公之始強矣。又魏之建國，上距孔子之歿凡七十五
> 年，而老子以之與三國齒，則老子已及見其侯矣。〔註164〕

燕後文公即位之初，距孔子歿已超過一世紀之久，《文子》篇章中引老子「秦楚燕魏」並稱之言，則顯示出老子知燕後文公此人此事。再者，韓、趙、魏三家分晉，分別建國於公元前四〇三年，此時孔子亦已謝世達七十五年，因此又證明《文子》書中之老子生平乃是與上述三國並列，皆在孔子歿後甚久。

又，楊朱的此一線索亦可檢視老子年代。如《列子》中〈黃帝〉與〈楊朱〉兩篇，汪中指出「《列子・黃帝篇》載老子教楊朱事……〈楊朱篇〉禽子曰以子之言問老聃」云云，可知楊朱乃老子之門生，即「朱固老子之弟子也」。〔註165〕而〈楊朱篇〉中記載端木叔（子貢之孫，生卒年不詳）散盡家產而老死無能安葬之事。〔註166〕汪中認爲由楊朱聞知端木叔之事蹟來推斷，

〔註163〕 汪中云：「燕世家有兩文公，武公子文公。索隱引世本作閔公，其事蹟不見于
　　　　　《左氏春秋》，不得謂始與冠帶之國。桓公子亦稱文公。司馬遷稱其予車馬金
　　　　　帛以至趙，約六國爲從，與《文子》所稱時勢正合。」與上引文皆見《述學・
　　　　　卷四・補遺・老子攷異》，頁 38 下。
〔註164〕 同前注。
〔註165〕 《述學・卷四・補遺・老子攷異》，頁 39 上。
〔註166〕 《列子・楊朱第七》云：「衛端木叔者，子貢之世也。藉其先貲，家累萬金。
　　　　　不治世故，放意所好。其生民之所欲爲，人意之所欲玩者，无不爲也，无不
　　　　　玩也。牆屋臺榭，園圃池沼，飲食車服，聲樂嬪御，擬齊楚之君焉。至其情
　　　　　所欲好，耳所欲聽，目所欲視，口所欲嘗，雖殊方偏國，非齊土之所產育者，
　　　　　无不必致之，猶蕃牆之物也。及其游也，雖山川阻險，塗逕脩遠，无不必之，
　　　　　猶人之行咫步也。賓客在庭者日百住，庖廚之下，不絕煙火；堂廡之上，不

「朱爲老子之弟子而及見子貢之孫之死，則朱所師之老子不得與孔子同時也」。〔註167〕換言之，楊朱之老師——老子——爲孔子後輩。

另《說苑・政理》篇有楊朱告訴魏惠王關於「治天下如運諸掌」之對話，〔註168〕汪中云：

> 梁之稱王，自惠王始。惠王元年上距孔子之歿凡百十八年。楊朱已及見其王，則朱所師事之老子，其年世可知矣。〔註169〕

梁即是魏國之別稱，公元前三六一年，魏惠王遷都至大梁後始有此稱。而惠王與齊正式互尊爲王乃公元前三三四年，距孔子之歿已超過一世紀之久。因此藉由《說苑》中之例，則可推知老子之年代。

至於司馬遷所撰老子西去至關云云，汪中分析此「關」應爲函谷關，其云：函谷關在靈寶縣（今河南省三門峽市境內），正當周適秦之道。」此是其一，又云：「關尹又與鄭之列子相接。」此爲其二。若據此二項推斷，則爲函谷關。汪中繼續分析函谷關之歷史，其云：「當孔子之世，二崤猶爲晉地。」「二崤」即是東、西崤山，形成隘口之勢，春秋之際，仍爲晉國所轄。而函谷關之出現，最遲恐至秦獻公二十三年（前362）大敗魏趙聯軍後始設置，即汪中所云：「然則此關之置，實在獻公之世矣。」〔註170〕是以老子出關之事，顯然又距孔子甚遠。

總括上述，汪中據《史記》而提出以下三種老子版本的推論，即：老聃、老萊子與太史儋是有所分別。首先其云：「孔子所問禮者，聃也。其人爲周守

絕聲樂。奉養之餘，先散之宗族；宗族之餘，次散之邑里；邑里之餘，乃散之一國。行年六十，氣幹將衰，棄其家事，都散其庫藏、珍寶、車服、妾媵，一年之中盡焉，不爲子孫留財。及其病也，无藥石之儲；及其死也；无瘞埋之資。」（《尹文子・關尹子・列子》，臺北，中華書局，2016年），頁6下～7上。

〔註167〕《述學・卷四・補遺・老子攷異》，頁39上。

〔註168〕《說苑・卷七・政理》云：「楊朱見梁王，言治天下如運諸掌然，梁王曰：『先生有一妻一妾不能治，三畝之園不能芸，言治天下如運諸手掌何以？』楊朱曰：『臣有之，君不見夫羊乎，百羊而群，使五尺童子荷杖而隨之，欲東而東，欲西而西；君且使堯牽一羊，舜荷杖而隨之，則亂之始也。臣聞之，夫吞舟之魚不遊淵，鴻鵠高飛不就汙池，何則？其志極遠也。黃鐘大呂，不可從繁奏之舞，何則？其音疏也。將治大者不治小，成大功者不小苛，此之謂也。』」（劉向：《說苑》，四部叢刊初編子部，上海，上海商務印書館，1929年），頁31。

〔註169〕《述學・卷四・補遺・老子攷異》，頁39上。

〔註170〕以上引文皆見《述學・卷四・補遺・老子攷異》，頁39上～頁39下。

藏之史，言與行則〈曾子問〉所載者是也。」〔註171〕較孔子長且精熟於禮者，此「老子」乃是於周天子轄下管理藏書之人，此爲老聃。

　　第二，至於太史儋則爲秦獻公時人，其子名宗，爲魏國將軍，封於段干。太史儋即是《道德經》之作者。汪中云：

> 老子之子宗爲魏將，封于段干。……則爲儋之子無疑。而言道德之意五千餘言者，儋也。其入秦見獻公，即去周至關之事。本傳云：「或曰儋即老子。」其言驗矣。〔註172〕

太史儋這位「老子」之年代上文已論述過，戰國時曾擔任周太史官之職，其離開周至秦晉見獻公，並留給關尹《道德經》一部，而儋之子爲魏將。雖然司馬遷對此事仍懷疑不已，然綰合汪中所稽考之幾項，證明老儋便是道家經典《老子》之作者，與孔子時代無任何重疊之處，更不可能教禮於孔子。

　　最末則是老萊子，此一「老子」見於《太傳禮・衛將軍文子》篇與《史記・仲尼弟子列傳》等諸篇。前者今不見刊本，而後者云：「孔子之所嚴事：於周則老子；於衛，蘧伯玉；……於楚，老萊子。」〔註173〕顯見「老子」與「老萊子」於此篇中分做二人，然〈老子韓非列傳〉中卻又有「或曰：『老萊子亦楚人也，著書十五篇，言道家之用。』」〔註174〕云云，展現出老子或爲老萊子的模稜兩可態度，如此可能也令後世判斷上有所困惑。汪中分析與老萊子相關文字之後云：

> 貧而樂者，與隱君子之文，正合老萊子之爲楚人。又見《漢書・藝文志》蓋即苦縣屬鄉曲仁里也。而老聃之爲楚人，則又因老萊子而誤。〔註175〕

老萊子爲楚國人，司馬遷稱老子之一說爲楚國隱君子，符合老萊子之背景，是以楚國苦縣之老子應即是指涉老萊子。汪中又云：「《莊子・外物》篇則曰：『老萊子謂孔子去汝躬矜與汝容知。』」老萊子嚴然成爲教授孔子之道家哲人，或許司馬遷正被《莊子》所誤導，實則老萊子是否爲道家人物，今人猶不可知。汪中對此則採不取信之態度，其以《莊子・天道》爲例云：「〈天道〉

〔註171〕《述學・卷四・補遺・老子攷異》，頁39下。
〔註172〕同前注。
〔註173〕《史記・卷六十七・仲尼弟子列傳第七》，頁402。
〔註174〕《史記・卷六十三・老子韓非列傳第三》，頁388。
〔註175〕《述學・卷四・補遺・老子攷異》，頁40上。

篇載孔子西藏書於周室，尤誤後人，寓言十九。」〔註176〕對於《莊子》中之人物對話可視爲寓言，不必全然視作史實，是以針對《史記》中之所列之老子，得出「實則三人不相蒙也」之結論。〔註177〕經汪中之分析後，司馬遷所記載之老子傳記似乎有一較合理之解釋。

　　關於汪中〈老子攷異〉一篇，傅斯年（1896～1950）〈老子五千言〉有專門之評論，大旨上肯定汪中所論述之內容，唯對其不採《莊子》而取信《列子》的途徑有議論。〔註178〕無論史實爲何，在有限之文獻上汪中企圖得出《老子》作者之結論，雖仍有商榷之處，然而總攬歷代所有相關論述，《老子》之作者確實多指向周之史官無誤。

四、論列《呂氏春秋》的史料價值

　　《述學・卷四・補遺》中收錄一篇〈呂氏春秋序〉，是汪中代畢沅操刀之作，雖說是代筆，然由文字敍述可知汪中對於《呂氏春秋》的內容具有一定的掌握度。其云：「《呂氏春秋》出，則諸子之說兼有之。」〔註179〕誠如汪中所言，《呂氏春秋》正是匯聚各家之說，而輯合爲一部著作。

　　汪中根據書中之篇目內容分爲兩大部分：其一是六經之遺文；其二是採諸子思想之文字。

　　關於六經，《詩》、《書》、《禮》、《易》、《樂》與《春秋》之中，《樂》最受爭議，因自漢武帝設立五經博士之際，便已缺《樂》，是以有儒者主張《樂》不存在之說。〔註180〕而汪中認爲《呂氏春秋》中有〈大樂〉、〈侈樂〉等諸篇

〔註176〕《述學・卷四・補遺・老子攷異》，頁40上～頁40下。

〔註177〕《述學・卷四・補遺・老子攷異》，頁40上。

〔註178〕傅斯年〈老子五千言之作者及宗旨〉云：「容甫引用《列子》文，《列子》固較《莊子》爲可信耶？《列子》八篇之今本亦成於魏晉時，不可謂其全僞，以其中收容有若干舊材料也。不可謂其不僞，以其編製潤色增益出自後人也。《列子》書中所記人事，每每偶一複核，頓見其謬者：今證老子時代，多取於此，誠未可以爲定論。」（傅斯年：《戰國子家敍論》，上海，上海古籍出版社，2012年），頁46。

〔註179〕《述學・卷四・補遺・呂氏春秋序》，頁28下。

〔註180〕主張《樂》不存在，如清儒邵懿辰（1810～1861）《禮經通論・論樂本無經》云：「樂本無經也。……故曰詩爲樂心，聲爲樂體，……樂之原在《詩》三百篇之中，樂之用在《禮》十七篇之中，……先儒惜『樂經』之亡，不知四術有樂，六經無樂，樂亡，非經亡也。」（邵懿辰：《禮經通論》，《皇清經解續編》，第三十六函，光緒十四年江陰南菁書院刊本），頁8上～9上。

即屬於《樂》的部分內容，其云：

> 〈大樂〉、〈侈樂〉、〈適音〉（一作〈和樂〉）、〈古樂〉、〈音律〉、〈音初〉、〈制樂〉皆論樂。〈藝文志〉言劉向校書別得《樂記》二十三篇。……按本書〈適音〉篇，〈樂記〉載之，疑劉向所得亦有采及諸子同于河間獻王者，凡此諸篇則六藝之遺文也。〔註181〕

據劉向所校的古《樂記》有二十三篇，今《禮記》中的〈樂記〉僅剩殘篇共十一篇，至少另有十二篇亡佚，於汪中看來，劉向所校輯的《樂記》可能源自於先秦諸子書以及河間獻王劉德（？～前129）蒐羅的古文經冊。既然涉及先秦諸子書，則《呂氏春秋》論及音樂之諸篇，其中〈適音〉篇與《禮記·樂記》中相為呼應，是以其推論《呂氏春秋》相關諸篇極可能便是《樂記》之一部分。以上即是六經遺文。

第二，則是採諸子思想之文字。汪中整理出《呂氏春秋》中論及各家之學的篇章，於序文中歸納出道家、兵權謀家、兵形勢家、農家與墨家，此歸納大致無爭議，然在篇目裁選上卻只能視之為汪中之觀點。首先是道家，汪中云：「貴生、情欲、盡數、審分、君守五篇，尚清淨養生之術，道家者流也。」〔註182〕再者是兵權謀家與兵形勢家，基本上此二家皆為兵家之流，只是又細分出著重之差異處，汪中云：

> 蕩兵（一作用兵）、振亂、懷寵、論威、簡選、決勝、愛士皆論兵，則兵權謀形勢二家也。〔註183〕

後世文獻中論及先秦兵家流派者以《漢書·藝文志·兵書略》較為清楚，首論「兵權謀」，其云：「以正守國，以奇用兵，先計而後戰，兼形勢，包陰陽，用技巧者也。」〔註184〕整體而言，兵權謀所著重的即是軍事戰略，先有計略而後有軍事行動，可以《孫子兵法》作為代表。

至於「兵形勢」，〈藝文志〉云：「雷動風舉，後發而先至，離合背鄉，變化無常，以輕疾制敵者也。」〔註185〕由文意推測，應著重於軍伍之形制與殲敵效率的論述上，然以〈藝文志〉上所列書冊中僅存的《尉繚》內容看來，似乎不僅於此，然歷代學者亦無多著墨於兵形勢思想之要旨。

〔註181〕 《述學·卷四·補遺·呂氏春秋序》，頁 28 下。
〔註182〕 同前注。
〔註183〕 同前注。
〔註184〕 《漢書·藝文志·兵權謀》，頁 1758。
〔註185〕 《漢書·藝文志·冰形勢》，頁 1759。

　　提倡君民並耕的重農思想則有三篇收錄於《呂氏春秋》，汪中云：「上農、任地、辨土三篇，皆農桑樹藝之事，則農家者流也。」〔註186〕較值得一提者，是《呂氏春秋》雖有收錄墨家，但亦有反墨思想，汪中云：

> 振亂、禁塞、大樂三篇以墨子非攻、救守及非樂爲過。而當染篇全取墨子。應言篇司馬喜事則深重墨氏之學。〔註187〕

《呂氏春秋》〈振亂〉、〈禁塞〉與〈大樂〉乃是批判墨學〈非攻〉、〈救守〉以及〈非樂〉之觀點，然其〈當染〉篇卻又完全疊合《墨子・所染》，而〈應言〉篇以中山國相司馬喜（生卒年不詳）與墨者對話爲例，說明非攻爲上之思想。

　　由此看來，《呂氏春秋》內容上實是具有矛盾之處，然而換角度言，此亦是特點，印證對諸子學兼容並存的立場。汪中贊成司馬遷評《呂氏春秋》云：「不韋使其客，人人著所聞，以爲備天地萬物、古今之事。」道出《呂氏春秋》成書背景，糾集作者以錄其所聞所知，目的並非是欲自成一家，而是要保存「歷史」，因此才會將非難墨學與主張墨學的文字同時收入。汪中繼云：

> 是書是成，不出於一人之手，故不名一家之學，而爲後世修文。《御覽》、《華林編略》之所託始，〈藝文志〉列之雜家，良有以也。

既是集門下客所撰，當然不出於一人之手。呂不韋處於戰國末期，當時之學術已是經歷諸子爭鳴後之尾聲，單就齊國稷下學宮爲例，其所展示的即是戰國中期到末期的學術現象：儒、法、道、名等諸子之相互論辯，乃是一種各執學術一端以爭勝之立場。上述已提過，汪中認爲《呂氏春秋》成書之目的在於「備天地萬物、古今之事」，是以可推知該書被列爲雜家，乃是有跡可循，〈藝文志〉謂雜家者流提及「無所歸心」，此亦可視之由學派立場言，並點出《呂氏春秋》內容缺乏一致性。

　　然作爲文獻史料之保存，汪中認爲《呂氏春秋》具有貢獻的，其云：

> 然其所采摭，今見于周漢諸書者，十不及三四，其餘則本書以亡。
>
> 而先哲之話言，前古之佚事，賴此以傳於後世。〔註188〕

先秦文獻或著作雖被兩漢學者所記錄，但存留下的文本僅是少數，而《呂

〔註186〕《述學・卷四・補遺・呂氏春秋序》，頁28下～29上。
〔註187〕《述學・卷四・補遺・呂氏春秋序》，頁29上。
〔註188〕二引文皆同前注。

氏春秋》卻保留不少相關文字與資料。因此，作爲探究某一家思想之系統內涵或許非該書的價值，但作爲先秦文史資料，《呂氏春秋》則具有一定的份量。

第三節　焦循對於數學知識的探索與運用

　　中國傳統知識分子所關注的學術內容大多聚焦於「道德論述與教化如何可能」等相關層面上，至宋明理學興盛後此一趨勢則更爲顯著，雖然先秦所謂的「六藝」包含了「數」一項，即算術，而且「數」應用在天文曆算上亦早已有之，如《周髀算經》既是數學書，又論及天文曆算，歷代均有機構負責天文曆算之職，〔註189〕但實際上這些與數學相關的成就，儒者們的參與比例不甚高，以明代爲例，進入欽天監的本國籍人士，不乏是有陰陽五行根底的術士，而至清代的「監正」（掌管欽天監的主官）幾乎全爲西方人。〔註190〕至十六世紀以降，西方傳教士到中國，帶來最新的學術知識，其中最重要的便是數學，令部分的儒者驚豔不已。

　　事實上，中國古代不乏高水準的數學著作，然如上述所言，這些數學著作是被傳統知識分子所忽視，〔註191〕因此西方傳教士將當時先進的數學知識展示於中國知識分子眼前，並且逐步取得欽天監主導地位後，〔註192〕部分儒者開始反思並關注起中國傳統數學著作，這一波對數學的彙整潮由明末逐漸發酵，至清中葉隨著考據而興，可謂是傳統知識分子重視數學的重要時期。從明代的徐光啓（1526～1610）到清代的方以智（1611～1671）、梅文鼎（1633～1721）、江永（1681～1762）、戴震等一干儒者，皆對數學下過不少功夫，

〔註189〕參閱陳遵嬀：《中國天文學史‧中國古代天文學與算學》（陳遵嬀：《中國古代天文學史》第一冊，臺北，明文書局，1988年），頁77。

〔註190〕參閱江曉原：〈中國古代天學之官營傳統〉，收錄於《杭州師範學院學報》，2002年5月，第3期，頁44～50。

〔註191〕李信明云：「中國古代數學酸然達到相當高的水平，可是中國人極少把數學成就轉化爲思維手段。像伽利略的歐洲人，……便充分繼承並發揚古代希臘的數學傳統，做爲發現新科技的利器。而中國人一直到十九世紀中葉門户開放前，始終沒有出現重視數學語言的階段。」見《中國數學五千年‧自序》（李信明：《中國數學五千年》，臺北，臺灣書店，1998年），頁4。

〔註192〕陳遵嬀云：「明崇禎十七年（西元1644年）五月，清軍入北平。十一月任耶穌會士湯若望爲欽天監監正。……欽天監也就成爲耶穌會的一個據點。」見《中國古代天文學史》，頁238。

而揚州學者如凌廷堪、焦循、阮元等在數學領域上亦有相當程度的研究，其中焦循更是被時儒稱爲「談天三友」之一，〔註193〕可見其對數學用功的程度。然而，上述諸人與其他清初儒者乃至於乾嘉道儒者一樣，將數學視爲復興「六藝」之學，兼之「西學中源」說蔚爲主流，因此重心在於復古與經學上的運用，而非全盤接受新知。換言之，對於西方學術所啓發中國知識階層的數學，揚州諸儒是以維護中國學術爲尊的立場看待，下文即以焦循爲例，其探索數學領域外，亦將其運用於《易》之中，形成其詮釋《易》的基本原則。

一、宋至清代前期知識分子對數學的發展與理解概要

　　數學或稱算學，在中國發展歷史上最爲輝煌的時代就是宋金元時期，傳統數學中的「天元術」便是於此時期發展而出的。金朝學者李冶（1192～1279）運用此概念設計出等同於現代的數學方程式，是目前看到最早亦最完整的中國古代天元術文獻。〔註194〕宋金元時期的數學之所以成就非凡，約略可歸納出兩點：首先，可能與華北淪爲異族統治之結果有間接關係；再者，知識份子寄寓於道觀、富豪宅邸中，並獲得資助。〔註195〕

　　北宋汴京於 1127 年後成爲金人統轄下的地區，不少知識份子選擇離開仕途，此際，也正是全眞教於華北各地傳播教義並設立道觀之際，不少知識份子寧願受其庇護，此一現象至蒙古人統治中原後致使知識份子地位低落後更加明顯，因此道觀成爲維繫知識份子能繼續潛心治學的安定力量，其中便包

〔註193〕 《定香亭筆談・卷四》云：「焦里堂循，江都人，樸厚篤學，邃於精義，尤精於天文步算，與李尚之（1768～1817），凌次仲爲談天三友。」（阮元：《定香亭筆談》，臺北，廣文書局，1968 年），頁 422。然今研究者有另一看法，如洪萬生《談天三友》中不取凌廷堪，另以乾嘉學者汪萊（1768～1813）作爲三友之一（洪萬生編：《談天三友》，臺北，明文書局，1993 年）。

〔註194〕 洪萬生云：「何謂『天元術』呢？它就是根據問題的已知條件列出代數方程式的方法，而何謂的『天元』即指問題中的未知數；『立天元爲某某』也正是『設 X 爲某某』的意思，譬如金元數學家李冶對《測圓海境》卷七第二題：『假定有圓城一所，不知周徑，或問丙出南門直行一百三十五步而立，甲出東門直行一十六步見之，問徑幾何？』所提出的解法，便一開始就說：『立天元爲半城徑』——與現代的『設 X 爲圓城半徑』意義完全相同；……李冶列出一個相當於『$-x^4 + 8640x^2 + 652320x + 4665600 = 0$』的代數方程，並解得正根 $X = 120$。」見《孔子與數學・十三世紀的中國數學中心》（洪萬生：《孔子與數學》，臺北，明文書局，1999 年），頁 170。

〔註195〕 見《孔子與數學・十三世紀的中國數學中心》，頁 171～174。

括數學。〔註196〕而華北區域富豪們的資助亦是其中一個關鍵力量，李冶《敬齋古今黈・卷三》云：「予至東平得一算經，大概多明如積之術。」〔註197〕文中所提的「東平」（今山東省境內）乃是當時華北地區保存中原文化的重鎮，其中集權勢於一身的大富豪嚴實（1182～1240），其興辦「東平學府」，吸引知識份子投入，對於文化學術的維持與發展助益不小。

回到數學範疇中來看，基本上中國傳統數學與希臘數學抑或西方數學，最大的差異在於「如何看待數學」的思想有別，此處以中西方知識份子普遍看待數學的觀念而言。以漢代即有的《九章算數》爲例，其內容依序爲〈方田〉、〈粟米〉、〈衰分〉、〈少廣〉、〈商功〉、〈均輸〉、〈盈不足〉、〈方程〉與〈勾股〉，各章內容中所列之題目，皆是以實用性、功能性爲出發點，雖然宋金元數學發展至中國傳統數學的最高峰，但在當時普遍的認知上仍未脫離實用功能的視角，不構成獨立的學術，甚至數學在理學家眼中竟列於雕蟲小技之流，李冶《測圓海鏡・自序》云：

> 可惜明道先生以上蔡謝君記頌爲玩物喪志，夫文史尚矣，猶之微不
> 足貴，況九九賤技能乎？〔註198〕

「九九賤技」所指涉者便是今日數學一門，於理學家眼中倫理道德乃爲學問之首要，其視文學與史學等，猶不足以列入大道之門內，更何況實用性的數學？簡直難登大雅之堂。李冶直接點名大儒程頤（1033～1107）輕忽數學的態度，可顯示出這可能是當時儒者們的普遍觀念。換言之，亦可由李冶之言得知，「數學知識」在傳統儒者觀念中是沒有獲得獨立地位。

而如李冶此一擅長研究數學的知識分子，其看待數學的態度，當然與一般儒者們不同，其云：

> 苟能推自然之理，以明自然之數，則雖遠而乾坤端倪，幽而神情鬼

〔註196〕 錢穆（1895～1990）云：「蒙古的狂風暴雨捲進中國，……。佛教復興之外，在北方又新興一種新道教即『全眞教』。由於邱長春們七人的掩護，救了北方中國的萬千生命，……。當時儒生被看成與丐爲伍，最寬大是把他們當和尚道士看待，躲在社會一角落，預聞不到政治，……。那時的智識分子，在此形勢下，卻意外獲得發展。詩文、戲曲、小說、藝術、字畫、園林堆造、醫藥、算數、曆法、工程、水利、機械製造，多方面的分途邁進。」（錢穆：《國史新論》，臺北，素書樓文教基金會，2001 年），頁 166。

〔註197〕 《敬齋古今黈・卷三》（李冶：《敬齋古今黈》，北京，中華書局，1995 年），頁 32。

〔註198〕 《測圓海鏡・自序》（李冶：《測圓海鏡》收錄於任繼愈主編：《中國科學技術典籍通彙・數學卷一》，鄭州，河南教育出版社，1993 年），頁 1～731。

　　狀，未有不合者矣。〔註199〕

自然之理乃是指涉自然定律，通曉數學者皆知數學公式便是自然定律，因此
藉由研究數學，便可推知宇宙、自然界一切的法則。換言之，能運用以及掌
握數學公式，便可通曉天地萬物之理。李冶深諳數學與宇宙規律間的直接聯
繫，相較於理學家對於「理」的認知，李冶顯然要客觀許多。

　　南宋秦九韶（1202～1261）亦是令中國數學臻至高峰的代表者之一，其
發展出「大衍求一術」和「正負開方術」等，皆已是具十分完備的算式法，
前者是「中國剩餘定理」，屬於一元線性同餘方程組，如「韓信點兵」此類題
目即是；後者則是「代數高次方程」，在秦氏著作《數書九章》中即具體示現
出代數高次方程的解法，〔註200〕此一方程解法於當時乃是立於數學領域的領
先地位。秦氏本人於〈序〉中提出對於數學的見解，其云：

> 爰自河圖、洛書闓發奧秘，八卦、九疇錯綜精微，極而至於大衍、
> 皇極之用，而人事之變無不該，鬼神之情莫能隱矣。聖人神之，言
> 而遺其粗；常人昧之，由而莫之覺。要其歸，則數與道非二本也。
> 〔註201〕

數之源頭由《河圖》、《洛書》、八卦、九疇做為起溯，此一複雜而精微的系
統，可上推至宇宙、陰陽，而於其間的，包含有形、無形的人事與變化，皆
無所遁逃於數的計算之列。秦九韶又認為聖賢對於數的掌握度是有的，但未
能傳於後世，是以尋常之人對於數的概念缺乏，不明其所以，殊不知「數」
即是體現宇宙之道的關鍵。很顯然，秦九韶認為通過對「數」的研究，可以
理解「道」。

　　元代的數學名家朱世杰（1249～1314），在中國數學史上亦完成「多元高
次方程組」以及「高階等差級數」等相關論述。前者便是在李冶「天元術」
的基礎上繼續發展出「四元術」，其著作《四元玉鑒》便是闡揚「四元術」的
解方程組；後者又稱為「垛積術」，在其另一部數學專著《算學啟蒙》中占有

〔註199〕　《測圓海鏡・自序》（李冶：《測圓海鏡》收錄於任繼愈主編：《中國科學技術
　　　　　典籍通彙・數學卷一》，鄭州，河南教育出版社，1993 年），頁 1～731。

〔註200〕　秦九韶《數書九章》完成於 1247 年，書中共分一十八卷，內容有天文、水利、
　　　　　建築、農田、賦稅等等各個層面，而可歸屬「正負開方術」者有：〈均分梯田〉、
　　　　　〈古池推元〉、〈囷積量容〉、〈計布圓陣〉、〈推知糴數〉、〈尖田求積〉、〈環田
　　　　　三積〉與〈遙度圓城〉。

〔註201〕　《數書九章・序》（秦九韶：《數書九章》收錄於《中國科學技術典籍通彙・
　　　　　數學卷一》），頁 1～439。

一定之篇幅。朱世杰於《四元玉鑒・卷首》便云：「凡習四元者，以明理爲務，必達乘除升降進退之理，乃盡性窮神之學也。」〔註202〕即：數學一門不僅能明白數本身的定律外，更是一門可通曉自然天理的學問。而莫若（宋元時人，生卒年不詳）完成於元大德七年（1303）的《四元玉鑒・序》亦云：「方今尊崇算學，……則古人格物致知之學，治國平天下之道，其在是矣。」〔註203〕莫氏的文字將理學家常言的「格物致知、治國平天下」與數學結合，其關注數學的程度可見一斑。

　　上述幾位由宋代到元代時期，將傳統數學成就推向高峰的大家來看，不難發現其諸人對於數學的研究與理解，他們均涉及一共同指向，便是研究數學後能進一步掌握到宇宙之理（道），甚而是人事之理。由數到理，如此之途徑實與一般專注於講述道德的儒者大相逕庭，李冶、秦九韶等人的思想反而較接近於西方哲學的體系，關於此部分在中國學術發展史上十分特殊，亦可謂罕見。西方哲學無論是希臘抑或是十七世紀以降的近代哲學，其問題意識皆與數學有關。今學者斯圖特爾・夏皮羅於《數學哲學——對數學的思考》中云：

　　　　對柏拉圖（前427～前347）來說，數學是這一過程中的關鍵一步。
　　　　它提升靈魂，使其超越物質的世界，達到永恆的在的世界。〔註204〕
柏拉圖所建構的形上學體系中，最眞實、最正義與最完美的世界是「在」（being）的世界，這亦是柏拉圖的本體論，而感官可知的世界是「在」的鏡像反映而已，換言之，感官可觸及的世界，是不眞實、可能扭曲的世界。

　　其實，從柏拉圖的本體論述中可清楚知道，希臘哲學與數學的關係乃是緊密結合的，或者更嚴謹的說，希臘哲學的核心正是由幾何學結構所推展開。柏拉圖《蒂邁歐》或其他著作中，可清楚認識幾何學在討論宇宙本質時的運用，而立體的、各點與中心點距離相等的圓球體，是柏拉圖認爲最完善、最理性的本體。〔註205〕至十七世紀，法國哲學家笛卡兒（1596～1650）在代

〔註202〕《四元玉鑒・卷首》（朱世杰：《四元玉鑒》收錄於《中國科學技術典籍通彙・數學卷一》），頁1～1209。

〔註203〕《四元玉鑒・前序》末署名：「大德癸卯上元日臨川前進士莫若序」，頁 1～1205。

〔註204〕《數學哲學——對數學的思考・柏拉圖的理性主義和亞里斯多德》（斯圖特爾・夏皮羅 Stewart Shapiro：《數學哲學——對數學的思考》，上海，復旦大學出版社，2010年），頁50。

〔註205〕《蒂邁歐篇》云：「造物者根據這統一體的本性而給它設計了一種圖形。因爲

數與希臘幾何學的基礎上進一步發展出近代哲學中極爲重要的演繹推理法，
〔註206〕雖亞里斯多德（前384～前322）、歐基里德（前325～前265）已開始
建構由幾何學延伸出的邏輯推理法，但「理性」成爲普遍並嚴謹的觀念，仍
是要至十七世紀方才完備。

　　概括而言，西方世界因爲十七世紀的幾位重要的哲學家，如笛卡兒、牛
頓（1643～1727）與萊布尼茲（1646～1716）等等透過幾何學和代數的聯繫
後，一個標榜理性主義的時代於焉而生，夏皮羅云：「理性主義者知識獲取的
典範是數學——特別是數學證明。」〔註207〕點出數學在西方哲學中所扮演的
角色。即便是如休謨（1711～1776）這樣貶抑數學的經驗主義者，仍然承認數
學是獨立於經驗之外的先驗觀念。〔註208〕做爲啓蒙運動中最重要、也是集大
成的一位哲學家——康德（1724～1804），其哲學體系中仍是以數學爲核心，
夏皮羅云：

> 他（康德）對數學的觀點是其整個哲學觀不可分割的部分。相反，
> 他整個哲學寫作總是涉及數學。因此，理解他對數學的觀點是理解
> 康德哲學的關鍵所在。〔註209〕

康德對於「理性」有很深刻分析並支持其能做爲一切認知的根據，這當然是
因爲康德相信柏拉圖所建構的思辨系統是從數學出發，而且也只能從數學出
發。也因此，康德主張唯一的先驗眞理，就是數學沒有其他的可能。〔註210〕

　　　這生命體包含了全部的生命體，因而它形狀就應是那種能把各種形狀都包含
　　　在內的圖形。這就是圓球體，從中心到圓周各點均相等。這是一種最完善的
　　　最自我的相像的圖形。」（柏拉圖 Platus：《蒂邁歐篇》，北京，世紀出版，2006
　　　年），頁22。

〔註206〕《古今數學思想（一）·16、17世紀的算術與代數》云：「Descartes 也開始看
　　　　到代數的巨大潛力，……他把代數看成是進行推理——特別是關於抽象的和
　　　　未知的量進行推理的有力方法。」（莫里斯·克萊因〔Morris Kline〕《古今數
　　　　學思想（一）》，上海，上海科學技術出版，2003年），頁328。

〔註207〕《數學哲學——對數學的思考·親近的對手：康德和密爾》，頁71。

〔註208〕夏皮羅云：「休謨斷言算術、代數和幾何學以及所有諸如此類涉及觀念間的關
　　　　係，因此不是經驗的。這兩個學派（理性主義和經驗主義）的共同基礎是，
　　　　至少在某種意義上是，數學是先天的，或是獨立於經驗的。」見《數學哲學
　　　　——對書學的思考·親近的對手：康德和密爾》，頁72。

〔註209〕《數學哲學——對數學的思考·親近的對手：康德與密爾》，頁73。

〔註210〕克萊因云：「在他的《純粹理性批判》中，康德提供了更能使人心安的話。他
　　　　斷言所有的數學公理和定理都是眞理。」（莫里斯·克萊因：《數學與知識的
　　　　探求》，上海，復旦大學出版，2009年），頁15。

此一觀念與十七世紀的理性主義者立場一致。至此，對於整個西方哲學體系（撇除中古的神學），吾人可以說：西方哲學的核心價值就是圍繞著數學。無論是理性主義抑或是經驗主義者，皆能達成數學是先驗範疇的共識。當然，理性主義者更斬釘截鐵的主張數學就是唯一顛撲不破的永恆眞理。

回來審視中國宋金元時期的數學家，其論述確實類似於西方哲學家們，尤其近似於理性主義，但不能因此就斷言李冶、秦九韶、朱世杰等諸位數學家的學術思想等同於西方理性主義的哲學思想。

至明代，中國數學發展的高峰不再，但仍有幾位知識份子對數學的理解超越一般儒者，如明中葉的程大位（1533～1606）於算學運用上十分重要——對於算盤推展具有關鍵地位，程氏著作的《算學（法）統宗・序》云：「夫算非小技也。有熊氏命隸首創焉，周官則置保氏教國子以六藝，數居其一。」〔註211〕書中開宗明義便反開宗明義指出數學並非雕蟲小技，古代官學將算數列入六藝便是一證。至於隸首（黃帝時代傳說人物）發明算盤，則純屬傳說。另一位涉及數學領域者爲朱載堉（1536～1611），其《聖壽萬年曆・卷首》云：

> 夫術士知數而未達其理，故失之淺；先儒明理而復善其數，故得之深。數在六藝之中，乃學者常事耳。仲尼之徒，通六藝者七十餘人，未嘗不以數學爲儒者事。……天運無端，唯數可以測其機，天道至玄，因數可以見其妙。理由數顯，數自理出，理數可相倚而不可相違，古之道也。〔註212〕

術士能演算數但不能領悟天地之道；眞正大儒不僅能悟天地之理，必亦擅長算數，先秦時期，數列六藝之內，乃是學者所知。孔門弟子成名者號稱七十二，皆通六藝之術，是以對數學一門必是熟悉。要知道，天地宇宙之規律並不容易被人掌握，但是藉由數卻可以運算出其奧妙之處。數與理之關係，兩者正是相輔相成，掌握數即可掌握規律之理，所謂之道即在於此。

程大位與朱載堉爲例，雖二人在數學研究上未有如李冶等人的突破，然在數學的應用上卻屬顯見，尤其是朱載堉，於當時可謂是博物學家，特別是其應用數學知識使在音律的研究成果上十分突出，因爲數學與音律本於理論

〔註211〕 吳繼綬：〈算學統宗序〉（程大位：《算學統宗》，收錄於《中國科學技術典籍通彙・數學卷二》），頁2～1223。

〔註212〕 《聖壽萬年曆・卷首》（朱載堉：《聖壽萬年曆》，收錄於《景印文淵閣四庫全書・子部》），頁786～452。

上是相同的。萬曆以降，耶穌會傳教士東渡來華，帶來西方新穎的科學知識和傳統宗教，又以前者對中國知識階層的影響最大，而利瑪竇（1552～1610）即是西學東傳的西方第一人。〔註213〕熱衷於了解並願意接納西學的徐光啟（1562～1633）、李之藻（1571～1630）等人，正是協助將西學介紹給中國知識階層的代表人物，其中徐光啟與利瑪竇合譯為中文的歐幾里得《幾何原本》前六卷，算是中國人首次接觸到具備完整系統的平面幾何學。雖然傳統中國數學中早有涉及幾何領域的層面，但並未到達系統化層次，〔註214〕因此明末的《幾何原本》中譯本問世，是徐光啟與利瑪竇對古代中國數學領域的貢獻。

　　至清代初期，王錫闡（1628～1682）、梅文鼎等人皆是精通數學之大家，且在天文學與曆法上亦頗有心得。王錫闡對於數也有所闡釋，其云：

　　非上智莫窮其理，然亦只能言其大要而已，欲求精密，則必以數推
　　之。數非理也，而因理生數，即因數可以悟理。〔註215〕

即便是天賦異稟之人，對於宇宙律則亦僅能知其梗概而已，若欲求至明確精當，必須借助數學的運算，數本身不能等同真理或律則，但兩者有著必然的依存關係。換言之，數學可通達天理，天理可藉由數學來體現。王錫闡所指的「理」，很顯然已跳脫僅論道德人倫的「理」，而是擴展至天地萬物之「理」。

　　梅文鼎被譽為清代「算學第一」，〔註216〕可見其對數學研究之專精，令乾嘉以降的儒者們折服。其終生鑽研數學、天文與曆學，相關著述甚繁，因此對於數的體悟十分深刻，其云：「數外無理，理外無數。數也者，理之分線

〔註213〕馬泰奧・里奇 Matteo Ricci，漢名利瑪竇，號西泰，又號清泰、西江，義大利人，天主教耶穌會神父、傳教士、學者。1583年來到中國居住。在中國頗受士大夫的敬重，尊稱為「泰西儒士」。他是第一位對中國典籍進行鑽研的西方學者。

〔註214〕要系統化，就必須有理論，而形成理論的條件之一是精確的定義與名稱。中國傳統數學並未對幾何圖形有過精確的定義與命名，因此就難以往系統化途徑邁進。洪萬生云：「譬如《九章算術》中各種圖形名稱都保有了十足的實用面貌，如此當然影響理論研究的開展。」見《孔子與數學》，頁11。

〔註215〕《疇人傳彙編・卷三十四・國朝一・王錫闡上》（阮元：《疇人傳彙編》，揚州，廣陵書社，2009年），頁387。

〔註216〕阮元云：「通數學者後先輩出，而師師相傳，要皆本於梅氏。錢少詹大昕目為國朝算學第一，夫何愧焉！」見《疇人傳彙編・卷三十八・國朝五・梅文鼎中》，頁437。

節次也。」〔註217〕梅文鼎認爲「數」能解釋所有的「理」，而且兩者可全然疊合爲一。由現實層次而言，「數」乃是分析「理」之唯一工具。若非「數」，則「理」不被人所了解。足見，從宋元以至清代前期，上述所列舉的知識分子，對於藉由數學計算、演練終至能通達天地萬物之理的觀念，是完全贊同的，而自宋金元以來，涉及數學的知識份子對於「理」內涵之理解，皆以自然律則視之，是萬物之理。上段已提及，西方哲學的論述，起碼在唯心、理性主義者的思想體系上，正是建立在數學即是先驗眞理，即是至善的論述。然而，自宋代以降，中國傳統哲學的主流思想並不曾納入李治、朱載堉、梅文鼎等能理解數學的知識分子其論述「理」或「道」的內容。是以，起碼至清代乾嘉之前，主流儒學界對待數學之態度仍是給予次要的地位。

雖然數學在儒學領域中未曾躋身至主要地位，但歷朝知識份子對於「承順天戒，敬畏變異」的觀念一直是存在的，〔註218〕亦是統治者戒愼之處。清廷的統治者康熙（1654～1722）在歷代統治者之中對數學最爲用功的統治者，原因乃肇於「曆獄之爭」，〔註219〕其背後之目的當然與政權鞏固有直接關係。〔註220〕因計算曆法之疑慮，朝中無一人可解，激起康熙對數學的投入，在於其接觸西方傳教士，並比較出中西方在立法演算上的優劣得失後，便積極的學習西方的數學知識。

傳教士南懷仁（1623～1688）與安多（1644～1709）先後傳授數學知識給康熙，〔註221〕無論是歐幾里德的幾何學，抑或是代數學，康熙均有所鑽

〔註217〕《曆算全書‧卷六‧曆學答問‧學曆說》（梅文鼎：《曆算全書》，收錄於《景印文淵閣四庫全書‧子部》），頁794～104。

〔註218〕如《漢書‧卷八十一‧匡張孔馬傳第五十一》（班固：《漢書》，臺北，臺灣商務印書館，2010年），頁02～1006。

〔註219〕〈三角形推算法論〉云：「康熙初年間，以曆法爭訟，互爲訐告至於死者不知其幾。康熙七年閏月頒曆之後，欽天監再題欲加十二月又閏，因而衆論紛紛，人心不服，皆謂從古知曆以來，未聞有一歲中再閏。因而諸王、九卿等再三考察，舉朝無有知曆者。朕目睹其事，心中痛恨，凡萬機餘暇，即專志於天文曆法二十餘年，所以知其大概，不至混亂也。」（愛新覺羅玄燁：《聖祖仁皇帝御製文第三集》，收錄《景印文淵閣四庫全書‧集部》第1298～1299冊，臺北，臺灣商務印書館），頁1299～1560。

〔註220〕祝平一云：「傳統中國社會，天文曆算本來就和皇權緊密結合，定曆授時的工作蘊含著合理王朝秩序的建立。」見《說地——中國人認識大地形狀的故事》（祝平一：《說地——中國人認識大地形狀的故事》，臺北，三民書局，2003年），頁50。

〔註221〕南懷仁 Ferdinand Verbiest，字敦伯，一字勛卿。比利時人，天主教耶穌會修

研。據史料記載，康熙四十三（1704）年與五十年（1711），其利用所學的數學知識搭配儀器觀測天文現象，進而二次發現傳欽天監的西曆法推算有誤，〔註222〕然康熙終其一生對於西方數學的信賴始終維持一個相當的高度。誠如前文所言，中國傳統數學發展至明代後即不復往昔，至萬曆以降，西學東來，中、西方數學在比較後，前者居於下風，然而無論是王錫闡、梅文鼎，乃至於其他中土數學家，皆不認爲中國的數學成就不如西方，梅瑴成（1681～1762）〈天元一即借方根解〉云：

> 聖祖仁皇帝授以借根方法。且喻曰：「西洋人名此書爲阿爾熱八達。譯言東來法也。敬受而讀之。其法神妙，成算法之指南。而竊疑天元一之術頗與相似，復取《授時曆》草觀之，乃渙如冰釋。殆名異而實同，非徒曰似之已也。〔註223〕

「借根法」即是今日的「二次方程式公式解法」，〔註224〕而此一公式早在金朝李冶手中便已完成。因此，梅瑴成發現西洋代數學中的借方根公式與李冶的天元術完全符合，兼之由康熙處得知此借根法又名「東來法」後，乃深信西方數學乃是中國失傳的古代數學。此一觀點並非梅瑴成如此作想而已，而是當時知識分子普遍的共識，自康熙到道光五任皇帝期間，「西學中源」說乃是學界的主流。〔註225〕中國知識份子咸以爲中國數學曆算與科技不如西

士、神父，清康熙朝來華傳教士。安多 Antonic Thomas，同爲比利時籍傳教士。

〔註222〕如康熙諭云：「初一日日食，朕用儀器測驗，午正一刻十一分初虧，未初三刻二分食甚，申初一刻復圓。查《七政曆》，未初三刻二分，日月合朔。新法推算，必無舛錯之理。此舛錯或因誤寫字畫：或因算者忽略，將零數去之太多，亦未可定。著詳察明白具奏。」見《康熙政要・卷十八・曆算》（章梫：《康熙政要》，臺北，華文書局，1969 年），頁 893。康熙五十年，第二次又發現欽天監推算錯誤後，開始對傳教士的曆算有所質疑，見頁 896。其主因在於傳教士自身亦並未獲悉的西方最新的數學知識。見《西學東漸與清代前期數學》（趙暉：《西學東漸與清代前期數學》，杭州，浙江大學出版，2010 年），頁 34～36。

〔註223〕《赤水遺珍・天元一即借方根》（梅瑴成：《赤水遺珍》，收錄於《原刻景印從書集成三編》，臺北・藝文印書館，1971 年），頁 8 下～9 上。

〔註224〕梅瑴成以實際運算解釋「天元術（借根法）」，云：「設有一長方，其長闊和七尺，又有大小二正方，大方等長方之長，小方等長之闊。三方面積共三十七尺，問長闊各幾何？」（見《赤水遺珍》，頁 10 上）若寫今日算式爲：長方形闊 X，其長 $7-X$，小方面積 x^2，大方面積 $(7-X)^2 = 49 - 14X + X^2$，算式則爲 $X^2 + (49 - 14X + X^2) + (7X - X^2) = 37$。

〔註225〕參見《明清的西學中源論爭議》（雷中行：《明清的西學中源論爭議》，臺北，

方，並非是西方長期的優勢，而是古代學術西傳後中土士人反倒是忽略的結果所致。

雍正元年（1723）刻竣刊成的《御製數理精蘊》五十三卷中，雖多數內容屬西方數學著作的編譯，亦收錄部分傳統數學，但「西學中源」說的認知在此表露無遺，其〈周髀經解〉云：

> 遠人慕化，至者漸多。……度數之理，漸加詳備。然詢其所自，皆云本中土所流傳。〔註226〕

換言之，十八世紀時清知識份子的理解是：先秦時期數學發展的成就輾轉流傳至西方，並西方世界獲得重視，西方學者利用其發展出來的數學知識，不僅改善了曆法計算，同時也進化了天文與科學方面的知識。也因此，乾嘉道三朝考證風氣盛行之下，知識分子不汲汲於熱衷研究西方數學，不少儒者轉向於古籍中追尋古代數學資料，正是此一觀念下所形成的趨勢。實際上，傳教士爲了達到在中國宣教目的，同時亦表示效忠於清廷，所謂的「本中土所流傳」乃屬權宜之言。

至乾隆年間，戴震等參與《四庫全書》編纂，從古籍中輯得並校勘、補注出完整的《九章算術》，而《周髀算經》、《海島算經》等等，戴震皆詳加校訂，改訛刪複。不僅是兩漢魏晉，宋金元數學研究高峰時期的著作亦被戴震等人重新重視與蒐羅整理，〔註227〕整體而言，乾嘉道時期學者，對傳統數學著作的關注勝過歷代，如上文所提戴震外，江永、錢大昕（1728～1804）、淩廷堪、焦循、阮元等對數學亦不陌生，甚至可謂精通，尤其是焦循。而又如李潢（1746～1812）、汪萊（1768～1813）、李銳（1768～1817）、羅士琳（1789～1853）等，也是乾嘉道時期著名的中國曆算數學家，均能掌握中國傳統所發展出的算式。

蘭臺出版社，2009 年）。

〔註226〕 愛新覺羅玄燁：《御製數理精蘊・卷一・周髀經解》，收錄於《中國科學技術典籍通彙》，頁 3～16。

〔註227〕 趙暉云：「戴震等由《永樂大典》中輯得李冶所撰《益古演段》、秦九韶所著《數學九章》。李冶所撰另一著作《測圓海鏡也被《四庫全書》收錄。阮元任浙江巡撫時購得朱世杰所撰《四元玉鑒》抄本，羅士琳訪得朱世杰另一數學著作《算學啓蒙》朝鮮重刊本。宋元時期的數學名著盡數重現。」見《西學束漸與清代前期數學》，頁 134。

二、揚州學者研究數學之成果——焦循的數學著作及其運用

乾嘉道時期，數學領域因前人倡導「西學中源」的觀念，令學者對於中國傳統數學曆算的成果信心漸增，與明萬曆時徐光啟、李之藻孺慕西學之態度迥異，兼之考證風潮興盛，又逢西學東傳在中方與西方均遭某種程度的中斷，〔註228〕以上數種原因致使此一時期的數學研究成果多集中於考證傳統數學，當然亦有參研西學的部分，然整體而言，西學風潮明顯不若十六、十七世紀的盛行，又即便本土數學家有創新之部分亦被考證風潮所覆蓋。本文除論述焦循的數學成果外，亦會提及其將數學知識運用在《易》學上的成果。

（一）《加減乘除釋》之意義

被譽為「談天三友」之一的焦循，〔註229〕其數學相關著作屬揚州學者中最豐碩，雖凌廷堪與阮元亦有相關著作，然而與焦循相較之下，後者顯得專精與豐碩許多。焦循身為儒者，熟稔經學，對於數學亦持有高度關注力，相關著作有《開方通釋》、《加減乘除釋》、《釋弧》、《釋橢》、《釋輪》、《天元一釋》、《大衍求一術》與《孫子算經註》中，有幾部是其研究西學後而撰寫的，而今研究者最看重者是《加減乘除釋》，此作品與當時熱衷的傳統數學考證研究不同，乃是屬於中國首見的數學理論之作。

何以中國的數學理論專書至焦循時才出現？此除了研究過西學之外，亦

〔註228〕趙暉云：「乾隆帝對西洋科學知識興趣缺缺。……與愛好西洋科技康熙帝不同，乾隆帝喜歡西洋玩物，於西洋奇趣頗感興趣。……乾隆帝的這種西學愛好取向無疑限制了傳教士們傳播西方曆算知識的積極性。……乾隆年間，一直致力於傳播西學的耶穌會遭到教皇解散（1773年，因歐洲各國驅逐耶穌會教士），其在華教務雖由遣使會接替。但後者在傳播西學知識的能力、熱情遠不如前者。這對於此一時期的西學在華傳播無疑也產生了不利影響。」見《西學東漸與清代前期數學》，頁132～133。

〔註229〕關於「談天三友」之說起於清嘉慶年間，吳裕賓〈「談天三友」宜為哪仨？〉云：「羅士琳《疇人傳》續編卷五十〈李銳傳〉中稱：『尚之在嘉慶間與汪君孝嬰、焦君里堂齊名，時人目為「談天三友」』。梁啟超先生也主張此說，他在《中國近三百年學術史》中稱：『專門算學家，自王、梅以後，中絕者垂百年，至嘉慶間始復興，道咸間乃極盛。復活初期之主要人物，則為江都焦里堂，元和李四香，歙汪孝嬰（萊）也。時號「談天三友」。』一說是焦循、李銳和凌廷堪。阮元《定香亭筆談》中稱：『焦里堂循，江都人，樸厚篤學，邃於經義，尤精於天文步算，與李尚之（銳），凌次仲（廷堪）為「談天三友」。』陳康祺（1840～1890）贊同此說。」足見清代對於「談天三友」有兩種說法。今研究者多以羅士琳、梁啟超之說為主，因凌廷堪與汪萊的數學成就上相較，則顯得不足。見《談天三友》，頁1。

與其對數學的熱衷有絕對關係，可由其與李銳來往書信中推知，其云：

> 我以爲之魔，敢爲兄戒之，身外之物，聽其自來，即學問中六書音
> 韻訓詁典章之要，亦乞待之於書成之後。〔註230〕

焦循自謂此一時期對於研究數學已是著魔，即便是傳統漢學中的聲韻訓詁考證等之事物，也不及研究數學來得迷人，相較於後者，傳統儒者所爲的相關事物乃可暫擱置於旁，此時正是其撰寫《加減乘除釋》之時，亦即引文中所言之「書」。

《加減乘除釋》之所以在中國數學史的地位重要，在於其內容透顯出焦循對於中國古典數學的肯定外，同時又表現出焦循創發的一面。首先，於該書卷一首云：

> 劉氏徽之注《九章算術》，猶許氏慎之撰《說文解字》。士生千百年後，欲知古人仰觀俯察之旨，舍許氏之書不可。欲知古人參天兩地之原，舍劉氏之書亦不可。〔註231〕

劉徽（約225～295）於數學領域之地位可類比於許慎（約58～147），足見焦循重視劉徽的成就。劉徽爲《九章算術》作注，創立了「割圓術」，即：在一正圓形中分割出一九二個多邊形，藉以計算出圓周率，劉徽所計算出的結果爲 $\pi = 3.141024$。〔註232〕這一成就顯示出劉徽具有「無限」的概念。雖乾嘉時期，在西學中源爲主流的思潮鼓動下，研究與考證數學亦爲當際學者的工作之一，然而對於數學的觀念與態度卻鮮少有正確者，《談天三友・汪萊、李銳與乾嘉學派》中即指出，乾嘉經師治經之器有二：考據與曆算。既然是治經之器，則曆算多被視爲解釋文獻典籍的工具而已，最終的目的在於「通經而明道」，戴震、錢大昕等儒者皆是採如此觀點，〔註233〕而至阮元主編《疇人傳》時仍不脫此觀念，是以「數學」僅是工具而非獨立的知識即在於此。洪

〔註230〕 焦循：《湖海文傳・卷四十三・復李尚之言天文推步書》（王昶編：《湖海文傳》，民國上海文瑞樓石印本），頁 10 上。

〔註231〕 《加減乘除釋・卷一》（焦循：《加減乘除釋》，收錄於《中國科學技術典籍通彙，數學卷第四冊》，鄭州，河南教育出版社，1993 年），頁 4-1292。

〔註232〕 見洪萬生：〈劉徽的數學貢獻〉（《科學發展》，2004 年 12 月，第 384 期，頁 68～74），頁 71。

〔註233〕 洪萬生云：「戴震……在他眼中，曆算中的新發現並不是最重要的，最重要的是運用曆算知識去建立對經學體系的完美理解。錢大昕……在他眼裡，曆算是儒者藉以明道的工具，而僅能運算不能達理和通古的數學是毫無價值。」見《談天三友・汪萊、李銳與乾嘉學派》，頁 14～15。

萬生〈汪萊、李銳與乾嘉學派〉論及李銳的數學成就時云：

> 我們今日研究李銳，往往首先把注意力集中在他的原創性成就，例
> 如《開方說》中關於方程理論的成就上面，而他的同代人首先考慮
> 的卻是他對經學的貢獻。……阮元說李銳「天稟高明，潛心經
> 史，……又讚其「深於天文算術，江以南第一人也」。這些讚譽都出
> 現在《開方說》付梓之前。〔註234〕

如此一來，乾嘉道時期的數學便是以服務經學為前提的「工具數學觀」，即便
願意接觸數學者眾，卻未嘗見到數學即是理的思想普遍化。

　　但焦循對於數學之理解顯然不同於戴震、錢大昕乃至於阮元等諸儒，上
文已見其將數學擺置於考證經學之前，且又云「參天兩地之原」必憑藉數學
書籍不可，可知焦循對數學的認知應是較不受經學所羈絆，也因此焦循能在
《加減乘除釋》中體現出對數學原理之掌握，其給江藩書信中云：

> 蓋古人算法，往往就一通以求簡便，不知法愈簡便，則愈隱秘，而
> 理愈不明。今欲一一明其理，達其用，括《九章》之條，且核難題
> 之本原，而以一線通之，著為《加減乘除釋》一書。〔註235〕

數的運算，自古以來多以寫出其最簡捷的式子作為通例，然算數之法必有其
推演道理，算式列得愈是簡單，其中的邏輯運算規則反而難以彰顯。焦循審
視古代所留傳下的數學著作如《九章算術》，發現其中並沒重視運算規則這一
部分，以至於後人不了解其中的都是有步驟公式可循，〔註236〕是以才有撰寫
此書的契機。不難發現，焦循除興趣於數學研究外，其與其他傳統數學家較
為不同之處，乃在於焦循可以從事物中推導出已存在的邏輯線索，當然，這
可能得益於其研究西學的心得，也可能是其自身的思想之見，無論如何，焦
循在此層面上是特出於當時。

　　古代算學之書除了理（運算規則）未明確彰顯外，在諸多解釋與名詞稱
謂上亦是缺乏統一，如此較容易造成後學者的困擾，焦循以文字聲韻為例，
說明「理」的重要性，其云：

> 古人之學，期於實用，以乂百工，查萬品，而做書契分別其事物之

〔註234〕　《談天三友・汪萊、李銳與乾嘉學派》，頁14～15。

〔註235〕　《雕菰集・卷十四・答汪晉蕃書》，頁229。

〔註236〕　李信明云：「《九章算術》的特色是通過一個具體問題去說明某種方法。……
　　　　　但是《九章算術》對這些公式都沒給出必要的証明，給人有『神龍見首不見
　　　　　尾』的感覺。」見《中國數學五千年・古代幾何學的研究》，頁97。

所在，俾學者案形而得聲。若夫聲音之間，義蘊精微，未可人人使悟旨趣，此所以主形而不主聲也。惟算亦然，既有少廣勾股，又必指而別之曰方田、曰商功；既有衰分盈不足方程，又必明以示之曰粟米、曰均輸，亦指其事物之所在，而使學者人人可以案名以知術也。然名起於立法之後，理存於立法之先，理者何？加減乘除四者之錯綜變化也。而四者之雜於《九章》，則不啻六書之聲雜於各部。〔註237〕

「實用」觀點長久以來作爲中國傳統的治學內涵，文字的使用在於使人對事物得以分辨清楚，聲音則較爲隱晦不明，因此中文的字形辨識度強過字音。同理可推至數學領域中，《九章算術》分立九章，既有〈少廣〉、〈勾股〉，又有〈方田〉、〈商功〉章；既有〈衰分〉、〈盈不足〉，又有〈粟米〉、〈均輸〉，如此之用意，自是使後學者得以知其算術所指涉的對象爲何，但此卻呈現出一個問題，即經研究後，焦循發現到〈勾股〉、〈方田〉與〈商功〉等篇章，實際上都屬同一範疇，就是幾何學；而〈衰分〉、〈粟米〉與〈均輸〉皆是計算比例問題，倘若因具體計算對象不同而各有稱謂，則恐難以建立起應有的共通規則。

稱謂與理則的關係，當是理則的優位性高於稱謂，焦循所謂的理則，便是數學運算過程中的定律，它是先驗的存在。是以再審視《九章算術》中因針對具體對象而反置理則於零散的現象，也就是代表中國古代數學未能掌握到先驗的理則範疇，如同研究文字學者未能掌握六書造字的原則一般。但從上文已知，焦循對於劉徽的評價甚高，將其比擬爲文字學領域中的許慎，因此可知焦循認爲劉徽是具備了掌握數學理則的人。

掌握理則，就可以較爲清晰且統一性的方法來處理數學，如焦循云：「同一今有之術，用於〈衰分〉，復用於〈粟米〉。」〔註238〕諸如此，焦循以《九章算術》爲底，從中析釐出各章之間的共通脈絡與可能的延伸，將原本只重視具體卻零散的數學觀整合爲具有系統與理論的呈現。

雖上段已提過中國古代的數學發展高峰在宋到元代間，但以幾何學爲主體的《測圓海鏡》而言，其中所列文字或圖示，確實未見焦循所舉的具有被普遍認知的符號，李冶在〈總率名號〉有繪製一「圓城圖式」標注云：「天之

〔註237〕《加減乘除釋・卷一》，頁4-1292。
〔註238〕同前註。

地為通弦，天之乾為通股，……天之川為邊弦，天之西為邊股。」以及：「日之山為下高弦，日之朱為股，朱之山為勾。」等等。〔註239〕（附圖八）

此「圓城圖式」為直角三角形，弦的部分為天到地，圖中由上到下又分為日、月、山、川。股的部分是天到乾，依序分為旦、坤、金、西。勾的部分是乾到地，由左到右為夕、艮、泉、北。李冶將此圖一共分出十五個大小不一的三角形：通、邊、底、黃廣、黃長、上高、下高、上平、下平、大差、小差、皇極、太虛、明與惠。

每個三角形皆依勾股弦來畫分區隔。如：「通」是由天、乾、地三個頂點所組成的，亦是圖式中最大的三角形；「大差」即是天、坤、月三頂點所組成的範圍；「惠」則由山、東、川，三頂點所構成的三角形。

從上述可知，雖然李冶亦用到代稱，但卻令讀者難以立即清楚其所指涉者為何，主要原因就是缺乏簡單、能普遍被理解的符號，縱使出現為數不少的「甲」、「乙」等符號，卻皆非運用並建立於理論上，如其〈卷四〉「底勾一十七問」第一個問題云：「或問乙出南門東行，不知步數而立，甲出北門東行二百步見之。」〔註240〕顯見「甲」、「乙」符號僅出現於應用題的實例中，無關於幾何原理本身。換言之，由文本資料來推論，李冶尚未建立出以人人易懂的符號來解釋數學定律的觀念。

《加減乘除釋》一開始便介紹算術中的基本原理，目的就是修正傳統數學較無系統的缺失，焦循以「甲」和「乙」等天干符號為例，云：「以甲當甲為適足，以甲當乙為盈，以乙當甲為朒。」〔註241〕「甲」做為自己，不管其數大小，必是相等，換成「乙」亦然，但若「甲」大於「乙」，就會有「盈」的差值出現；反過來說，則是「乙」不足。焦循繼云：

> 惟是兩數相比，而後為盈為朒為適足乃定，故算法起於相比也。論數之理，取於相通，不偏舉數，而以甲乙明之。〔註242〕

算術最基本的部分便是兩數之間的相比，唯相比後方知是盈、是不足，抑或是相當。算術就是找出兩個數或兩個以上的數，彼此之間的相互關係。焦循明白數在概念中是無限的，因此便以淺顯易懂的「甲」、「乙」等符號來代替它。

〔註239〕皆見《測圓海鏡・卷一》，頁 1-732～1-733。
〔註240〕《測圓海鏡・卷四》，頁 1-780。
〔註241〕《加減乘除釋・卷一》，頁 4-1292。
〔註242〕同前注。

　　以下列舉幾條來說明焦循所整彙出來的基本運算原理，其中一條云：「以乙加甲則差隱，以乙減甲則見差。」〔註243〕此爲加減法的原理，即相加時，兩數間的差異並不會從算式中呈現；唯兩者相減時，彼此的差藉由算術便可得知。另一條云：「以甲加乙或以乙加甲，其和數等。於和數減甲得乙，減乙得甲。」〔註244〕寫成今日的數學算式：$a+b=b+a$，$a+b-a=b$，$a+b-b=a$，而甲加乙等於乙加甲，稱之爲「交換律」，焦循補充云：「甲乙本有差，相加則無差，故無論甲加乙，乙加甲，其得數必等。」〔註245〕最終的和相等，因此交換順序是不會有任何影響的。但是減法則不可如此，其云：

> 若復以甲乙互減之，則仍有差矣，既有差矣，則數自不相等也，惟和數等，故用加者可以相通。惟較數不等，故用減者必不容相借。
> 〔註246〕

因爲甲乙兩者數值不同，相減必然會有差值出現。從結果來論，數值不同的兩者相加，對調其順序不會改變答案，但甲乙相減時便不可對調，因爲差值會產生兩種結果。換言之，焦循明白告知「交換律」不能用於減法，另外在〈卷二〉的部分，焦循亦云：「甲乘乙猶乙乘甲。」〔註247〕即 $ab=ba$，亦是可適用「交換律」來解釋，只是加法改爲乘法。

　　焦循也提到「乘」與「除」的基本原理，其云：「乘以馭加之繁，除以馭減之繁。乘除爲加減之簡法。而不足以盡加減之用。」〔註248〕「乘除」運算的法則乃是從「加減」中獲得而來，焦循補充云：

> 加減至數倍，一一加減之，不免於繁，故通之以乘除。若加之數不一，則必一一加之，……加之省爲乘。……加之反爲減，……減者減去一倍，除者除去欲減之數倍也。除法不離於乘，而乘法不外於加。〔註249〕

若以九個人，每人三錢共多少錢爲例，以加法而言太過繁瑣，要以三重復加八次；改以乘法，則簡便許多。若以減法來算二十七錢均分給九人，則要一

〔註243〕《加減乘除釋・卷一》，頁 4-1295。
〔註244〕同前注。
〔註245〕同前注。
〔註246〕《加減乘除釋・卷一》，頁 4-1295～4-1296。
〔註247〕《加減乘除釋・卷二》，頁 4-1316。
〔註248〕《加減乘除釋・卷二》，頁 4-1307。
〔註249〕同前注。

次減一，直到減盡爲止，一共三循環，改以除法，則迅速許多。乘法是加法的捷徑，而除法雖然與乘法相異，但運算過程中卻也需要借助乘法來完成，是以焦循最末云：「故明乎加減之理，即明乎乘除之理。」〔註250〕明白加減運算的規律，對於乘除運算也就可加以掌握，因爲乘除乃是加減的延伸與去瑣碎的公式。

焦循亦從代數運算中提出幾何學的概念——「平方」、「立方」等等，如其云：「以甲乘甲，又以甲乘之，爲再乘，以甲再除之，仍得甲。」〔註251〕以今日的公式列出，即：$a \times a \times a = a^3$，$a^3 \div a \div a = a$。焦循云：「再乘即立方也，甲乘甲爲平方。」〔註252〕其以平面、六面體加以說明：「修、廣皆等矣，又以甲乘之，則高與修、廣皆等矣。」長、寬一樣，相乘即正平方，若高也相同，則爲一正立方，據此正立方爲基礎累加，「三乘方之累數，亦如立方之高，是爲四乘方……至十乘方百乘方，均可類推」，〔註253〕可以形成長條狀的立方體。

而傳統數學中素來以具體的問題作爲陳述與解釋，這在《加減乘除釋》中皆列爲補充式的例題，亦即是焦循先將公式陳述之後，再將原理解釋或具體的問題放置於補充的部分來處理，較符合現代研究數學的模式，如〈卷七〉其中一條云：「以丙自乘，乙爲斜弦，以乙自乘，甲爲斜弦。甲之於乙，如乙之於丙。」〔註254〕（見附圖九）在「句股定理」中，句、股的平方和等於斜邊平方，利用此一定理，甲乙丙所組成的方形，包含於其中的等腰直角三角形，基本上乃成爲一類比互通的關係，形狀一致，只是大小有異而已。焦循云：

> 句股之比例千變萬化，舉之不勝舉，爲句股有連比例之三，以弦爲首率，句爲中率，尾率必弦之小半。以弦爲首率，股爲中率，尾率必弦之大半。小半大半之所分，恰當中垂線（法詳《幾何原本》），其法以自乘通之，以一自乘之數畫而爲四，小弦必同於大弦，小邊必同於大邊，推之相乘之縱方，形雖差，而理亦同也。〔註255〕

〔註250〕《加減乘除釋・卷二》，頁 4-1307。
〔註251〕《加減乘除釋・卷二》，頁 4-1309。
〔註252〕同前注。
〔註253〕同前注。
〔註254〕《加減乘除釋・卷七》，頁 4-1395。
〔註255〕同前注。

句股三角定理的出現原則便是其中之一爲直角，其餘無論如何變化，必符合定理的公式。句、股和斜邊的對應，可由直角與斜邊所畫出的高，其所形成的兩個新的三角形，用此兩個相似三角形來證明兩邊平方和等於斜邊平方。

而關於傳統屬於用具體題目來解答的部分，《加減乘除釋》中並沒有捨棄，而是置於原理的說明、解釋部分中。以上述引文爲例，焦循引《九章算經》中的題目云：「……山去木五十三里，……望木末適與山峰斜平，……問由高幾何？」〔註256〕不難發現，這些應用題之所以會被放置於所提出的原理之下，必定是與該條原理、公式密切相關，而吾人也可以看到，焦循於行文解釋中偶會出現「相連之理則同也」、「參伍錯綜之無不合也」，〔註257〕以及「知牟之理即知倍之理也」，亦足見其對於數學的結構與綱目是熟悉的，唯有了解數學公式的本質，才能進行分類統整。

換言之，焦循的確掌握住數學原理的規律性，使得中國傳統數學在其研究和闡述下呈現出有別於歷代的成果，這在中國學術思想史上具有重要的意義，因爲焦循《易》學的基礎正來自於數學研究的成果，倘若焦循對於數學沒有深入研究，恐無法完成其《雕菰樓易學三書》。因焦循能統整數學，掌握原理，藉此用之於《易》，是以在學術思想史上有其價值。

（二）以數學原理入《易》

焦循以數學觀念解釋《易》的部分，大致可整理出兩個層面，其一是直接將數學運算規律帶入《易》中，如：「齊同」、「比例」、「大衍求一術」與「天元術」。其二是處理《易》的卦爻，分爲「旁通」、「相錯」與「時行」，並據以三者貫通整部《易》，雖然「旁通」等名詞本已有之，但焦循乃賦予新的詮釋。

除上述之外，有一點須提到，焦循的以數學入《易》中，尚有一個重要的構成，即其綜觀《易》的觀點與之前的詮釋者截然有別，故而才有據此詮釋《易》學並創發的可能，而爻辭的「符號化」便是此一重要的構成，焦循舉例云：

> 如「密雲不雨，自我西郊。」〈小過〉、〈小畜〉同；「先甲三日，先庚三日。」〈蠱〉與〈巽〉同。〔註258〕

〔註256〕《加減乘除釋・卷七》，頁4-1396。
〔註257〕同前注。
〔註258〕《雕菰集・卷十三・與朱椒堂兵部書》，頁201。

此即是焦循研究與彙整過後的成果。「密雲不雨，自我西郊」出現在〈小畜〉☴的〈象〉以及〈小過〉☳六五爻，其云：「〈小畜〉上之〈豫〉三，則〈豫〉成〈小過〉。」〔註259〕〈小畜〉的上爻旁通〈豫〉的三爻，則〈豫〉即成〈小過〉。〈蠱〉☶與〈巽〉☴則是藉由「比例」而聯繫，焦循云：「〈巽〉二之〈震〉五，〈巽〉成〈漸〉，〈震〉成〈隨〉，為〈蠱〉二之五之比例。」而甲、庚，都是計日之稱，無論是先甲，後甲，先庚，後庚，意義上乃是一致。

論述完「爻辭符號化」後，以下則依序分析兩個層面：

1、以運算規律入《易》

運算規律做為運算的方程公式外，更重要的它亦是數學原理的實際運用。以下分別論述。

（1）比例、齊同

對於數學原理的掌握這一點，焦循很明確地將其運用在《易》學研究之中，其讀完《測圓海鏡・識別》後曾云：

> 精微全在於此，極奇零隱曲之數，一比例之，無弗顯豁可見。因悟聖人作《易》所倚之數，正與此同。〔註260〕

數學中的「比例」涉及很廣，無論在代數或幾何領域之中皆有「比例」可供研究，《易》的內容亦復如是。「比例」一詞在《九章算術》中未曾出現，相同的概念則是用「率」一詞，〔註261〕故推測「比例」一詞，可能是焦循受了考據學影響而所用，在其所撰的〈讀書三十二贊〉中，稱王念孫（1744～1832）的《廣雅疏證》云：「義通形假，或轉或因，比例互助。」〔註262〕即出現「比例」二字，再參照趙航的《揚州學派新論》第四章〈比例以成說〉內文看來，〔註263〕即與考據方法有密切關係。而焦循用在數學上的意義，與今日的「比

〔註259〕《易圖略・旁通圖第一》（焦循：《易學三書》，臺北，廣文書局，1977年），頁 15。

〔註260〕《易圖略・比例圖說第五》，頁 118。

〔註261〕《九章算術》中〈粟米〉、〈衰分〉等章，列舉大量關於「率（比例）」的問題，如〈粟米〉：「以所有數乘所求率為實，以所有率為法，實如法而一。」〈衰分〉：「以粟率五十、糲米率三十、糲飯率七十五為衰、而返衰之，副并為法。」在《加減乘除釋・卷七》中，焦循將「率」與「比例」合用，見 4-1379 到 4-1380。

〔註262〕《雕菰集・卷六・讀書三十二贊》，頁 88。

〔註263〕《揚州學派新論・比例以成說》（趙航：《揚州學派新論》，南京，江蘇文藝出版社，1991年），頁 57～75。

例」觀念並無不同。

　　欲了解「比例」，必須先了解「齊同之術」，《加減乘除釋》的〈卷六〉與〈卷七〉兩章，對於兩者皆有論述，首先〈卷六〉中引劉徽注：「母互乘子謂之齊，群母相乘謂之同。同者，相與通共一母也。齊者，子與母齊。」〔註264〕「同」就是通過各分母相乘產生出一個共同的分母；「齊」就是以分母所乘的倍數再乘分子，目的就是保持各分數的比值不變，以 $\frac{16}{31}$、$\frac{22}{43}$ 兩組分數爲例，分母的 31 和 43 不等，因此要先使兩組數互乘，即得出 1333，爲兩組分母的共同倍數，此即爲「同」。第一組的分子 16 亦乘以 43，得出爲 688；第二組的分子 22 則乘以 31，得出爲 682，此一分子與分母皆乘以相同數字，稱之爲「齊」，齊同完成後與原數的比例不變，同時可以進行四則運算。焦循云：

> 方以類聚，物以群分。數同類者無遠；數異者無近。遠而通體者，
> 雖異位而相從也；近而殊形者，雖同列而相違也。〔註265〕

將看似不對等、無法比較的分數，用其分母找出公倍數，個別進行等值的擴分後，如此即能將二者做出分別。在數學的領域用此一方式處理，相同的原理亦可用之於其他領域，如此一來，便可以將本質相類之事物作聯繫，將本質相異的事物作區隔。焦循以《九章》中的「出八盈三，出七朒四」的盈不足問題來舉證「齊同」的方法。〔註266〕

　　而「比例」與「齊同」密切相關，再以分數爲例：$\frac{b}{a}=\frac{d}{c}$ 則 $ad=bc$，此一列式中，a 與 c 的關係即是「比例」，而 b 與 d 亦是。a 與 d，b 與 c 的相乘，稱爲維乘（十字交乘），乃屬於「齊同」。焦循云：

> 以母子分列，而以維乘互之，則爲齊同。以母子相閒，而以乘除消
> 之，則爲比例。算之爲術也，有乘除而後有子母；有子母而後乘除
> 之用繁……以母子分列爲二，將由分以求合，則必齊同之，於是有
> 維乘、偏乘、連乘等術。以母子閒列爲四，將由此以知彼，則必比
> 例之，於是有三率連比例，四率段比例等術。〔註267〕

〔註264〕《加減乘除釋・卷六》，頁 4-1369。

〔註265〕同前注。

〔註266〕焦循云：「如出八盈三，出七朒四。七八相乘，均得五十六，而八四維乘三十二，七三維乘二十一，三十二爲四之八倍，二十一爲三之七倍，化七個八個爲七倍八倍，則七八相較多一個者，爲多一倍，合盈不足之五十三。」同前注。

〔註267〕《加減乘除釋・卷七》，頁 4-1379。

「齊同之術」所舉的例題中多以乘法來呈現，因爲是尋求公分母的運算方法。「比例」則涉及率，有「三率連比例」、「四率斷比例」等表示法。「三率連比例」的內容用算式呈現如右：$(a \div b) \times a = c$ 則 $c : a = a : b$。「四率斷比例」的內容亦以算式呈現：$a \times a = a^2 = c$，$a \times b = ab = d$ 則 $d : c = b : a$。「齊同」與「比例」兩者是立基於上述「方以類聚，物以群分」的概念上，找出數（物類）的「同」，再以「齊」之，使其值維持不變，從而運算「比例」的問題。換言之，先求「齊同」後算「比例」，可說是處理此類問題時的方法。

　　焦循由數學「齊同」、「比例」的觀念認知，拓展至《易》上，其云：「數之『齊同』如此，《易》之『齊同』亦如是。……《易》之『比例』亦如是。」顯然數學的此二項運算方法直接影響焦循看待《易》，尤其是卦爻的部分，陰與陽的兩種符號組合變化成六十四種卦，若以數學的運算法則來分析，必能找出規律並將其分類，此即「齊同」、「比例」的運用。焦循云：「卦畫之所之，其比例、齊同，有似九數。」〔註268〕實則卦爻視作符號，本是《易》原初的制定理念，然而焦循將「齊同」、「比例」用之於上，確屬少有，其舉例云：「〈泰〉䷊、〈否〉䷋爲〈乾〉䷀、〈坤〉䷁之比例；〈既濟〉䷾、〈未濟〉䷿爲〈坎〉䷜、〈離〉䷝之比例。」〔註269〕即是直接以數學運算法替卦爻分門別類的處理方式。

（2）大衍求一術

　　除「齊同」、「比例」的運算方式外，焦循也運用了秦九韶的「大衍求一術」，吾人從中亦可以了解焦循對於以數學運算法來解釋《易》的證明。焦循研究秦氏的運算後，發現其法亦可用於解釋《易・繫辭上》的「大衍之術五十，其用四十有九」此一部分。所謂「大衍求一術」是以「同餘方程組」來求得一數組的最小集合，也稱作「中國剩餘定理」，用今日數學的符號表示

爲：$\begin{cases} x \equiv a_1 \pmod{m_1} \\ x \equiv a_2 \pmod{m_2} \\ x \equiv a_3 \pmod{m_3} \end{cases}$，$X$ 是最小集合；$a_1 - a_3$ 是各數組除同餘數後的餘數；

$m_1 - m_3$ 是數組，即除數。〔註270〕〈繫辭上〉並未對「五十」、「四十九」之數

〔註268〕《雕菰集・卷十三・與朱椒堂兵部書》，頁 201。

〔註269〕《易圖略・比例圖第五》，頁 121。

〔註270〕「中國剩餘定理」可由「韓信點兵」的例子來解釋：假設一部隊有 x 人，分 3、5、7 三個數字來除（即 $m_1 - m_3$），分別餘 2、3、2（即 $a_1 - a_3$）人，3、5、7 最小公倍數爲 105，由於 x 不能被 105 整除，故再假設 $x = \square + 105 \times t$（$t$

字作解釋，因此焦循得以用上述的定理來處理此一部份，其云：

> 大衍者，取天一地二天三地四衍而爲五十也。五十何以不可用？其
> 奇數不齊也。其不齊何也？一一數之奇一，二二數之、三三數之、
> 四四數之皆奇二，其不齊不可以用，則必有以齊之。〔註271〕

〈繫辭上〉所謂的「大衍」就是法天地的衍繹數，一、三、五、七等數是天，代表陽；二、四、六、八等數是地，代表陰。五十此數不用的緣故是要由數學的大衍求一術來看，以一來除，餘一；以二、三、四來除皆餘二，顯然餘數並不相同，必須採用餘數皆相同的數來作爲此數，而此數即是四十九。焦循用「同餘」的概念解釋了「大衍之術」何以要捨棄五十的原因。〔註272〕由此條可見焦循如何藉用數學運算法來處理《易》。

（3）天元術

關於運算規律，焦循也將「天元術」帶入《易》之中。〔註273〕所謂的「天元術」即今日的「一元高次方程式」，「天元」相當於數學常用的未知數「X」，而「高次方」是指平方到四次方，是中國傳統數學中的運算方法，焦循《天元一釋》便是注解「天元術」的理論專著。李冶的《測圓海鏡》、《益

爲正整數，用來含括適宜的部隊人數範圍）。因爲有三個除數，所以□可以分 ABC 三組，即 □＝$A＋B＋C$。A 以 3 除餘 2，但以 5 和 7 除皆能整除，故 A ＝$35p$，$p＝1$。同理，B 以 5 除餘 3，故 $B＝21q$，$q＝3$。C 以 7 除餘 2，故 C ＝$15r$，$r＝2$。$A＋B＋C＝128$。是以整組列式爲 $x＝128＋105×t$。此一「同餘方程組」即等於「中國剩餘定理」。

〔註271〕《易通釋·天地之數五十有五　大衍之數五十其用四十有九》，頁 1012～1013。

〔註272〕焦循云：「先齊其一二三四之等，以爲無等也，凡約其數其一則無等，以一約二約三約四，皆奇一，以二約三，以三約四，亦奇一，惟以二約四則奇二，仍有等，必改二爲一，以一約四，乃無等（此秦氏之連環求等）。於是以一一三四爲定母，互乘之，爲十二，爲十二，爲四爲三，謂之衍數，以一約十二奇一，以一約十二奇一，以三約四奇一，以四約三不可約，乃用求一法求之，得三。其一一一三，謂之乘率。用乘衍數，以初一乘十二，仍爲十二。以次一乘十二，仍爲十二。以次一乘四，仍爲四。以次三乘三，得九，共三十七，加衍母十二，爲四十九，是爲用數，所謂其用四十有九。此秦九韶筮卦發微大衍術也。」同前注。

〔註273〕焦循在《天元一釋·卷下》云：「秦道古《數學九章·卷一》大衍術有立天元一法，其名同，其用異，未可強爲合也。」（焦循：《天元一釋》，收錄於《中國科學技術典籍通彙，數學卷第四冊》，鄭州，河南教育出版社，1993 年），頁 4-1432。焦循特別點出李冶的「天元術」和秦九韶的「天元術」內容不同，兩者僅是名稱相同。

古演段》二書中所演算的「天元術」在列式的次序上正好相反，然運算過程相同。而《測圓海鏡》的第十四問，正式引入「天元術」，提問云：「或問出西門南行四百八十步有樹，出北門東行二百步見之。問答同前。」〔註274〕此題爲求直角三角形內之圓半徑，故設天元一作半徑，即 x，而方程式運算爲：$(480-x) \times (200-x) = \frac{1}{2}r^2$，而 $r=2x$，所以 $x^2+680x-96000=0$，再解平方根即是答案 120。由此列方程式可看出「天元術」此一運算法的基本模式。李銳替《天元一釋》傳序時，提到此運算公式乃有「帶分寄母，同數相消」，〔註275〕焦循自己也嘗云：「正負寄左，如積相消。」〔註276〕由此處來看，焦循認爲左右能相消的運算方程式，便可以是同類，因爲等號的左右兩邊最終相等之故，其在《天元一釋・下》云：

> 李氏立天元一之相消，此元殊於彼元，以不齊而得齊也。……李氏
> 之寄左，乃同類之一率，寄之以待類之合也。〔註277〕

李冶的天元術與秦九韶的天元術差別在於，李的方程式不是由公倍數或擴分約分這一概念去求得解答，而是由代替的概念去求得解答，此即是以同一類來彼此替代，例如上例的 x 與 r 本就不齊，但 $r=2x$，兩者間便有「同類」的替代可能性，因此左右式得以相消。

　　焦循認爲李冶的「天元術」中有「齊同」的線索，當然，以今日學習過數學者皆知，所有的數學方程式，即便一開始是極其繁複，但運算至最後，必定都會消解去許多符號而得到最終想要的結果，故焦循所言「齊同」是數學方程的本質，乃是正確的，因爲若不「齊同」就是無解。而關於「齊同」的部分，上文已經闡述過，便不再贅言。而焦循對於「天元術」的理解爲：

> 洞淵九容之數，如積相消，必得兩數相等者，交互求之，而後可得
> 其數，此即兩卦相孚之義也，非有孚則不相應，非同積則不相得。
> 〔註278〕

「洞淵九容」是「天元術」的別稱，左右兩式因相等而相消後，此一過程有如兩卦相孚，相孚即是相符之意，唯有兩卦有共通的意涵，才有可能相互應

〔註274〕　《測海鏡圓・卷二》，頁 1-769。
〔註275〕　《天元一釋・序》，頁 4-1414。
〔註276〕　《易圖略・比例圖第五》，頁 118。
〔註277〕　《天元一釋・卷下》，頁。
〔註278〕　《易圖略・比例圖第五》，頁 120。

證與轉換。此番詮釋基本上就是依據數學的運算式而得。

　　焦循舉其中幾個卦爻爲例，其云：「是故不雨西郊，見於小畜，亦見於小過。用拯馬壯，見於渙，亦見於明夷。」在〈小畜〉☰☴與〈小過〉☶☳的爻辭中皆可見到「不雨西郊」，相同的情形，「用拯馬壯」亦見於〈渙〉☴☵及〈明夷〉☷☲。「不雨西郊」等詞彙散見於兩個卦爻，便是所謂的「相孚」。而「富以其鄰、不富以其鄰，謙泰與小畜互明。」〔註 279〕〈謙〉☷☶、〈泰〉☷☰的爻辭中皆可見「不富」，而〈小畜〉☰☴爻辭中則見「富」，意味三卦能相互參照。此便是焦循將「天元術」的運算原理帶入《易》的部分。

小結

　　以上的部分，大致將「比例」、「齊同」、「大衍求一術」與「天元術」介紹，從這些運算方程中可知，焦循從它們之中彙整出可運用於《易》的原理，最顯著的即是「比例」，其於《易通釋‧敘目》中云：「循既學洞淵九容之術，乃以數之比例求易之比例，向來所疑，漸能理解。」〔註 280〕可知，焦循認爲「比例」乃屬最有助力的部分。當然，吾人須知，焦循的「比例」除了作爲運算法並與「齊同」聯結外，它亦是貫穿所有數學定律的一個基本觀念，自是包括「大衍求一術」與「天元術」，也因此焦循會在許多數學著作與《易學三書》中屢次提及的緣故。換言之，焦循透過對西方數學的學習，以及對中國傳統數學成果進行分析，總結了數學方程的基本原理，即等號兩端相等或等比，進而建構出其《易》學的類比觀。

2、以「旁通」、「時行」、「相錯」詮釋《易》

　　吾人皆知，焦循《易》學的特點在於其歸納出《周易》六十四卦中三百八十四爻的規律，將其中的規律分爲「旁通」、「相錯」與「時行」三項。從上文討論焦循研究數學的部分便可知，焦循處理事物對象有能力將其符號化，以便從中分類歸納出可能的關聯，並進一步獲得原理知識，其研究《易》時亦是如此，利用符號觀念的思維方式，將三百八十四個掛爻中可能存在的邏輯脈絡統整出來，分別歸納，形成了焦循《易》學的內容。不可諱言，焦循的《易》學偏向漢學之《易》，但藉由數學原理的架構，又擺脫象數《易》的窠臼，其獨特性是十分明顯的。

〔註 279〕兩引文皆見《易圖略‧比例圖第五》，頁 120。
〔註 280〕《易通釋‧敘目》，頁 3。

（1）旁通

前章論焦循義理思想時亦提及，「旁通」並非始自於焦循，最初乃源於《易・文言》：「六爻發揮，旁通情也。」而「旁通」即有遍通之意，東漢末的虞翻（164～233）是已知首位研究過《易》「旁通」的學者，然其相關著作多數已亡佚，僅剩二十餘條旁通掛收錄在李鼎祚（唐，生卒年不詳）《周易集解》中，〔註281〕焦循嘗云：「旁通之說見於虞翻，……虞氏以旁通解《易》而不詳升降之義。」另一位東漢學者荀爽（128～190）亦有以「升降」說解〈乾〉䷀、〈坤〉䷁，焦循云：「荀氏明升降於〈乾〉、〈坤〉二卦，而諸卦不詳。」〔註282〕所謂的「升降」云云，按荀爽之言爲「陽升陰降，天道行也」，〔註283〕此應是依據自古以來的天昇華於上、地凝結於下的直觀經驗，用之於陰陽爻的變動而得之。由上文可知，焦循研究過虞翻、荀爽所留下的資料，進而整合兩者的方法，成一較完整的旁通之說。

大抵上，旁通的原理爲已定的爻不動，但未定的爻採陰、陽爻互換，但是有幾項規則：其一，陰爻與陽爻必須是兩兩相對應。以〈乾〉䷀爲例，其對應的旁通卦必定是〈坤〉䷁卦。其二，陰、陽爻的轉換，要依據一定的順序進行，以本卦爲優先，焦循云：「初與四易，二與五易，三與上易。本卦無可易，則旁通於他卦。」〔註284〕其三，旁通之目的在於貫通《易》的所有卦爻，其關鍵是「變通」，此乃是焦循《易》理的核心，方東美（1899～1977）〈《易》之邏輯問題〉中以現代邏輯之步驟舉出旁通義，〔註285〕其中雖批評了包括焦循在內的前儒們，但方氏仍秉持「通變不窮性」，即是「變通」，有變通則不窮，則可相禪，更能生生不止、一以貫之。方氏論「旁通」義，可謂皆由「變通」的思想推導而來。

以下即操作旁通的方法與步驟：以〈乾〉䷀爲例，無論是初與四、二與五、三與上，皆因屬性相同而無法轉換，是以僅能其旁通〈坤〉䷁，再以〈乾〉爲基底，以順序擇取〈乾〉之爻來替換〈坤〉之爻，是以〈乾〉二換〈坤〉

〔註281〕《周易集解》（李鼎祚：《周易集解》，收錄於《景印文淵閣四庫全書・經部一》），頁 7-609～7-892。
〔註282〕上兩引文皆見《易圖略・旁通圖序目》，頁 12～13。
〔註283〕《周易集解・卷一》，頁 7～619。
〔註284〕《易圖略・旁通圖序目》，頁 11。
〔註285〕《生生之德・〈《易》之邏輯問題〉》（方東美：《方東美全集——生生之德》，臺北，黎明文化，2005 年），頁 35～65。

五，得〈同人〉☲；〈乾〉四換〈坤〉初得〈小畜〉☴；〈乾〉上換〈坤〉三得〈夬〉☱，反之亦然，〈坤〉旁通〈乾〉，以〈坤〉爲基底，〈坤〉五換〈乾〉二爲〈比〉☵；坤初換乾四爲〈復〉☳；坤三換乾上爲〈謙〉☶。

再以〈同人〉☲爲例，其中〈同人〉的初與四、三與上屬性相同，僅二與五可換爲〈大有〉☲，餘則旁通〈師〉☵，〈同人〉四換〈師〉初後爲〈家人〉☲；〈同人〉上換〈師〉三後爲〈革〉☲。反之操作〈師〉，〈師〉初換〈同人〉四爲〈臨〉☷；〈師〉三換〈同人〉上爲〈升〉☴，而〈師〉之五與二爻可互換爲〈比〉☵。由上述二例可看出其旁通的規則，一次轉換一對爻，便可得出一卦，轉換三次即有三組卦，即操作完一卦，至多得到三卦，若有旁通其他卦，則可再操作至多三次，其云：「旁通之義，即由一索、二索、三索之義而推。」〔註286〕便是從操作三次的結果中分別得到的卦來推導出義理。

焦循認爲旁通本是闡發《易》卦的原始面貌，是作者原本已有的觀念，其於《易圖略》中舉了三十個旁通例證，以〈同人〉爲例，《易‧同人‧九五》云：「大師克相遇。」〔註287〕從上段例證已知〈同人〉與〈師〉具有旁通關係，而文字中出現〈師〉即印證兩者間有所連結，焦循云：

> 若非〈師〉與〈同人〉旁通，則〈師〉之相克，〈師〉之相遇，與〈同人〉何涉？〔註288〕

由文本再加上以旁通法的實測下，焦循認爲〈同人〉與〈師〉兩卦存在著必然關係。另外，如〈艮〉☶與〈兌〉☱兩卦，旁通過程亦如上例，按順序轉換，焦循云：「若非〈艮〉、〈兌〉旁通，則不拯其〈隨〉之義不可得而明。」〈艮〉的二爻有「不拯其隨，其心不快」，前句意爲見其失足而不及救；而〈隨〉☱有墮落、失足之意。焦循分析出兩卦間的關係乃是因爲〈艮〉與〈兌〉旁通。又如〈需〉☵與〈晉〉☲卦亦然，其云：「〈需〉，不進也。〈晉〉者，進也，惟〈需〉、〈晉〉旁通，故進、不進相反。」〔註289〕〈需〉在〈雜卦〉中解釋爲「不進」；而〈晉〉在〈象傳〉裡有「進也」之意，正好是相對。焦循認爲，卦與卦之間，若存在旁通的聯繫，則兩者的卦文可以互相作爲參照，

〔註286〕《易圖略‧旁通圖第一》，頁12。
〔註287〕《周易‧卷一‧上經‧同人‧九五》（周振甫：《易經譯注》，北京，中華書局，2016年），頁71。
〔註288〕《易圖略‧旁通圖第一》，頁13。
〔註289〕《易圖略‧旁通圖第一》，頁13〜14。

其中的含意便可從中獲得。

　　雖旁通原理來自於數學，但焦循仍是回歸到人事作爲旁通價值的核心，因〈文言・乾〉云：「六爻發揮，旁通情也。」此語正符合焦循的義理觀，吾人知戴震主張的「情之不爽失」、「以情絜情」思想被焦循等幾位揚州儒者所承繼，是以焦循能藉《易》的文字詮釋其思想中的性情論。其認爲性主正；情主旁通，旁通便是格物，而此即發揮「以情絜情」之說，焦循云：「成己在性之各正，成物在情之旁通，非通乎情，無以正乎情。」〔註290〕換言之，此情若不通乎彼情，則不知情之爽失與否？唯有旁通乎情，情才得以正。情能得以正，即是言情之利，其云：「情屬利，性屬貞，故利貞兼言性情。」〔註291〕《易》常出現「元亨利貞」中的「利貞」在焦循的詮釋下，形成「情正」即是「情宜」，而「宜」又爲「利」之意，基於「利」「義」相通，情正即是「義」。

　　焦循〈使無訟解〉中闡發了旁通於情的思想，其引鄭玄解《大學》中「無情者不得盡其辭」爲「情爲實，謂使誠其意不敢訟。」〔註292〕意謂無情者，言辭荒誕無實，是以不敢爭訟。焦循對此存疑，其云：

> 格物者，旁通情也。情與情相通，則自不爭，所以使無訟者，在此而已。聽訟者以法，法愈密而爭愈起，理愈明而訟愈煩。吾猶人也，謂理不足持也，法不足恃也，旁通以情，此格物之要也。〔註293〕

此引文即與上文所言的內容一貫相通。人之「情」唯有旁通於他人之「情」，才能使人與人的紛爭得以因互相理解而弭平。僅依據道理以及法令來規範並處理紛爭，不僅不會令紛爭消除，反倒是衍生出更多的爭端在於法理上，但總結原因則是紛爭的兩造不能「以情絜情」，亦即不能旁通於情，若回到以《易》的觀點而言，則不能臻至「利貞」，自是無法趨吉避凶。是以焦循「利貞兼言性情」云云，乃是用「旁通」的架構來完成。

　　旁通法的建立使得原本看似各自獨立解釋的卦，實則可產生彼此相互的連結，形同一個《易》的網絡，此亦是焦循義理思想——一貫——在經學中的實踐。雖虞翻、荀爽等人已有嘗試，但眞正建立起此一連結的仍要待到焦循得以完成。

〔註290〕《易通釋・性情才》，頁235。
〔註291〕同前注。
〔註292〕《雕菰集・卷九・使無訟解》，頁138。
〔註293〕同前注。

（2）時行

上文提及，「旁通」乃是六十四卦的基礎，而「時行」正是立於「旁通」的基礎上發展而來。既然已發展出「旁通」，何以又要有「時行」？由〈當位失道圖二〉的文字內容得知，《易》卦爻的變動有其「常」與「變」，牽涉到「吉」與「凶」，此關鍵在於「當位」或「失道」二項，焦循云：「易之動也，非當位即失道，兩者而已。」而「當位」與「失道」的判定又爲何？

首先論「當位」。由《易》學研究者的普遍解釋來看，「當位」區分爲奇數位與偶數位，凡陽爻置於奇數位，即初、三、五爻；陰爻置於偶數位，即二、四、上爻，則視之爲「當位」，若非如此則屬「不當位」。如《易・蹇》云：「蹇䷦六四：『往蹇，來連。』〈象〉曰：『往蹇來連，當位實也。』」「六四」中的「六」爲陰，「四」爲偶數，故當位。又如：《易・噬嗑》云：「噬嗑䷔卦六三：『噬腊肉，遇毒。』〈象〉曰：『遇毒，位不當也。』」即是陰爻屬性卻置於奇數列，是以不當位。

然而，焦循的「當位」似自有一套詮釋，不完全與上所例的一致，其云：「先二五，後初四、三上是也。」所謂的二五、初四、三上，正是指爻位的三次變動步驟，符合此一步驟的便是「當位」。再者論「失道」，其繼云：「何爲失道？不俟二五，而初四、三上先行是也。」簡言之，不合乎二五先行易位的步驟，乃屬於「失道」。「當位」是吉；「失道」則凶，然而無論「當位」抑或「失道」也能再行變化，焦循云：「當位則吉，失道則凶。然吉可變凶，凶可化吉。」〔註294〕足見吉與凶非絕對，而是具有可能互易的性質。

「時行」的「當位」與否，依照「二五」優先，而「初四」、「三上」依序互換外，焦循繼續提出「下應」與「上應」與「當位」的關係，其云：「凡二五先行，初四應之，爲下應。三上應之，爲上應。」〔註295〕「二五」此作爲第一步驟已無須再論，若初爻與四爻相應，爲下應；三爻與上爻相應，則爲上應。所謂「應」，乃是指相應的兩爻呈現一陰一陽，若兩爻皆爲同屬性，則「不應」，以萃䷬爲例，其〈象辭〉云：「象曰：萃，聚也。順以說，剛中而應，故聚也。」其「剛中」指得是「二五」，其二爲陰爻，五爲陽爻，是以符合一陰一陽相「應」的條件。

若是上下都能相應，加上本有的二五「當位」，則符合「元亨」，焦循云：

〔註294〕以上引文皆見《易圖略・當位失道圖第二》，頁44～45。
〔註295〕《易圖略・時行圖第三》，頁74。

「二五得中而上下應之，乃爲元亨。」〔註296〕上段言「旁通」時已提到「利貞」，其內容是論述性情之正，而加上當位與上下皆相應的「元亨」，便是「元亨利貞」，象徵爲吉，然而上文有言吉凶不是絕對，吉亦可能轉爲凶，焦循以乾坤二卦爲例，其云：

　　〈乾〉二先之〈坤〉五，四之〈坤〉初應之，〈乾〉成〈家人〉，〈坤〉
　　成〈屯〉，是當位而吉者也；若不知變通而以〈家人〉上之〈屯〉
　　三，成兩〈既濟〉，其道窮矣！此亢龍所以爲窮之災也。此吉變凶
　　也。〔註297〕

〈乾〉▆▆二與四爻，替換〈坤〉▆▆之五與初爻，則〈乾〉卦成〈家人〉▆▆，〈坤〉成〈屯〉▆▆，倘若再以〈家人〉的上爻與〈屯〉的三爻對換，則均成爲〈既濟〉▆▆，各爻皆當位、相應，然〈彖傳〉、〈象傳〉裡的〈既濟〉辭說，皆謂不吉，表示是一個向下發展的情勢。而〈雜卦〉云：「〈既濟〉，定也。」既然六爻皆定，即窮盡無所變化。綜合來看，〈既濟〉由吉轉凶，六爻皆當位，不能變通，故爲不吉。

　　焦循所舉，是欲點出變通在《易》中的重要性，「不知變通」的結果便是由吉轉凶。因此必須預設變通的可能，即使它可能違背了二五優先的順序原則。換言之，「常」之外亦有「權」。焦循復以〈乾〉〈坤〉爲例，說明藉由變通的途徑可令凶化爲吉，其云：

　　〈乾〉二不之〈坤〉五，而四先之〈坤〉初，〈乾〉成〈小畜〉，〈坤〉
　　成〈復〉，是失道而凶者也。若能變通，以〈小畜〉通〈豫〉，以〈復〉
　　通〈姤〉，〈小畜〉〈復〉初四雖先行，而〈豫〉〈姤〉初四則未行，
　　以〈豫〉〈姤〉補救〈小畜〉〈復〉之非，此不遠復所以修身也，此
　　凶變吉也。〔註298〕

〈乾〉二、〈坤〉五不先互易，改以〈乾〉四、〈坤〉初互易，〈乾〉變〈小畜〉▆▆；〈坤〉變〈復〉▆▆，因違反二五優先原則，是爲失道，但仍有變通一途可以扭轉，即以〈小畜〉旁通〈豫〉▆▆；〈復〉旁通〈姤〉▆▆，然〈小畜〉與〈豫〉的初四爻皆爲陽，不能互易，由〈豫〉的初四爻互易而成〈復〉；〈復〉初與〈姤〉四亦無法互易，同理，〈姤〉轉爲〈小畜〉，以〈豫〉〈姤〉來補

〔註296〕《易圖略・時行圖第三》，頁74。
〔註297〕《易圖略・當位失道圖第二》，頁45。
〔註298〕同前注。

救〈小畜〉〈復〉之失道，而〈復〉卦「初九」爻辭即是言復歸正道，正道便是吉。

由以上二例可知，焦循認爲《易》雖有常，但更蘊藏著權，即變通，雖反經，但終歸合於道，〈時行圖第三〉開頭云：「傳云：『變通者趣時者也』，能變通即爲時行，時行者元亨利貞也。」〔註299〕唯有權變，才可窮則而通，行之不已，而更重要的是，焦循從中透露出《易》的價值，乃「聖人教人改過之書也。窮可以通，死可以生，亂可以治，絕可以續」，〔註300〕即縱使有過錯，亦可改之而得正。換言之，「失道」不意味者終爲大過，仍有復歸「當位」的途徑；反之「當位」者若不知變通，仍可能遭致不吉。因此唯有深諳「趣時」的道理，才能有所爲之，生生不已。

（3）相錯

焦循《易》學中通於數學之理者的是「相錯」法則。此名稱之由來出自於〈說卦傳〉：「天地定位，山澤通氣，雷風相薄，水火不相射，八卦相錯。」〔註301〕天（乾）、地（坤）、山（艮）、澤（兌）、雷（震）、風（巽）、水（坎）、火（離）等物各自有其本質與定位，但看似不相涉的物質，實際上卻是可以透過各自的作用使其參和與交互影響，八卦正是由此而推演出來，彼此錯綜交互而成六十四卦，即焦循所云：「八卦相錯一語，六十四卦皆天地山澤雷風水火之相錯也。」〔註302〕

而「相錯」的規則和「旁通」不同，可分爲兩類。第一類稱爲「未行動」，焦循云：「凡此以旁通相錯爲旁通，皆未經行動者。」〔註303〕以〈乾〉☰、〈坤〉☷爲例，〈乾〉的上掛與〈坤〉的上卦互換，因此形成〈泰〉䷊；而〈乾〉的下掛與〈坤〉的下卦互換後成爲〈否〉䷋。反過來以〈坤〉卦爲主的話，結果亦相同。同理，〈艮〉䷳與〈兌〉䷹的相錯可以成爲〈損〉䷨與〈咸〉䷞；〈坎〉䷜與〈離〉䷝相錯而爲〈既濟〉䷾以及〈未濟〉䷿；〈震〉䷲與〈巽〉䷸相錯而爲〈恆〉䷟和〈益〉䷩；〈家人〉䷤與〈解〉䷧相錯而成〈渙〉䷺與〈豐〉䷶，諸如這一類的卦爻，焦循一共舉出十六組。

第二類稱爲「既行動」，焦循云：「其既行動，或得或失，亦以相錯之卦

〔註299〕《易圖略・時行圖第三》，頁 72。
〔註300〕《易圖略・時行圖第三》，頁 75～76。
〔註301〕《易圖略・相錯圖第四》，頁 86。
〔註302〕《易圖略・相錯圖第四》，頁 86～87。
〔註303〕《易圖略・相錯圖第四》，頁 89。

為比例。」〔註304〕文中所言的「或得或失」，應與上文提及的「當位」、「失道」有關係。首先，「當位」的是指旁通卦的二、五爻位先置換，後成為兩個新卦，兩新掛再進行「相錯」。如〈乾〉、〈坤〉兩卦的二、五爻互換成〈同人〉䷌和〈比〉䷇，然後〈同人〉和〈比〉卦彼此相錯而成為〈否〉䷋和〈既濟〉䷾，焦循云：「〈既濟〉、〈否〉相錯為〈比〉、〈同人〉，故〈比〉之匪人，亦〈否〉之匪人。」〔註305〕在〈比〉與〈否〉卦的象傳與象傳文字中，皆出現「匪人」，焦循藉由「相錯」找出兩者間的關聯。而二、五爻先行後再「相錯」的圖例，焦循列出四組。

再者，「失道」又可分為兩種，其一是初、四爻先行；其二是三、上爻先行。仍以〈乾〉、〈坤〉二卦為例，此二卦的初、四爻互換成〈小畜〉䷈和〈復〉䷗，二卦再進行相錯成為〈益〉䷩與〈泰〉䷊。若是〈乾〉、〈坤〉的三、上爻先行，澤二卦形成〈夬〉䷪和〈謙〉䷎，而二卦相錯之後成為〈咸〉䷞與〈泰〉䷊。此兩種列為「失道」的「相錯」圖，共整理出八組。

尚有一類乃是綜合「既行動」中的先動二、五爻位，後動初、四或三、上爻位，再進行「相錯」的卦。如〈家人〉䷤、〈屯〉䷂卦，是由〈乾〉與〈坤〉先進行二、五爻的互易成為〈同人〉䷌和〈比〉䷇後，再進行初、四爻互換而成為〈家人〉與〈屯〉，此二卦再進行「相錯」而為〈益〉䷩以及〈既濟〉䷾卦。另外〈革〉䷰〈蹇〉䷦，則是〈乾〉與〈坤〉在二、五爻互換後，繼而進行三、上爻的互換，而〈革〉與〈蹇〉二卦再進行「相錯」，形成〈咸〉䷞和〈既濟〉䷾。焦循列出的最後一組，關於此一類型的「相錯」卦，是〈需〉䷄與〈明夷〉䷣，乃是由〈大壯〉䷡和〈升〉䷭卦先行二、五爻位互換後成為〈夬〉䷪與〈謙〉䷎，而二卦的初、四爻又互易，成為〈需〉與〈明夷〉，此二卦再「相錯」成〈既濟〉䷾與〈泰〉䷊。

「相錯」存在的意義，基本上與「旁通」是一致的，皆在尋找六十四卦之間可以聯結成立的部分，唯不同的是，「相錯」是彌補「旁通」之不足處，故在爻位互換上基本為拆成上卦與下卦，或搭配「旁通」原則，目的仍在彰顯六十四卦的互動與聯絡性質。

小結

由上述可知，焦循能將數學相關知識運用到《易》上，打破以往研究卦

〔註304〕《易圖略・相錯圖第四》，頁89。
〔註305〕《易圖略・相錯第四》，頁91。

辭的方法，可能之因素，應在於焦循從爻辭內容中看到其中特別之處，亦即「符號」化的層面，也因此，焦循才會將數學原理運用於解《易》。換言之，焦循利用爻辭中的「符號」跡象，進而研究出以「旁通」、「時行」與「相錯」方式來解釋爻辭中的「符號」何以再三出現的問題，同時也聯繫了六十四卦形成互通體系。

以往的研究者側重於將每一卦獨立起來而不貫通全書，焦循不然，其將六十四卦視爲「符號」的交互運作，當然，「爻」本身是符號乃是眾所皆知，但其下的〈彖〉、〈象〉文字，亦被焦循當成「符號」來解讀，其《易話·學易叢言》中嘗云：

> 密雲不雨……即猶甲乙丙丁等字，……又如作琴譜者以勹乚卄區等攢蔟成字，一望似不可解，乃一一按而求之，……讀《易》者，當如學算者之求其法於甲乙丙丁。〔註306〕

數學中的甲乙丙丁等是作爲陳述原理與計算其公式的一種借用法，以今日來說即是「符號」，《易》中的六十四卦，其〈彖〉、〈象〉中的文字，有時是一種借用的「符號」，當然文字本身也是指涉實際內容，如同琴譜，既是符號，亦是樂音的實指。吾人從《易圖略》的諸篇文字說明，可看出焦循從眾卦的〈彖〉、〈象〉解釋中，嘗試揀選出卦與卦之間的共通「符號」以作爲彼此的聯繫，其〈周易用假借論〉云：

> 學《易》十餘年，悟得比例引申之妙，乃知彼此相借，全爲《易》辭而設，假此以就彼處之辭，亦假彼以就此處之辭。〔註307〕

「比例」的部分上文已提過，即數學等式兩端的等比問題，套用「比例」模式在《易》爻辭中，焦循認爲其如同造字法則「六書」中的的「假借」原則，假借同聲字，便不必再另造新字，作爲權變之用。以「聲同」而言，其被焦循視爲「假借」原則的樞紐，類比於數學的「比例」，而爻辭互通的部分亦是在出現的共同辭。

其寫給朱爲弼（1770～1840）的書信中，除提及數學原理與《易》外，亦提出「權變」在《易》的核心價值，其云：

> 易之道，大抵教人改過，……改過全在變通，能變通即能行權。……

〔註306〕 《易話上·學易叢言》（焦循：《易話》，收錄於《續修四庫全書·經部·易類》第27冊，上海，上海古籍出版社，2002年），頁588。
〔註307〕 《雕菰集·卷八·周易用假借論》，頁125。

　　卦畫之所之，其比例齊同，有似九數，其辭則指其所之，亦如句股

　　割圓，用甲乙丙丁子丑等字。〔註308〕

顯然的，焦循認為《易》的內容就是指導人懂得變通的意義，唯有懂得變通，才能循環不已，生生不息，而要達到如此，則不可能用單一卦來做為指導與解釋，必須旁通而他卦，如同數學的等式兩端，維持比例原則下可以進行變化與抽換。換言之，掌握規律與原理，就能進一步了解到哪些部分是可以符號化。當然，焦循之前的傳統數學家亦掌握了數學規律，但如李冶的《測圓海鏡》卻仍未完成眞正的「符號化」，其原因可能如今學者所指出：「勾股容圓等問題並未遠離數學的『實在』（reality）。」〔註309〕即以解決具體的數學問題為意識中心，而不是建立數理體系。焦循在接觸西學後，回頭研究傳統數學，至少彌補了體系的這一部分。

　　吾人可明確的知道，焦循詮釋《易》學乃是將其解構成一部幾乎全是「符號」的典籍，是以能無受制於爻辭內容的影響，進行卦爻的移動與聯繫，成就其以數學原理入《易》的系統。雖綜觀清儒在數學領域的成就上並未能眞正超越宋、金、元時期，但以焦循而言，其數學原理的建構與運用上仍是值得肯定的，然而也必須注意，數學原理並未因此提升至焦循義理思想的核心位置。換言之，「道德」仍是焦循義理思想的核心價值，這是和西方學術的相異之處。

〔註308〕　《雕菰集・卷十三・與朱椒堂兵部書》，頁201。
〔註309〕　《孔子與數學・十三世紀中國數學家李冶》，頁254。